JN308747

改訂版
技術科の授業を創る
―― 学力への挑戦 ――

河野義顕
大谷良光 編著
田中喜美

学文社

編集・執筆者一覧（掲載順）

河野　義顕　　元東京都公立中学校教諭（第1部，第2部第1章）
大谷　良光　　弘前大学教育学部教授（第2部第2章・第3章）
川俣　　純　　茨城県つくば市立谷田部東中学校教諭（第2部第4章）
直江　貞夫　　工学院大学等非常勤講師（第2部第2章・第5章）
小池　則行　　東京・和光高等学校教諭（第2部第5章）
本多　満正　　秋田大学教育文化学部准教授（第2部第6章）
田中　喜美　　東京学芸大学大学院・理事・副学長（第2部第7章，第3部）

第2部「授業実践」執筆者（掲載順）

村松　浩幸　　信州大学教育学部准教授
　　　　　　　（第1章　テーマ1．実践3，第4章　テーマ2．実践1～4）
渡辺　浩康　　東京都練馬区立開進第四中学校教諭
　　　　　　　（第2章　テーマ6．実践1～3）
沼田　和也　　京都・同志社中学校教諭（第2章　テーマ7．実践1）
中川　　淳　　元岩手県公立中学校教諭（第2章　テーマ7．実践3）
工藤　茂夫　　岩手県一戸町立一戸南小学校校長（第2章　テーマ7．実践5）
長谷川雅康　　鹿児島大学教育学部教授
　　　　　　　（第2章　テーマ8．実践1～3，第3章　テーマ12．実践1～3）
高橋　昭男　　元岩手県公立中学校教諭（第5章　テーマ2．実践1）

まえがき

　世界的に進められている教育改革はわが国もその例外ではない．このような情勢のなかで，2002年からの学校週五日制の完全実施に合わせる教育課程編成の基準が公表された．この内容をみると，1958年に新設され，全国の技術科教師のたゆまぬ努力によって，中学校の教科として不動の地位を獲得した技術科（技術・家庭科）は，その存続をめぐって，大幅な授業時数削減等，これまでにない厳しい状況に置かれている．

　しかし国際的にはユネスコ第25回総会での「技術・職業教育に関する条約」が採択（1989年）されている．また国内では「ものづくり基盤技術振興基本法」が全会一致国会で成立（1999年3月）し，その第16条に「小学校，中学校等における技術に関する教育の充実」が盛り込まれた．これらの理念・振興策を踏まえ，21世紀における日本の技術教育を見通した教育課程と実践が必要である．本書は現場の教師および未来の技術科教師をめざす学生に，明るい展望と励ましを得られる書となることを願って編集作業を進めた．

　いま学校では中学生の非行や暴力事件，さらには刃物を用いた憂慮すべき事件が続いている．こうした厳しい教育環境の下で，技術の教育は「もの」を介して人と人との関係をより深く理解し，人格の形成に大きく関わっている．ところが技術科教育が，子どもを全面的・調和的に発達させるきわめて重要な位置を占めることを，わが国の教育行政は忘れ去ってはいないだろうか．いまの子どもたちは豊富な商品としての「もの」に囲まれ，「かね」で片づける等の物質的な価値観が優先され，学力といえば「受験学力」に閉じこめられている傾向が強い．こうした状況のなかで，21世紀を逞しく生きる子どもたちにとって欠かせない，まっとうな技術科教育をもういちど見直す必要があることを痛感する．

われわれ技術教育研究会は1982年に『中学校技術科の授業』（あゆみ出版），続いて1983年に『技術教育の方法と実践』（明治図書）を刊行し，好評を得た．これと並行して技術教育研究会の会員が中心となって『技術科教育法』（1972年），『新版技術科教育法』（1990年），『改訂版技術科教育法』（1994年，いずれも学文社）を出版し世に問うてきた．これらは大学での授業のテキストとして広く用いられている．しかし時代は流れ，基本的主張は変わらないものの，その中身をこれからの時代に生きる子どもたちに眼をむける必要に迫られてきた．1995年にはこれからの技術教育をどのように展開して行くべきか，という見地でまとめた『小・中・高校を一貫した技術教育課程試案』（以下『試案』）を発表し，内外に大きな反響を巻き起こした．このたびの本書の発刊は，前掲『試案』を基本線において，これからの中学校技術科教育のなかで，どんな授業が求められているか，という視点でまとめたものである．本書はまた，大学での「技術科教育法」の授業でも使用できるように編集作業をすすめた．

　ここで「技術科の授業」といっても，これにアプローチする方法は多様である．そこでわれわれは，技術科教育における学力論の視点から，技術に関する科学の基本と作業の基本とに教育目標を分け，それらを，何をどこまで教えるべきかを実体的に示す到達目標として表現することに努めた．そして子どもたちが，学ぶ意味をつかみとり，喜びを実感できるよう，なぜその教育目標を教え，学ばなければならないかの意図である教育目的を，明確にすることに努力し，子どもの側からみてわかりやすく論じることをめざした．さらには各単元の"指導の重点"では各テーマの授業のポイントが多くの読者に理解してもらえるよう配慮した．

　各単元における"授業実践"は，これまで蓄積されてきた，技術教育研究会の仲間の諸実践のなかから，多くの現場で実践可能な優れたものをできるだけ多く紹介したつもりである．

　なお本書は，教育課程論を中心に位置づけた『試案』，ならびに技術教育

研究会の若い仲間が中心となって編集を進めている，教材を軸にした『技術のおもしろ教材集』（自主出版）〔情報蒐集および編集　http://www.gijyutu.com〕と三部作をなすものである．

　次に各部の位置と内容について簡単にふれておく．
　第1部は，いまの中学生と，中学生をとりまく多くの問題や，技術科教育をめぐる問題を多面的にとらえ，技術科教育に対する教育政策の貧困のなかで生じた矛盾に対して，これらを克服していくわれわれの考えや課題意識について述べたものであり，本書の導入部分にあたる．
　第2部は，技術科の教育課程編成の実際と，それに基づく授業実践を紹介する．われわれが設定した各「単元」について，"単元の位置づけ"，"教育目的"，"教育目標"，"指導計画表"，各テーマごとの"指導の重点"，それに"授業実践例"で編成されている．このなかで教育目的，教育目標＝内容，教材をこのような形で表した指導計画表はかつてなく，この作業をすすめるうえでの編集グループの共同研究の過程で，かなりの時間を費やして検討を加えまとめたもので，技術教育研究会におけるこの間の理論研究の成果が反映されている．
　なお，この章にくみこまれた「技術観・労働観を育てる」および「技術と環境問題」の部分は，単元とはしていないが，技術観（感）形成の重要な一側面ととらえ，この章に挿入した．
　第3部は，技術科の授業論，教材論について教育学的な解明の展開を試みた．こと技術科の授業論を科学的に展開した文献は管見する限りでは見当たらない．その意味ではきわめて新鮮な感覚での，授業づくりの「かなめ」としての教材論を展開したつもりである．さらに授業設計や，技術科の教育評価についても論じた．

　技術科教育研究の範囲と内容はきわめて広く，奥深いものがある．また技

術科教育でのこれまでの民主的な教育実践は非常に豊富である．その意味では，研究の課題意識を共通に確認しつつ編集作業をすすめたつもりである．

　本書を活用しての問題や，中身についてのご批判，提言を多くいただき，国民のための技術科教育が，ますます発展することを祈念したい．

1999年3月

編者しるす

「改訂版」刊行に寄せて

　本書は1999年に初版が刊行された．当時の1998年版学習指導要領下のものであった．2008年に改定学習指導要領が告示されたことや，中学生をめぐる環境等の変化もあり，第1部の内容を書き改め改訂版を刊行した．

　この中で特に，子どもの学力保障に欠かせない「技術科の教育条件整備」問題について，われわれ技術教育研究会の組織のなかでまとめた最近の調査報告等を踏まえ詳細に論じた．また，学習指導要領の変遷や，新学習指導要領の特徴，内容等にも触れた．

　第2部，第3部については，その内容が今後の技術科教育にとってますます重要と考え，そのなかに示された統計資料等を一部新しいものに置き換えたりはしたが，中身については殆ど換えていない．

　新学習指導要領の学習内容は質が高くその量も豊富であるが，授業時数は増えていない．この大きな矛盾に対処しなければならない．こうした厳しい情勢ではあるが，子どもたちに「確かな技術の学力」を定着できる技術科の授業を創り出すことがいま求められている．

2011年9月

編者しるす

目　次

まえがき …………………………………………………………………… i

第1部　技術科の授業を充実・発展させるために

第1章　中学生と技術科の授業……………………………………………… 1
　(1)　中学生に忍び寄る「ネット・ケータイ」問題………………………… 1
　(2)　他者との対話，技術に関する社会性を活かす
　　　　授業の取り組みを……………………………………………………… 3
　(3)　ものを作ることが大好きな中学生…………………………………… 4
　(4)　技術科の現状……授業時数の大幅削減と学習内容の希薄化…… 5
第2章　技術科教育における教育条件整備……………………………… 7
　(1)　技術科をめぐる物的条件……………………………………………… 7
　(2)　技術科をめぐる人的条件……………………………………………… 10
　(3)　技術科の教育費………………………………………………………… 12
第3章　2008年改定学習指導要領と今後の技術科教育………………… 17
　(1)　技術・家庭科の技術分野（技術科）の主な改定内容………… 17
　(2)　「理数教育重視」と技術科…………………………………………… 18
　(3)　選択教科の実質廃止…………………………………………………… 19
　(4)　授業時数を増やす運動を……………………………………………… 20
　(5)　教育条件整備が重要課題……………………………………………… 21
第4章　われわれが考える技術科の授業………………………………… 27
　(1)　単元構成の位置づけ…………………………………………………… 27
　(2)　各単元における授業のねらい………………………………………… 29
　(3)　われわれが考える今後の技術科教育………………………………… 31

第2部　各単元の位置づけ・教育目的・到達目標・指導計画表・授業実践例

第1章　生産と製図 ……………………………………………………… 35
　(1)「生産と製図」の教育目的と到達目標 ………………………… 35
　(2)「生産と製図」学習の指導計画 ………………………………… 40
　(3)「生産と製図」学習の授業実践 ………………………………… 42
　　テーマ1．生産と図面 ………………………………………… 42
　　テーマ2．第三角法による正投影図 ………………………… 49
　　テーマ3．等角図法 …………………………………………… 59
　　テーマ4．平面図法 …………………………………………… 61
　　テーマ5．製作図 ……………………………………………… 63
　　テーマ6．断面図・テーマ7．簡単な機械製図 …………… 64
第2章　材料と加工の技術 ……………………………………………… 66
　(1)「材料と加工の技術」の教育目的と到達目標 ………………… 66
　(2)「材料と加工の技術」学習の指導計画 ………………………… 72
　(3)「材料と加工の技術」学習の授業実践 ………………………… 75
　　テーマ1．たたら製鉄と文化 ………………………………… 75
　　テーマ2．鋼を用いた小刀（ナイフ）づくり ……………… 76
　　テーマ3．刃物を研ぎ削る …………………………………… 80
　　テーマ4．金属の特性と特性を生かした加工法 …………… 85
　　テーマ5．卓上ボール盤を用いた木材による簡単な
　　　　　　　製品の製作 ………………………………………… 91
　　テーマ6．プラスチックの特性と特性を生かした加工法 … 95
　　テーマ7．設計と製作 ………………………………………… 103
　　テーマ8．製鉄と環境問題 …………………………………… 123
第3章　エネルギーの技術 ……………………………………………… 130
　(1)「エネルギーの技術」の教育目的と到達目標 ………………… 130

(2)　「エネルギーの技術」学習の指導計画……………………136
　(3)　「エネルギーの技術」学習の授業実践……………………141
　　　テーマ1．生産とエネルギー……………………………………141
　　　テーマ2．機械の運動と機構，作業機…………………………142
　　　テーマ3．原動機と動力…………………………………………147
　　　テーマ4．機械・原動機の作業の基本―選択…………………152
　　　テーマ5．流体エネルギー変換…………………………………156
　　　テーマ6．電気回路の構成………………………………………160
　　　テーマ7．回路図と回路の配線・測定…………………………165
　　　テーマ8．電気の作業の基本（電気工作）……………………171
　　　テーマ9．電気エネルギーから機械エネルギーへの変換……172
　　　テーマ10．電気エネルギーから熱・光エネルギーへの変換…177
　　　テーマ11．発電と送・配電………………………………………183
　　　テーマ12．エネルギーの技術と環境問題………………………187
第4章　制御と通信の技術……………………………………………192
　(1)　「制御と通信の技術」の教育目的と到達目標……………192
　(2)　「制御と通信の技術」学習の指導計画……………………197
　(3)　「制御と通信の技術」学習の授業実践……………………200
　　　テーマ1．スピーカ通信実験……………………………………200
　　　テーマ2．いろいろな通信技術…………………………………206
　　　テーマ3．コンピュータによるプログラム制御………………216
　　　テーマ4．コンピュータによるプログラム制御の実際………222
第5章　食糧生産の技術………………………………………………227
　(1)　「食糧生産の技術」の教育目的と到達目標………………227
　(2)　「食糧生産の技術」学習の指導計画………………………235
　(3)　「食糧生産の技術」学習の授業実践………………………239
　　　テーマ1．主食の条件と栽培の三要素…………………………239

テーマ２．食糧生産１　コムギの栽培 ･･････････････････ 243
　　　　　　　　　食糧生産２　イネの栽培 ････････････････････ 249
　　　　　　　　　食糧生産３　ダイコンの栽培 ･････････････････ 255
　　　テーマ３．食糧自給問題と安全性 ･････････････････････････ 260
　　　テーマ４．食糧生産をとりまく諸問題 ･････････････････････ 262

第６章　技術観・労働観を育てる ････････････････････････････････ 271
　(1)　「技術観・労働観を育てる」の教育目的と到達目標 ･･････････ 271
　(2)　指導の重点 ･･ 274
　(3)　「技術観・労働観を育てる」学習の授業実践 ･････････････････ 276
　　　テーマ１．労働の意義を実感的に感じとる ･････････････････ 276
　　　テーマ２．労働の連関性と社会的性格を考える ･････････････ 279
　　　テーマ３．労働にとっての技術発展の意義を考える ････････ 281

第７章　技術と環境問題 ･･ 287
　(1)　技術教育における環境問題の位置づけ ･････････････････････ 287
　(2)　環境問題に関わる技術教育の教育目的 ･････････････････････ 291
　(3)　人間と自然の関係をめぐる子どもの生活概念とその根拠 ････ 293
　(4)　環境問題に関わる技術教育実践づくりの視点 ･･･････････････ 296
　(5)　環境問題を対象にした技術教育の授業 ･････････････････････ 298

第３部　中学校技術科の授業論

第１章　技術科と授業 ･･ 305
　(1)　普通教育としての技術教育 ････････････････････････････････ 305
　(2)　技術科の教育目的 ･･ 307
　(3)　生徒の学習と技術科の授業 ････････････････････････････････ 309
第２章　技術科教材論 ･･ 312
　(1)　授業づくりの「かなめ」である教材論 ･････････････････････ 312
　(2)　技術科教材づくりの論理 ･･････････････････････････････････ 317

(3) 教材づくりにおける技術の二重性の問題……………………325
第3章　技術科の授業設計と評価………………………………………329
　(1) 学習指導案をどうつくるか……………………………………329
　(2) 技術科の教育評価………………………………………………338

あとがき……………………………………………………………………345

第1部
技術科の授業を充実・発展させるために

第1章　中学生と技術科の授業

(1) 中学生に忍び寄る「ネット・ケータイ」問題

　いまの中学生は少子化の影響を強く受け，幼年期から少年期にかけて群れて遊んだ経験に乏しく，核家族として親と向かい合うだけの子育てのなかで生きてきた．他人との触れ合いが大きく欠如している子どもが多い．友人との付き合いでは非常に気を遣うが，同化を求めるばかりで自己を確立できない．また，「自分は社会の一員である」という自覚に乏しい．社会とのつながり，連帯感の欠如も現代の中学生の特徴である．生きる目的を持たず，充実感の無い日々を漫然と過ごしている子どもが目立つ．

　さらに，幼少のころから多くの子どもがテレビ・ゲームを代表するゲーム遊びを通して，シミュレーションのなかで生きてきた経緯がある．ヴァーチャル・リアリティを高じさせ，人や生き物に残酷な行動をとったりするのもここを源泉としている．

　現在インターネットや携帯電話は私たちの生活に欠かせないコミュニケーション・ツールとなっているが，迷惑メール，ネットいじめ，個人情報漏洩，学校裏サイト，出会い系サイト，サイバー犯罪などのトラブルも大きい．

　ところで，自分用の携帯電話・PHSを持っている子ども・青年は，調査

数全体比で，小学6年生24.7％，中学2年生45.9％，高校2年生95.9％に達する[1]．また，パソコンの使用率は調査数全体比で，小学生77.4％，中学生81.2％，高校生88.6％と非常に高率である．さらに，パソコンでインターネットを利用しているのが所持者比で，それぞれ58.3％，68.7％，74.5％という．携帯電話・PHSでインターネットを利用しているのは27.0％，56.3％，95.5％である[2]．

図1は，中学2年生の1日の携帯電話の平均メール送信件数である[3]．「1日に30回以上も送信している」が男子で32.1％，女子で34.3％と，ほぼ3分の1に及ぶ．また，100回以上の生徒も少なからず存在することに驚く．

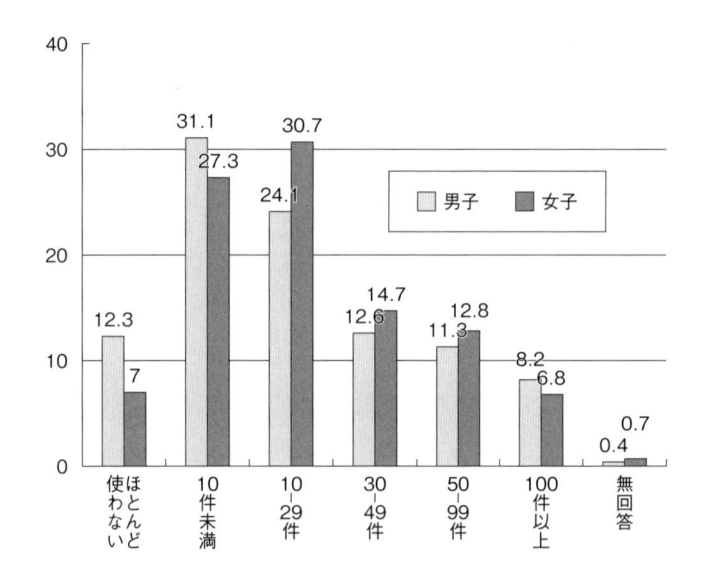

図1 1日の中学生の携帯電話メール送信回数（％）
出所）文部科学省『子どもの携帯電話等の利用に関する調査』2009年より作成

街の片隅でゲーム機に夢中になっている数人の小学生，電車の中のみならず携帯電話を操作しながら歩む中学生や高校生たち，そこには仲間同士の会話はほとんど無い．

ゲーム機，携帯電話，そしてパソコンのいちじるしい普及は，彼らの仮想現実感を助長し，ネットのなかに自分の居場所を求め，他者との直接的関わりや，モノとの対話が減じ，その結果としてコミュニケーション能力を低下させている．こうした状況のなかで，現実をしっかり捉え，自己を律しながら，他人と協力し合える技術科の授業を創り出すことがいま求められている．

(2) 他者との対話，技術に関する社会性を活かす授業の取り組みを

いまの中学生は，学校のさまざまな行事に対して学校や社会の期待に見事に応え，多くの仲間を結集して，予想もできないような偉大な力を発揮することもできる．また，恵まれない環境にあったり，仲間から疎外傾向にある友達の立場や心情を純粋に捉え，彼らを励まし，健全に導く行動ができる子どもも少なからず存在する．さらに，教師や仲間の励ましを受け，それに素直に応え，頑張って人間として成長できる子どもも数多く見受けられる．

人類史における人とものとの関係のなかで，自己本位のわがままな姿勢では決してものを作り出すことができない．互いに協力し，集中してものを作る，その楽しさを学ぶことが技術科ではもっとも大切である．

一方で現代の中学生は，とかく自制心を失いがちであり，自己肯定感が低く，深く考えることを避ける等々の弱点を持つ．このような多くの子どもたちに，技術科の授業を通して立ち直らせる契機を与えることができる，とわれわれは確信している．道のりは険しいが，子どもたちは教師の励ましによって技術に対する認識を高め，他者と会話し，課題の解決や試行錯誤の製作・制作や生物育成のなかで問題解決能力を高める．このような感動を与える授業や，子どもたち自身で見通しが持てる授業の展開こそが，いま求められている．

現在の受験体制の下では，子ども個人のみの学力を高めれば良しとする風潮がある．しかし，技術科教育では教科の本質として，子どもたちの集団や社会との関わりが大切にされる．現代の技術を構成する分業と協業を念頭に

置く生産技術を視界した技術科の授業では，学習のなかで子どもたち相互の関係を重視し，その結果子どもたちに協力や信頼の関係が成就される．

　楽しく進める多くの作業を通して，共同作業のなかで友人や仲間に聞きあったり，教え合ったり，協力し合ったりする多くの体験を通して，人間性を高めて行く授業実践も報告されている．この意味で，技術科教育がいまの学校にとって，本質的な構成要素としての教科として位置づけられなければならない．

(3) ものを作ることが大好きな中学生

　前節と関わって，いまの中学生の問題点を挙げれば，自然や生産との直接的な関わりの少なさから，製作体験が乏しい，不器用，ものの価値に対する認識が低い，労働に対する価値観の欠落，コミュニケーション能力の低下，受験教科への傾倒等々が指摘できる．

　しかし，彼らはものを作ることが大好きである．多くの学校の子どもへのアンケート調査で「好きな教科」「嫌いな教科」が報告されているが，ほとんどの学校で，技術科は「好きな教科」として上位にランクされている．授業が始まる前に実習室に来て作業を始める生徒も少なくない．作業が遅れがちな生徒に放課後実習室を開放しておくと，嬉々として作業を進める姿も見られる．

　鉄鋼を焼入れすることによって大きくその硬さを増すことの事実，はんだが熱によって溶け金属同士を接合できる，金属を溶かして鋳型に流し込み思い通りの形のものができる，組み立てた回路が設計どおりに作動する，コンピュータ学習で自分が打ち出したプログラムによって思い通りの自動化ができる，育てた作物を見事に結実させる等々のような体験を通して，「作ることへの期待」に応えるような技術科教育を推進することが，いままさに求められている．

(4) 技術科の現状……授業時数の大幅削減と学習内容の希薄化

1958年に創設された技術科は，今日までに6回の学習指導要領改定が行われた（第3章　資料「学習指導要領にみる技術・家庭科教育の変遷」参照）．創設当時，技術・家庭科として年間授業時数は各学年105時間（週3時間）が定められていた．この時数は1969年改定まではまもられていたが，1977年改定で第1学年，第2学年が70時間（週2時間），第3学年が105時間（週3時間）と削減された．次の1989年改定では第1学年，第2学年が70時間，第3学年で70～105時間（週2～3時間）と時数削減が進行した．さらに，1998年改定では第1学年，第2学年70時間，第3学年35時間（週1時間）と，さらなる削減に追いやられた．2008年改定では，特に第3学年の時数増を望む現場の声は無視され，1998年改定での時数と変わらなかった．技術・家庭科の週時数が2・2・1時間ということは，技術科としては週1・1・0.5時間である．この数字は技術科が創設された時代の28％であり，この削減率は中学校に置かれた全教科の中で最大である．

このように人間の全面的・調和的な発達に不可欠な普通教育としての技術教育が，現在のわが国では中学校にしか置かれていないので，現在の授業時数は，小学校から高等学校までの全授業時数のわずか0.82％を占めるに過ぎない．諸外国の教育課程の実態からみても極めて少ない．

1969年学習指導要領改定により，発足時の技術科の学習内容が大きく生活技術化されたことに加え，1977年学習指導要領改定以降，授業時数が削減され続けた結果，諸外国の技術教育と比べ，大きくレベルダウンしてしまったことを指摘しなければならない．

たとえば木材の加工学習では，ほとんどが板材加工に限定され，かつてこの学習における技術に関する科学的認識での教育目標の重点のひとつであった材料の強度の概念を理解させる「材料断面積と荷重」の内容も避けて通り，建築に結びつく角材加工を遠ざけてしまった．一枚板から設計，製作を進めることも授業時数との関係で疎かにされ，安易なキット教材を用いて授業を

進めざるを得ない状況がある．また，1970年代の教科書では，電気学習の教材のなかで，回路計のしくみについて科学的に生徒に理解できるよう記述が行われ，回路計の設計・製作という，今では考えられないような授業展開も行われていた．1980年代での半導体や，半導体を用いた回路に関する学習も，一定の系統性を持たせた内容の教科書に基づく授業が行われていた．このような内容は他のどの領域でもいえることであった．

　授業時数の大幅な削減は，中学生にとって必要な技術に関する科学的認識を高める学習が疎外され，簡単なキット教材を用いた"単なるものづくり"の授業になりがちである．

　「本来の技術教育のあり方」という重要課題が，いま教師に突きつけられている．

〈注〉
1）文部科学省『子どもの携帯電話等の利用に関する調査』2009年
2）内閣府『第5回情報化社会と青少年に関する意識調査（速報）』2010年
3）前掲書1）より作成．なお，同じような調査は，警察庁「少年のインターネット利用に関する調査研究報告書」2010年，にも見られる．

第2章　技術科教育における教育条件整備

　技術科の授業で特に問題になるのが教育条件整備に関する諸問題である．教育条件整備の概念については，①物的条件〜教育に関わる施設・設備，教材教具　②人的条件〜教育を行う教員等　③両者に関連する教育費〜教育を施すために使われる諸経費・費用，と定義づけられる．

　われわれ技術教育研究会は，技術科発足当初からこの問題に重大な関心を持ち研究を深めてきた．その理由は，子どもに対する確かな学力を保障するには教育条件整備が不可欠と考えるからである．技術科が創設された頃は，現場教師が一体となって，特に物的条件の向上に努めたものであった．それから半世紀を経て，学習指導要領の内容や授業時数も大きく変わったこともあり，最近では技術科の教育条件整備問題がほとんど話題にならないのが気にかかる．

　本章では技術教育研究会が 2010 年に出版した研究報告書[1]を作成する過程で，現場の実態を明らかにするために行ったアンケート調査から，それらの分析を基に，それぞれについての課題をまとめてみた[2]．自身の学校の教育条件整備の現状と比較し，改善すべき点があればその方向での努力が求められるだろう．

(1)　技術科をめぐる物的条件
(1 − 1)　技術科の施設
　①　技術科教室・準備室
　技術科教室の数については 1 教室 45 ％，2 教室 50 ％となっている．しかし，東京都国公立校では 2 教室が 67 ％である．ものを作る加工学習の中心に置かれる木材加工，金属加工は，その施設・設備を考えると，本来別教室で行われるべきである．

準備室は1室が56％，2室が28％である．一方で，7％が「なし」と答えている．工具の管理，塗料の保管や生徒の作品を格納するにも準備室は不可欠である．公立校では少子化の影響を受けて生じた「空き教室」の転用等が考えられる．

② 技術科教室・準備室の面積

技術科教室の面積については，普通教室の1.5倍（約110 m^2 くらい）が60％と圧倒的に多い．普通教室の約2倍（約140 m^2 くらい）も24％ある．生徒の安全や作業能率等を考えると，より大きい面積が欲しい．

準備室の面積については，普通教室の約2分の1が41％，約3分の1以下が50％である．

③ 技術科教室や準備室の数・面積の目安

技術科教室や準備室の数や面積については特別な法的基準はないが，旧文部省が出した「適正面積案[3]」では，6学級の場合159 m^2（このほかに準備室26 m^2），12学級の場合193 m^2（同26 m^2），18学級の場合201 m^2（同33 m^2），24学級の場合2室で243 m^2（同33 m^2）とされている．また，国庫補助が行われる「中学校校舎補助基準[4]」では，6学級の場合111 m^2（準備室なし），12学級の場合2室で118 m^2（準備室34 m^2），18学級および24学級の場合2室で208 m^2（同34 m^2）とされている．さらに，基準としては低いが，東京都の基準[5]では，15学級の標準学級で，設置される階によって多少の差はあるが，特別教室の1教室は91 m^2（準備室32 m^2）を標準としている．なお，この基準による普通教室は62.5 ㎡であり，特別教室はこの約1.5倍に設定されている．

④ 栽培学習に関する施設

この調査では，栽培学習可能な用地について，「ある」が34％，「ない」が65％で，その所有率は極めて低い．「ある」と答えた学校での用途として，畑53％，花壇34％，その他13％となっている．

2008年新学習指導要領では，これまで選択項目であった「作物の栽培」

から，必修内容「生物育成に関する技術」と変更され，その中身は栽培または飼育となった．作物の栽培に限って考えると，各学校が栽培用地を確保するのはかなり難しいが，職場の理解を得て，これを早急に実現させなければならない．

⑤ コンピュータ教室の数と面積

この調査では1教室が94％と圧倒的に多い．また，1教室の面積は技術科教室と同じ傾向で，普通教室の約1.5倍が58％を占める．

(1-2) 技術科の設備

① 高額な機器の保有台数

これまで何回か示された国の教材整備基準[6]の中から，授業で多く使用されていると考えられる下記の機器について，それぞれの保有状況を集計した．各機器の保有台数の1校平均は次のようになっている．

- 丸のこ盤　0.84台
- 自動送り装置　0.27台
- 自動かんな盤　0.78台
- 角のみ盤　0.93台
- 集塵装置　0.84台
- 帯のこ盤　0.55台
- 手押しかんな盤　0.34台
- ベルトサンダ　2.57台
- 卓上ボール盤　2.55台
- 旋盤　0.98台
- グラインダ　0.95台
- オシロスコープ　0.88台
- ガソリン機関　2.56台

② 危険度の高い機器の生徒使用

安全面で特に不安の大きい丸のこ盤，手押しかんな盤等の木工機械を生徒に使わせることには問題がある．生徒の使用率の調査結果は，丸のこ盤9％，手押しかんな盤5％となっている．国は技術科発足当時から，授業で生じた障害事故（当時は「廃失事故」と呼称）への対策として，生徒への使用注意，禁止に関する通知を出した[7]．この通知は現在も生きている．万一不測の事態が生じれば，その責任は授業担当教師に求められるのである．安全指導の立場から技術科教師のいっそうの理解を深めたいところである．

③　コンピュータ教室のパソコン設置台数

　コンピュータ教室に設置されているパソコンは1校平均38.6台である．6台～8台という非常に少数しか設置されていない学校があるが，これらの多くは生徒数の極めて少ない学校で，全体からみれば概ね生徒一人1台のパソコンが使えるようになっている．しかし，詳細に分析すると1学級37名で25台，32名で30台のように，生徒数分設置されていない学校もある．

　今回実施した調査では，その最後に"自由記述"欄を設けたが，パソコンを新しいものにして欲しい，とする意見が3校から出されていた．パソコンがかなり以前の型であり，OSもWindows 98を現在でも使用しているという．

④　インターネット環境

　コンピュータ教室のパソコンが「LANでつながれている」のは96％であり，「インターネットにアクセスできる」のは98％である．

　一方で，コンピュータ教室以外に設置されているパソコン（この調査では40％）のインターネット・アクセス可能とするのが38％と低率である．

(2)　技術科をめぐる人的条件

(2−1)　技術科担当教員と職種

　問題になるのが非常勤講師と免許外教員，さらには専任教員の他校兼務である．この調査では非常勤講師のみ配置されている学校が7％，免許外教員のみが11％であった．免許外教員が小規模校が多い地方の学校で高率なのは，複数の教科を兼担しているからであろう．免許外教員での授業では，エネルギー変換，金属加工，栽培，さらにはプログラム制御を教育課程に位置づける教師が極端に少ないことが前述の調査で明らかになっている[8]．現在の教育行政では「技術・家庭科」を一つの教科とみなし，「技術」または「家庭」のいずれかの教員を配置すればよい，としていることと深く関連している．学習内容が全く異なることや，教員の免許状が別個のものであるこ

と等，大きな問題がある．

　非常勤講師は年々増加している．最近は自治体の財政逼迫から専任教諭をあえて採用せずに，賃金の安い非常勤講師を採用している．

　さらに，全国的に増えつつある「他校兼務」に関しても，兼務した学校の担当した授業で，子どもへの学力評価が行えない等，多くの問題もある．[9]

(2－2) 週担当時数

　専任教諭の週担当授業時数は 10～15 時間がもっとも多く 55％を占める．しかし，16～20 時間が 19％と意外に多い．この教諭が学級担任をしていれば，道徳，特別活動，総合的な学習の時間等々が加わり，かなり厳しい労働条件となる．

　参考までに，ごく最近の文部科学省の調査による公立中学校の専任教諭の[10]「週教科等授業時数」は，「担任あり」で 10 時間未満 2.1％，10 時間以上 20 時間未満 54.1％，20 時間以上 30 時間未満 37.8％となっている．かなり多くの授業時数を持っていることになる．また，「授業担任状況別」調査では「担任あり」で 1 教科等 24.3％，2 教科等 62.3％，3 教科等 5.4％，4 教科以上 2.1％となっている．つまり，2 教科等担当しているのが最も多いということである．

(2－3)「半学級」での授業編成の好機

　前述の調査で，「授業を行ううえでの指導体制等への工夫」について自由記述での回答を求めたところ，「半学級で授業を行っている」が 10 校（調査校の 5％）存在した．

　技術科での半学級編成は，ゆきとどいた授業のさらなる効率化，安全指導等の観点からも極めて重要である．2008 年新学習指導要領で示された「プログラムによる計測・制御」の学習では，かなり高価な教材も必要である．半学級の授業を組織することによって，予算も大きく減額できる．

　全学年すべてに実施するのが難しければ，特定の学年や指導内容に限定しても，ぜひ実現したいものである．

2008年新学習指導要領では，選択教科の実施が不可能に近い．実施できなければその分，技術科教師の担当授業時数が少なくなる．12学級以下の規模で，技術科のみ担当する専任教諭が配置されていれば，その実現はそれほど難しいものではない．家庭科教諭，そして職場の理解を得て，これを実現させる方向での努力を期待したい．国際的にはかなり以前から技術教育や職業教育，職業訓練に関しては，少人数の授業が行われてきた事実がある．

(3) 技術科の教育費
（3－1）公費～消耗品費・備品費・維持管理費

　学校から公費として各教科に配分されるものには，消耗品費，備品費，維持管理費がある．

　調査した実態は，県，地域，学校によってそれぞれ大きな格差がある．その1校平均額は消耗品費15.9万円，備品費5.5万円である．消耗品費で問題になるのが0円，つまり配分されない学校が5％存在する．さらに，この設問には無回答が多かった（18％）．この無回答の多くは，あるいは0円なのかもしれない．消耗品費0円ということは，特に製作学習や栽培学習で用いる消耗品費の出所が不鮮明である．後述する保護者から徴収する実習材料費（現場では「教材費」という用語が使われることが多い）から転用されているのではないだろうか．もしそうであれば早急に改善しなければならない．

　消耗品費，備品費は学校規模が大きければ，その額も大きくなると考えていたが，必ずしもそうではない．これは学校の事情等によるのだろう．

　また，その学校が地方交付税不交付団体であるか，交付団体[11]に属するかによって，その額は大きく異なる．今回の調査では，東京都における不交付団体の学校の消耗品費予算が0円（配当予算がない）が0％に対して，交付団体の学校では50％であり，10万円～30万円以上の予算配分が執行されているのが，それぞれ80％，31％となっている．1校平均額は前者が22.4万円，後者は10.4万円である．備品費の1校平均額も，前者が6.8万円，

後者が4.7万円と，その差は歴然としている．

　機械の修繕等に使う維持管理費が「予算化されている」学校は28％であり，「予算化されていない」のは37％である（「わからない」と答えた学校21％，「無回答」14％）．

(3－2) 学校運営費標準（学校標準運営費）

　学校運営費標準（設定している自治体によって名称は異なる）は一部の自治体で定められている教育財務基準である．この中には各教科に配分される予算の目安額や，教具の品目，数量等が示され，さらには教室面積等々が明示されているものもある．基準を設定した目的として，東京都教育委員会は「学校運営費標準は公立学校の運営上必要な経営経費のうち，公費負担すべきものの基準を作成し，教育に機会均等と，その水準の維持向上に資することを目的とするものである」としている[12]．

　ちなみに，東京都は地方分権化の流れの中で，都教育委員会による区市町村教育委員会への関与を減らすことになったために，1999年に都の「学校運営費標準」の作成が廃止になった．しかし，一部の自治体ではこの学校運営費標準に記載された標準額，教科配分額，公費負担の品目等を参考にして自治体独自のものを設定したところもある．

　自治体ごとにこのような学校運営費標準があれば，教育条件整備の進み方も円滑になる．しかし，この基準の活用での現実は，自治体予算との関係もあり，必ずしも満足できる状況に到っていない[13]．

(3－3)「教材機能別分類表」の認識度

　国の教材基準は前述の調査を実施した段階では「教材機能別分類表」に拠っていた．これは，それまでの「標準教材品目」（1991年）に代わって，2001年に文部省から通知された国の教材整備の基準である．以前の教材基準に比べ，現場教師への浸透が非常に浅い．この理由は，品目や数量が具体的に示されなくなったことによるものと考えられる．この調査で，教材機能別分類表を「知らない」と答えたのが77％，無回答を加えると83％にもな

る.

(3-4) 新しい教材基準「教材整備指針」

2008年に学習指導要領が改定されたことにより、2011年5月、国の教材基準はこれまでの「教材機能別分類表」から「教材整備指針」[14)]に改められた. 大きな改訂点は「教材整備の目安」(数量目安)を例示する形で示したことである. 技術科に関していえば「発表・表示用教材」「道具・実習用具教材」という機能別分類はこれまでと変わらないが、「道具・実習用具教材」では、4つの学習内容における整備の目安としての「例示品目」がこれまでよりやや多く示され、その「数量目安」も多少具体的に表示されている. しかし、財政的には地方財政に委ねる方向が示されているだけで、その裏づけが見当たらない. また、数量の目安も明確さに乏しく、この指針によって技術科の物的教育条件を大きく改善する方向は見えてこない.

なお、「理数教育重視」を謳った今回の学習指導要領改定と大きく関連づけ、この指針での理科の「実験観察・体験用教材」に追加された新規品目およびそれぞれの数量目安は非常に多く、そのなかには技術科の授業で使えるものが数多くある.

(3-5) 校内での予算配分の決め方

とかく経験の浅い若い教師にとって、教科予算を思うように得ることは苦手である. しかし、多くの現場では民主的にこの作業が進められている. 「教科主任・事務職員・管理職で決める」が66%、「事務職員・管理職で決める」が24%である. できることなら前者のように、直接授業を担当する教師の参加が望ましい.

(3-6) 私費負担(実習材料費)

近年、授業時数削減のあおりを受け、比較的高価なキット教材等が用いられ、その材料費も決して安価ではない. この調査では、第1学年での平均額は2331円、第2学年2585円、第3学年2065円で、最高額はそれぞれ6000円、7000円、5750円である. 一方で徴収していない学校、学年もある.

選択教科・技術の実習材料費の平均額は，第1学年1706円，第2学年2069円，第3学年2556円で，最高額はそれぞれ5000円，6000円，7000円である．徴収していない学校，学年もある．

（3－7）本来は公費負担であるべき実習材料費

学校教育法第5条では，学校の管理，経費の負担について「学校の設置者は，その学校を管理し，法令に特別の定めのある場合を除いては，その学校の経費を負担する」と明示している．

先の教材整備の基準の項で述べた東京都教育委員会の基準[15]では「公費，私費負担区分の基準」として二つの文章があるが，そのなかの2）に以下の文言が記述されている．

2）家庭にない品物で，家庭教育上特に必要というわけではないが，そのもの，又はその利益が個人に還元されるもの．

また，秋田市教育委員会の基準[16]では「公費，私費の負担区分と父兄負担軽減措置の考え方」の中で教育費を図示し「(3) 私費負担がたてまえのもの（負担すべきもの）」とし，②として以下のように例示している．

② 教材・教具そのもの，またはそれから受ける利益が児童・生徒個人に還元されるものの経費（工作材料，家庭科等実習材料，大工道具，修学旅行，遠足，映画鑑賞費，給食費等）

このように，それぞれの教育委員会が私費負担を認める記述がされてはいるが，前述したように，学校教育法第5条の精神を深く理解し，実習材料費の公費負担の再考，検討を望みたい．

〈注〉
1）技術教育研究会　技術教育の教育条件整備検討委員会『技術の学力を保障するための教育条件整備』（『技術教育研究』別冊4号）2010年
2）河野義顕「技術科の教育条件整備の現状―アンケート調査から見える実態とその分析・考察」前掲1）第5章Ⅰ，pp.37～60
　前掲1）検討委員会は，技術・職業教育に関する教育条件整備の現状におけ

る諸問題を分析・検討することを目的とし，2006年4月に発足した．その研究・調査等の作業の中で，中学校技術科の実態を把握するために，2008年6月に東京都国公私立，和歌山県国公立，秋田県国公立の全中学校にアンケート調査用紙を配布，回収し，それらをもとに分析したものである．

3）文部省管理局教育施設部「学校施設指導要領」1967年
4）文部省管理局教育施設部「学校施設設計指針」1975年
5）東京都教育委員会「義務教育学校運営費標準　全面改訂版」1992年
6）河野義顕「新たな"教材整備参考基準"の分析と課題——技術科における教材・教具に関する教育条件整備の歴史をふり返りながら——」(『技術教育研究』60号　2002年，pp. 1～13)に詳述されている．また，木下龍「中学校技術科の教育条件整備に関する法制度と課題」前掲1）第2章でも概観できる．
7）文部省通知「中学校技術・家庭科における工作機械等の使用による事故の防止について」文部職第126号　1968年
8）平舘善明「技術科授業内容と教育条件整備との関連」前掲1）第5章Ⅱ，pp. 66～67
9）丸山剛史「技術科及び家庭科専任教員の他校『兼務』問題」前掲1）第3章
10）文部科学省「学校教員統計調査」2009年
11）地方交付税は基準財政収入が基準財政需要に充たない地方公共団体に対して国が交付する財政調整資金である．東京都は不交付団体となっているが，都全域ではなく，八王子市，立川市をはじめ18の市町村以外は交付団体となっている（2009年度）．
12）前掲5）と同じ
13）本多満正「地方分権化時代における学校予算編成と技術科教材費の実態に見る学校標準運営費の課題」前掲1）第4章
14）文部科学省「教材整備指針」（案）の策定について「中学校　教材整備指針（別添2）」2011年5月
15）前掲5）と同じ
16）「秋田市学校標準運営費　中学校」秋田市教育委員会，1966年

第3章　2008年改定学習指導要領と今後の技術科教育

(1) 技術・家庭科の技術分野（技術科）の主な改定内容

1998年版学習指導要領では指導内容を「技術とものづくり」「情報とコンピュータ」で構成していたが，2008年新学習指導要領では，これを，A「材料と加工に関する技術」，B「エネルギー変換に関する技術」，C「生物育成に関する技術」，D「情報に関する技術」の四つの内容構成にし，これら内容をすべての生徒に履修させること，と大きく変わった．

そして，1998年版学習指導要領の「情報とコンピュータ」の内容を構成しなおした「情報に関する技術」では，(1)情報通信ネットワークと情報モラル，(2)ディジタル作品の設計・制作，(3)プログラムによる計測・制御，を設定し，これらの指導内容をすべての生徒に履修させること，とした．特にこの中の(3)については，重要な学習内容であることを本書の中で主張し，授業実践も示していたこともあり，生産技術を教育対象とするわれわれの主張と一致していて，大いに評価できる．

さらに，新学習指導要領の〔技術分野〕における目標に示された文言から，上記A～Dの四つの技術に関する各指導項目は，「基礎的・基本的な知識及び技術（技能：筆者）の習得，重要な概念の理解」，「技術を適切に活用した製作・制作・生物の育成」，「技術と社会や環境とのかかわりについての理解を深め，現代及び将来において活用されるさまざまな技術を評価し活用する能力と態度の育成」と整理した．これらの指示は技術の学力を，① 技術に関する科学的認識，② 生産技能，③ 技術・労働観，の相互連関でとらえる本書『技術科の授業を創る』の主張に至近な文脈となっている．また，本来のキャリア教育＝労働を基礎にした生き方，の具体的見通しを培う教育実践に，技術科を適切に接続しやすくしたといえる．

こうしてみると，新学習指導要領の内容構成や，それぞれの指導項目は，

12年前に本書を出版し、そのなかで提起した主張に極めて親和的である．この意味でも、本書の指導計画と多くの授業実践は先駆的役割を果たしていたと言い得るし、今後ますますその重みを増していくであろう．

しかし、問題もある．新学習指導要領の「指導計画の作成と内容の取扱い」で、すべての教科に対してではあるが、教科指導のなかでの「道徳教育」を強要している．また、先述したように、本来の技術教育に迫る学習内容が示されてはいるものの、授業展開はこれまでと変わらない題材論、プロジェクト法[2]に基づくものを求めている．結果として学習内容の系統性を無視した「単なるものづくり」になるのではないか、と懸念される．このことと関わって、「技術の基本的な概念の理解を深める」とする文言は高く評価できるが、少ない授業時数のなかで、授業でどのように活かせるのか、難しい問題である．技術教育研究会の「技術教育の方法」の実践研究の成果を踏まえて展開することが求められる[3]．

(2) 「理数教育重視」と技術科

今回の学習指導要領改定では、全体に関わる基調として「脱ゆとり」に伴う「確かな学力を確立するために必要な授業時数の確保」と「理数教育の強化」を掲げた．

「理数教育の強化」における中学校の授業時数は、理科は実に32.8％増（3年間計385時間）、数学は22.2％増（同385時間）とされた．ところが、技術・家庭科では現行の授業時数と全く変わらず、3年間計175時間に据え置かれてしまった．

新学習指導要領における「理数教育の強化」の理数教育とは、技術教育を除いた、あくまでも理科教育と数学教育であるという特質が指摘できる．技術教育は本来、すべての教科と密接に結びつき、とりわけ理科・数学と深く関わった指導計画に基づいた授業実践により、相互に大きな成果が期待できるはずである．このことをわれわれはこれまで主張し続けてきた．こうして

みると「理数教育の強化」に技術教育は含まれないというのは重大な弱点である．

(3) 選択教科の実質廃止

新学習指導要領での各教科等の授業時数を示す「学校教育法施行規則別表第二」から「選択教科」が除かれた．総則の「授業時数の取扱い」のなかの「内容等の取扱いに関する共通的事項」には，「各学校においては，選択教科を開設し，生徒に履修させることができる……」とし，制度的には開設可能としているが，そのためにはいずれかの教科等の授業時数を削減しなければならず，事実上実施できる可能性は極めて小さい．

選択教科の形骸化に関しては，学校教育法の改正に深く関係していると考えられる．改正新法第21条では，義務教育の目的に関し，規範意識，わが国と郷土を愛する態度，公共の精神等，多くの価値観を求めている．中学校について，旧法ではその第35条に「中学校は，小学校における教育の基礎の上に，心身の発達に応じて中等普通教育を施すことを目的とする」（傍点，筆者）とあったが，改正新法では第45条として，上記条文の傍点を施した部分は「……義務教育として行われる普通教育……」（傍点，筆者）と書き換えられ，中学校の中等教育としての役割が換えられたことに起因するものと推測できる．*

＊選択教科は中等教育段階以上に施される制度である．特定の教科を生徒自身で選択し，個性豊かな人間として成長することを保障するためのものである．改正新法によって，中学校の役割が傍点で示したように，「中等普通教育」から「義務教育として行われる普通教育」と変わったことで，これまで高等学校と括られていた中学校が小学校と括られ，選択教科を形骸化することになったと思われる．

1998年版学習指導要領では選択教科について，その年間授業時数を第1学年0～30時間，第2学年50～85時間，第3学年105～165時間と設定

されていたが，これが実施不能であれば，実質的に日本の普通教育としての技術教育の授業時数は，これまでと比べ，さらに削減されることになる．

ちなみに，われわれの最近の調査によれば[5]，回答を寄せた東京都国公立中学校126校での2008年度の選択教科・技術の実施校は123校（98％）に及ぶ．しかも，その中の60校（49％）は第2・第3学年で，56校（46％）は全学年で実施している．さらに，この中の多くの学校では，第3学年で70時間～105時間を充当している実態がある．このことは，これまで削減され続けてきた技術科の授業時数をできるだけ多く確保し，生徒の技術的能力を高める努力を，選択教科・技術の授業のなかで積極的に進めてきた教師のたゆまぬ努力があったことを証明している．こうしたなかで，ものづくり，情報技術はもとより，ロボコン，知的財産教育など，近年の新しい注目すべき教育実践も生まれてきた．今回の選択教科の実質廃止という状況に対して，これまで蓄積してきた選択教科・技術の意義を再確認し，実施の可能性を追求するとともに，中等教育としての選択教科のあり方を検討する必要がある**．

> ** 技術・家庭科が発足し，約20年後の1977年版学習指導要領で初めて選択教科が設けられた．当時，前期中等教育段階では選択教科の実施は尚早であり，その授業時数を必修教科に充てるべき，とする意見も多く，学校によっては消極的な取り組みしか行われていなかった．しかし，その後の1989年版，1998年版学習指導要領は，自己教育力，個性尊重，ゆとり教育，生きる力，等を基調とし，その一環として選択教科の完全実施が求められたことや，それぞれの教科の授業時数削減への対応策として，選択教科を完全実施する学校が増大した経緯がある．

(4) 授業時数を増やす運動を

1998年版学習指導要領では「技術とものづくり」「情報とコンピュータ」の二つの教育内容の括りのなかで，必修履修内容と選択履修内容が区別されていたが，それでも授業時間数が大幅に不足していた．これに対して冒頭に記したように，2008年新学習指導要領は4つの教育内容をすべての生徒に

履修させるとした．新学習指導要領の教育内容は，その質・量ともに大きく増加している．しかし，授業時数は現行の据え置きであり，その矛盾は大きい．

新学習指導要領で示されたすべての内容を，各学年週1・1・0.5時間という極めて少ない授業時数での扱いでは，とかく"教師の一方的な伝達"のような授業に陥りやすい．子どもたちはこうした授業でも一通りその内容に触れることはできるが，深く考えたり，楽しく実習したり，ものを製作し完成させたり，仲間との議論や協力の余地も少なく，技術の真の学力を育てるのは難しい．

なんといっても授業時数が少なく，教師が望む技術科の授業の実現にはほど遠く，現場の悩みは深い．長期的展望に立ち，機会あるごとに技術科の意義と役割，授業時数の増加，を行政に訴え，その実現に向けて運動を展開することが必要である．また，各学校においては選択教科・技術の確保，総合的な学習の時間にものづくりを取り入れる等，可能な限り技術教育を施す機会を生徒たちに与える努力が重要である．

とにかく，1時間，1時間の授業を，これまで以上に大切にした教育計画の作成とその実践が，いま教師に求められている．

(5) 教育条件整備が重要課題

新学習指導要領では先述したように，「生物育成に関する技術」をすべての生徒に履修させることになった．内容は1998年版学習指導要領での「作物の栽培」から「生物育成に関する技術」（栽培又は飼育）と変更されている．栽培に限ってその教育条件に関するわれわれの最近の調査[6]によると，東京都国公立中学校126校での「栽培学習可能な用地」について，「ある」は37校（29%）であり，「ない」は87校（69%），「無回答」2校（2%）であった．また「ある」と答えた学校の主な用途は，畑22校（55%），花壇12校（30%）であり，その面積については最大1200 m^2，最小10 m^2 で，平

均 124 m² であった．このことから考えても，現状において栽培用地を用いての栽培学習を編成するのはかなり難しい．

　栽培用地が無くても「バケツイネ」「PP 袋を使ったトウモロコシ栽培」「鉢植え栽培」等々の実践報告もあるが，やはり栽培用地の確保という，教育条件整備に関する運動が必要となってくる．

　上記は教育条件整備にかかわるひとつの例であるが，このほか専任教諭の配置増，技術科教室，コンピュータ教室の整備等，さらには教育費に関する諸問題等，技術科の教育条件整備への技術科教師の抱える課題は少なくない．

〈注〉
1）下記の文部科学省ウエブページからダウンロードできる．
　　www.mext.go.jp/a_menu/shotou/new-cs/youryou/chu/index.htm
　　または「文科省　学習指導要領」での検索もできる．
　　出版物としては文部科学省『中学校　学習指導要領』東山書房，2008 年，文部科学省『中学校学習指導要領解説　技術・家庭編』教育図書，2008 年，等がある．
2）大谷良光「技術科教育における単元編成の原理と構成」『子どもの生活概念の再構成を促すカリキュラム開発論――技術教育研究――』第 1 章，学文社，2009 年，参照
3）同上書　第 5 章「指導過程・学習形態論」参照
4）文部科学省「学校教育法の一部を改正する法律」2007 年
5）河野義顕「技術科の教育条件整備の現状―アンケート調査から見える実態とその分析・考察」　技術教育研究会　技術教育の教育条件整備検討委員会『技術の学力を保障するための教育条件整備』(『技術教育研究』別冊 4 号) 2010 年，第 5 章 I の中の「選択教科・技術の実施状況」p.57
6）同上調査の中の「栽培学習に関する施設」pp.41 ～ 42

〔資料〕学習指導要領にみる技術・家庭科教育の変遷

公示年	重点	教科の目標	年間授業時数	教育内容・領域等	特徴・履修の方法等
1958（昭33）	科学技術の振興	生活に必要な基礎的技術を習得させ，創造し生産する喜びを味わわせ，近代技術に関する理解を与え，生活に処する基本的な態度を養う	各学年 105	〔男子向き〕 1年　設計・製図，木材加工，金属加工，栽培 2年　設計・製図，木材加工，金属加工，機械 3年　機械，電気，総合実習 〔女子向き〕 1年　調理，被服製作，設計・製図，家庭機械，家庭工作 2年　調理，被服製作，家庭機械，家庭工作 3年　調理，被服製作，保育，家庭機械，家庭工作	・技術・家庭科の新設 ・男子向き，女子向きの区別 ・領域の学年指定 ・示された領域はそれぞれの学年でそのすべてを実施する ・3ヵ年を通しての総授業時数のうち，男子向きでは工的内容に295時間，栽培に20時間，女子向きでは家庭科的内容に220時間，工的内容に95時間を標準とする
1969（昭44）	教育の現代化	生活に必要な技術を習得させ，それを通して生活を明るく豊かにするためのくふう創造の能力および実践的な態度を養う	各学年 105	〔男子向き〕 1年　製図，木材加工，金属加工 2年　木材加工，金属加工，機械，電気 3年　機械，電気，栽培 〔女子向き〕 1年　被服，食物，住居 2年　被服，食物，家庭機械 3年　被服，食物，保育，家庭電気	・〔女子向き〕での技術領域の減少 ・各領域ごとに示されていた標準授業時数や実習例を無くした ・示された内容はすべて扱うが，3年では必要により一部の内容を削除，代替が可能とする ・「題材」という特有の教材論が導入される
1977（昭52）	ゆとりと充実 個性重視（3年選択教科の	生活に必要な技術を習得させ，それを通して家庭や社会における生活と技術との関係を理解させるとともに，工夫し創造する能力及び実践的	（必修） 1年70 2年70 3年105 （選択） 3年35	〔技術系列〕 A　木材加工〔1〕〔2〕 B　金属加工〔1〕〔2〕 C　機　　械〔1〕〔2〕 D　電　　気〔1〕〔2〕 E　栽　　培	・男女相互の理解と協力を図る観点から，男子には技術系列以外家庭系列から，女子も技術系列の領域も履修させる（相互乗り入れ） ・17領域から7以上

第1部　技術科の授業を充実・発展させるために

	実施)	な態度を育てる		〔家庭系列〕 F 被　　服〔1〕〔2〕 G 食　　物〔1〕〔2〕〔3〕 H 住　　居 I 保　　育	の領域を履修させる • 授業時数が大幅に減る • 技術系列から「製図」領域が消える • 3年における選択教科，技術・家庭科が発足
1989 (平1)	自己教育力 個性の尊重 —選択教科2・3年に導入— 授業時数の弾力的運用	生活に必要な知識と技術の習得を通して，家庭生活や社会生活と技術とのかかわりについて理解を深め，進んで工夫し創造する能力と実践的な態度を育てる	(必修) 1年 70 2年 70 3年 70 〜105 (選択) 2年 35 3年 70	〔技術領域〕 (必修領域) A 木材加工（1年に学年指定） B 電　　気 (必修以外の領域) C 金属加工 D 機　　械 E 栽　　培 F 情報基礎 〔家庭領域〕 (必修領域) G 家庭生活（1年に学年指定） H 食　　物 (必修以外の領域) I 被　　服 J 住　　居 K 保　　育	•「情報基礎」「家庭生活」領域の新設 • 必修の4領域はすべての生徒に履修させる • 必修4領域では35時間，それ以外の領域では20〜30時間を標準とする • 11領域から7以上の領域を履修する • 選択教科技術・家庭科，2,3年で実施 • 指導内容については男女の区別を設けない
1998 (平10)	ゆとり教育 生きる力 特色ある教育	生活に必要な基礎的知識と技術の習得を通して，生活と技術とのかかわりについて理解を深め，進んで生活を工夫し創造する能力と実践的な態度を育てる	(必修) 1年 70 2年 70 3年 35 (選択) 1年 0〜30 2年	〔技術分野〕 (必修項目) A 技術とものづくり • 木材，金属等を材料とした製品の設計・製作 (選択項目) • エネルギー変換を利用した製作品の設計・製作 • 作物の栽培	• 教科の目標とは別個に，技術分野，家庭分野それぞれに目標を設定 • 3年の授業時数半減 • 学習内容が技術科では6領域から2項目に変更，家庭科では5領域から2項目に変更

年	方針	目標	時数	内容	備考
	基礎・基本の重視	実践的・体験的な学習を通して，ものづくりやエネルギー利用及びコンピュータ活用等に関する基礎的な知識と技術を習得するとともに，技術が果たす役割について理解を深め，それらを適切に活用する能力と態度を育てる〔家庭分野〕実践的・体験的な学習活動を通して，生活の自立に必要な衣食住に関する基礎的な知識と技術を習得するとともに，家庭の機能について理解を深め，課題を持って生活をよりよくしようとする態度を育てる	50～85 3年 105 ～165	B 情報とコンピュータ (必修項目) ・コンピュータの利用 ・情報通信ネットワークの利用 (選択項目) ・マルチメディアの活用 ・プログラムと計測・制御 〔家庭分野〕 (必修項目) A 生活の自立と衣食住 ・簡単な日常食の調理 ・衣服材料に応じた手入れと補修 (選択項目) ・食材を生かした調理 ・衣服の計画と制作 B 家族と家庭生活 (必修項目) ・幼児の発達 ・家庭と家族関係 ・家庭生活と消費 (選択項目) ・幼児との触れ合い ・地域とのかかわり，環境，資源	・内容の学年指定，配当時数は廃止 ・内容では，必修項目と選択項目を指示 ・選択教科技術科全学年で実施可能 ・「総合的な学習の時間」を新設 　1年　70～100 　2年　70～105 　3年　70～130
2008 (平20)	ゆとり教育の見直し＝授業時数の確保 生きる力 理数教育強化	生活に必要な基礎的・基本的な知識及び技術の習得を通して，生活と技術とのかかわりについて理解を深め，進んで生活を工夫し創造する能力と実践的な態度を育てる	1年70 2年70 3年35	〔技術分野〕 A 材料と加工に関する技術 ・材料と加工法，工具や機械の正しい使用法 ・製作品の設計，製図，製作 B エネルギー変換に関する技術 ・エネルギー変換機器の仕組み，保守点検	・示されたすべての内容を必修とする ・技術分野，家庭分野ともに2内容から4内容に変更 ・「作物の栽培」から「生物育成」と変る ・選択教科を設定することは事実上不可能に近い（学校教育法施行規則第73条別

| | | 〔技術分野〕ものづくりなどの実践的・体験的な学習を通して，材料と加工，エネルギー変換，生物育成及び情報に関する基礎的・基本的な知識及び技術を習得するとともに，技術と社会や環境とのかかわりについて理解を深め，技術を適切に評価し活用する能力と態度を育てる〔家庭分野〕衣食住などに関する実践的・体験的な学習を通して，生活の自立に必要な基礎的・基本的な知識及び技術を習得するとともに，家庭の機能について理解を深め，これからの生活を展望して，課題をもって生活をよりよくしようとする能力と態度を育てる | ・製作品の設計，配線，組立て等
C 生物育成に関する技術
・栽培又は飼育
D 情報に関する技術
・情報通信ネットワークと情報モラル
・ディジタル作品の設計・制作
・プログラムによる計測・制御

〔家庭分野〕
A 家族・家庭と子どもの成長
・自分，家庭，家族関係
・幼児の生活と家庭
B 食生活と自立
・栄養素
・日常食の調理，食品や調理用具等の管理
C 衣生活・住生活と自立
・衣服の選択と手入れ
・住居の機能と住まい方
D 身近な消費生活と環境
・家庭生活と消費・環境 | 表第2から選択教科が消滅した．これに関して中学校学習指導要領総則では「特に必要がある場合には……選択教科として設けることができる」としている．
・総合的な学習の時間の授業時数が減る
　1年　50
　2年　70
　3年　70 |

第4章 われわれが考える技術科の授業

(1) 単元構成の位置づけ

技術科教育の教育目的は，子どもたちが生きる現実の世界のなかの，技術および労働の世界への手ほどきを行い，それらの本質的な側面をわからせることである．技術科教育の教育課程編成に当たっては，現実の世界における技術をどのように捉えるかという視点が肝要である．

技術は社会のなかでバラバラに存在しているのではなく，一定のシステムを構成して存在している．このような技術のシステムとしての全体像を子どもたちが捉えられるような教育課程を編成する必要がある．

こうした視点に立って創られたそれぞれの「単元」* を設定した背景や，その理由を以下に記しておく．

> ＊本書では新学習指導要領の「内容」を「単元」とした．「単元」は学習内容の括りを示している[1]．

① 「生産と製図」単元の設定

近代生産技術は，生産過程の分業と協業とから成り立っている．このシステムをつなぐのが「製図」である．分業化された生産体系のなかでは，一つひとつの部品は精確にかかれた図面を基に，多くの労働手段によって作られ，それらが集約され有用なものとなり機能を発揮する．このことから「生産と製図」の単元を設定する．

② 「材料と加工の技術」単元の設定

現代の産業を支える材料としては，木材，金属，プラスチック，セラミックス，そして各種新素材等があげられるが，中心になるのは鉄鋼である．産業革命の時代に人間が製鉄の作業労働手段と蒸気機関等を発明することによって，工業製品の大量生産を可能ならしめた．このことから，今日の各種機

械や道具の材料となっている鉄鋼を中心に「材料と加工の技術」の単元を設定する．

③ 「エネルギーの技術」単元の設定

生産のために用いられるエネルギーの大部分は，水力タービンや熱機関等により発電機を動かし，ここで得られた動力を輸送・供給し，電動機によって動力に変えている．また，熱機関は生産に欠かせない人やものの輸送にも重要な役割を果たしている．このことから「エネルギーの技術」の単元を設定する．

④ 「制御と通信の技術」単元の設定

人間は道具から機械，機械から自動機械体系へと技術を発展させてきた．今日ではコンピュータ制御オートメーションが生産技術の基幹となっている．また，生産の中でのコンピュータ化が進むほどに，これらのシステムを開発するための労働が変化しつつある実態もある．さらに，コンピュータは通信部門でも大きな位置を占め，技術のシステムを維持している．このことから「制御と通信の技術」の単元を設定する．

⑤ 「食糧生産の技術」単元の設定

人間は狩猟採集の生活から農耕栽培による食糧を生産できるようになったことによって暮らしを発展させ，農耕の技術の発達は文明を大きく変えてきた．近代日本では食糧生産が中核となって国力を増大してきた事実がある．しかし，現代ではわが国の農業に対する危機が訴えられて久しい．また，農業をとりまく環境問題も地球環境破壊とも絡んで厳しい現実がある．このことから「食糧生産の技術」単元を設定する．

以上「生産と製図」「材料と加工の技術」「エネルギーの技術」「制御と通信の技術」および「食糧生産の技術」の5単元で技術科の単元を構成する．

なお，われわれは技術科で形成すべき学力として，(1)技術に関する科学的認識，(2)生産に関する技能，(3)技術及び労働に対するものの見方，の3

側面を抽出・整理し，それらが有機的に結び合うことをねらいとしている．このことから単元としては設けないが，技術観及び労働観を育むことが各単元のなかで図られるような授業づくりを目指した（第2部第6章参照）．また，環境問題，エネルギー問題，資源の諸問題も，それぞれの単元のなかで積極的にとりあげることも重要であると考える．これらについては「技術と環境問題」とテーマづけて，第2部第7章でその考えを提起した．

(2) 各単元における授業のねらい
① 「生産と製図」
産業革命以降，工業の急速な進歩により大量生産方式が導入され，分業に基づく協業が生産現場で行われるようになってからは，図面が絶対的に必要なものになった．図面は生産技術の世界における言語であり，思考手段であると同時に情報伝達の重要な手段である．製図の科学，すなわち，図学の初歩の学習を通して，立体を平面に精確に表し伝達する方法の習得と，子どもたちに立体感覚を創り出し，見通しをもってものを作ることができることをねらいとする．

② 「材料と加工の技術」
現代の代表的な工業材料のなかから金属，木材，プラスチック等の材料の性質や，材料の性質にそくした加工法を学ぶ．さらには，材料の取得から生産，消費，廃棄にいたる環境問題について学習を深める．

現代が「鉄の文明」といわれているように，鉄鋼に象徴される金属は，社会的生産技術の基礎となるものである．金属，それも現代の基幹産業である鉄鋼を中心に，材料の生成，材料としての性質，塑性加工，切削加工，鋳造，鍛造，熱処理等による加工法を学ぶ．また，生産用具の基幹である工作機械も扱う．なお，設計を重視する製作教材もとりいれる．

③ 「エネルギーの技術」
今日の生産技術の動力的側面を理解するため，労働手段としての機械，生

産工場で用いられている動力や電力をつくり出す熱機関，電気エネルギーを動力のエネルギーに変える電動機，電気エネルギーをつくる発電機等，エネルギー変換のさまざまなしくみや，これらに関する機械の力学をはじめとする機械工学の初歩，つくられた電力の送電・配電という輸送手段，さらには電気回路についての電気工学の初歩について，実験・実習を取り入れながら学習する．

④ 「制御と通信の技術」

現代社会を成り立たせている生産技術の基幹であるコンピュータ制御オートメーションを適切に捉えるために，現代および将来の生産システムを支える技術的基礎としての一環であるプログラム制御の基礎的な知識と作業の学習を編成する．また，通信技術の発展におけるコンピュータの役割を的確に理解するうえで，基本的な通信の技術の，技術に関する基礎的な知識を，実験・実習を通して獲得する．

⑤ 「食糧生産の技術」

"家庭園芸"から脱却し，食糧としての作物を生産し，農業生産技術への視点に立った栽培技術の基本の学習を中心に据える．増加が予想される世界人口への食糧問題としての対処や，わが国における農業の問題点等も学習する．食糧生産という立場に立って，環境や安全にも着目した学習内容を盛り込む．

なお，前述のように，単元としては設定していないが，技術科教育の学力形成の一つである技術観，労働観の育成や，技術教育に関わる環境問題も各単元の学習のなかで図られるような授業づくりをめざす．こうした考えに立って，これらの内容を独自に追求する必要から，本書では「技術観・労働観を育てる」と「技術と環境問題」をそれぞれ章立てした（第6章，第7章）．

(3) われわれが考える今後の技術科教育
① "単なるものづくり"では本来の技術教育といえない

学習指導要領の変遷（第3章資料「学習指導要領にみる技術・家庭科教育の変遷」23～26ページ参照）をみても明らかなように，1969年改定に際して登場し，現場に深く根ざしてしまった技術・家庭科特有の「題材論」に基づく指導計画がますます拡がり，単なるものづくりに終始する傾向が大きい．学習指導要領の強い影響で，これまで多くの現場で採り入れられてきたプロジェクト法での指導方法や，経験主義教育論に依拠した内容から脱却し，ものをつくるうえでの技術に関する科学の基本と，作業の基本を大切にした授業が編成されなければならない．

2008年新学習指導要領は，その特徴の一つが理科，数学の授業時数を大きく増やしたことにある．理科の内容の第1学年，第2分野における「植物の生活と種類」，第2学年，第1分野の「電流とその利用」，第2分野「気象とその変化」，第3学年，第1分野「運動とエネルギー」等は，技術科の内容と深く関わるので，理科教師とのいっそうの連帯・協力が必要である．また，数学では，第1学年の図形のなかの「空間図形」に「投影図」が加わったことも留意しておく必要がある．

② 環境問題を積極的にとりいれる

第2部第7章にその方向を明確に示しているように，環境破壊の現実の実態や危機意識を喚起させるなかで，企業や行政の大きな責任と消費者の責任，エネルギー問題や資源問題については，技術科の授業でさらに積極的に扱わなければならない重要なテーマである．

③ 「総合的な学習の時間」を有効に使う

前にも述べたように選択教科の実施が不可能に近い2008年新学習指導要領では，「総合的な学習の時間」で技術科の内容を取り入れた授業計画を推進することが必要である．学習指導要領では，この時間の「指導計画の作成と内容の取扱い」の学習活動に関して，「……ものづくり，生産活動などの

体験活動などの学習活動を積極的に取り入れること」と示している．子どもに対して技術教育を施すことがいかに重要であるかを，機会あるごとに教師集団はもとより父母にも訴え，いっそうの理解を得て，この時間にできる限り多くの内容を組織できるよう努力したい．

④ 技術科と家庭科は別個の教科として考える

現行の規定では技術・家庭科という不自然な教科として位置づけられているが，技術科と家庭科とをそれぞれ独立した教科として扱い，すべての生徒が技術科と家庭科を学習できるようにするべきである．このままでは，教科としての教育評価等をはじめとする教科運営等，現場の苦悩や矛盾は増すばかりである．二つの別個の教科とすれば教科運営上の矛盾は解決する．

小学校から高等学校まで一貫して置かれている家庭科は，中学校にのみしか置かれていない技術科に比べ，この期間約4倍の授業時数が実施されていることになる．これでよいのだろうか．

⑤ 小・中・高校を通して技術科を設ける

本書のまえがきでも記したが，1989年に採択された国際条約では「技術及び労働の手ほどき」である技術教育は，普通教育としてすべての子ども・青年に施されなければならないことを規定している（これらの経過等については，本書第3部第1章「技術科と授業」参照）．それにもかかわらず，わが国の普通教育としての技術教育は，中学校にのみ技術科として設けられているに過ぎない．このことは国際的に見ても納得できるものではない．家庭科は小・中・高校と一貫して置かれているのに対して，極めて不条理といわなければならない．

1998年版学習指導要領は高等学校の普通教育の教科として，教育的論議が十分になされないままに教科「情報」を新設したが，男女に必修とした教科「技術科」が設けられるべきであった．次期学習指導要領改定では，ぜひともこの願いを実現させたい．

普通教育としての技術教育が小学校から高等学校まで，男女を問わず，ま

た，将来の職業に関わりなく，すべての子ども・青年に施されるべきである．

〈注〉
1）大谷良光「第2章 技術科教育における単元編成の原理と構成」『子どもの生活概念の再構成を促すカリキュラム開発論——技術教育研究——』学文社，2009年

第2部
各単元の位置づけ・教育目的・到達目標・指導計画表・授業実践例

第1章　生産と製図

(1) 「生産と製図」の教育目的と到達目標

① 「生産と製図」の位置づけ

　産業革命以降の産業の急速な発展は，生産過程の分業と協業によって成り立っている．このシステムをつなぐものが「図面」，すなわち製図である．製図は生産技術の世界における言語であり，思考手段であると同時に情報伝達の重要な手段である．生産の現場では精確にかかれた図面によって正確に情報が伝えられ，製品がつくられている．分業化された組織では，個々の部品は精確な図面によって製作され，それらが集められて組み立てられて，完成され，目的とする機能が発揮される．

　日曜大工的な工作では自分で設計し，図面がなくても考えに沿ったものは完成するであろう．これでは現代の技術教育としての製作活動の意味は限りなく希薄になる．文化の未発達な時代では，言葉によって製作者に伝えたり，やがて簡単なスケッチ等も用いられたりはしたが，工業の急速な進歩により，大量生産方式が導入され，工業生産のなかでの図面の占める位置は不動のものにされた．

　われわれが日常使っているいろいろな機器，工場で動いているさまざまな

機械に限らず，われわれの住まい，道路や橋梁，そして自動車，鉄道車両，船舶，さらには宇宙ロケット等，すべて図面によってつくられている．生産活動での図面（製図）のもつ機能は，一つひとつの仕事についての社会的役割を明確にするものとなる．このことは情報技術が発達した現在のコンピュータ時代となっても変わるものではない．工業高校の卒業生が現場に出て，高校教育のなかでいちばん役に立っている教科目はなにか，という問いかけに，異口同音に答えるのは「製図学習」という．このことをとってみても，技術科教育における製図の学習がいかに重要であるかがわかる．

② 「生産と製図」の教育目的

ところで今の子どもたちは絵をかくことを好む．しかし工業図面をかくのに必要な立体感覚に乏しい傾向にある．技術教育としての製図学習は，単に工業図面をよむ，かくだけの能力育成にあるのではなく，投影の概念を重視し，図法幾何学の基本をも学ぶものとして位置づけ，子どもの立体感覚や立体的想像力の発達という，いわば空間的な思考力を育てる観点を備えるべきである．

まっとうな製図学習が行われれば，子どもたちは工業図面から製品のつくり方や組み立て方等，正確に作業を進める手順，簡潔にいえば"見通しをもってものをつくり出すこと"を理解することができる．ひるがえって考えると，技術教育としての製図学習が行われなければ，図面を見ても精確なものをつくることができない子ども・青年に育ってしまう恐れが十分に考えられる．

このように考えてくると製図学習は，技術教育全体の基礎分野としての役割をもっている．換言すれば技術教育の根幹なのである．生徒たちが自主的に推測し検討する姿勢や方法，また正確に作業を進める習慣等，どれ一つをとってみても技術教育の基礎として重要な意味をもつ豊富な内容を含む単元と位置づけなければならない．

このような考えに対して，一部教師からは（教師にとって）難しい内容であり生徒の授業離れを一層強めるのではないかというような疑問も聞かれるが，系統的な工夫された授業を行えば，生徒たちは大いに興味や期待を示し，自分のかいた図面に感動したり，すすんで製作図面をかいたりするようになるものである．これまでの我々の仲間の多くの優れた実践がこれを証明している．

　日々の授業実践では教科書にのみ頼らず，内容豊かな教材を用意することが必要である．この点で生徒に製図学習の意味をわからせ，感動と喜びをつかむ方向で編集された優れたテキスト（練習ノート形式）として，技術教育研究会編『製図』の使用が効果的である．また情報化時代に合わせ，コンピュータの画面上で立体感覚を育てる教育ソフトも我々の仲間が開発し，楽しい授業を展開している実践（50～57ページ）もある．

　ここで技術科のなかでの「製図学習軽視の経緯」について若干触れたい．1958年の学習指導要領改訂で，それまで図画工作科のなかに置かれていた「製図」が技術科の重要な一領域として位置づけられた．このことは技術科を生産技術教育とする観点からみれば至極当然なことであった．それ以来，先進諸外国の技術教育に見られるように，製図学習はすべての技術教育の基礎という考えが現場に定着し，独立して製図教室を設置する中学校も見受けられるようになった．

　1958年の学習指導要領では製図学習に充てられていた時間数は，第1学年で25時間，第2学年で30時間，計55時間を標準として課していた．また1967年の学習指導要領では特に各領域の時間規制はなかったが，文部省著作の『指導書』によると，第1学年で40～45時間（これは第1学年技術科総授業時数105時間の45％に相当する）が製図学習の標準とされていた．

　しかし1967年の学習指導要領では，それまでの生産技術教育に視点が置かれていた技術科は生活技術へとそのねらいが傾斜し，1977年の学習指導要領改訂で，技術・家庭科の大幅な授業時数削減のあおりをまともにに受け，

製図領域は「木材加工1・2」および「金属加工1・2」の4領域に"整理統合"され製図学習を著しく軽視，ないしは無視する実態を生じさせ今日に及んでいる．

③ 「生産と製図」の到達目標

1 技術に関する科学の基本（科学的認識……わかる，知る）
1） 生産と図面
- 生産過程における工業図面の役割と製図学習の意義
- 工業図面を製作するうえでの基本的なきまり

2） 正投影図
- 投影法の存在と正投影図法の原理・約束

3） 等角図法
- 等角図法の原理

4） 平面図法
- 平面図法による平面図形のかき方

5） 製作図
- 製図に用いられる線の用法，寸法記入法・記号等

6） 断面図
- 簡単な立体を立画面に平行な平面で切断した形状の投影図

7） 簡単な機械製図
- ねじの略画法

2 作業の基本（技能……できる）
1） 正投影図
- 直方体状立体，斜面を含む立体，球面のある立体等の正投影図

2） 等角図法
- 基本立体の等角図

- 斜面や円を含むやや複雑な立体の等角図
3） 平面図法
- 製図用具の正しい使い方
- 平面図法の基本を用いた平面図形
4） 製作図
- 製作図のかき方と簡単な製作図
5） 断面図
- 簡単な立体の断面図
6） 簡単な機械製図
- ねじ，ボルト・ナットの略画法による製図

(2) 「生産と製図」学習の指導計画

実施授業時数　10時間（最小選択）～28時間（全面実施）　最小選択については注記参照

学習項目（時間）	到達目標＝学習内容	主な教材・教具	教育目的
テーマ1 生産と図面（1～2時間） 1．生産と技術科の授業	・技術科の授業を始めるにあたって，3年間でどのような学習が展開され，どんな学力を身につけるかを知る	・技術科の作品 ・授業で用いる道具や機械の一部	人類の発展は人類が営々と蓄えてきた技術，近年になってからは集団による生産技術の賜物である．
2．生産と図面	・生産過程において設計から製作への手順を知り，図面の役割と製図学習の意義を知る ・工業図面をつくるうえで，いくつかの基本的な約束があることを知る	・いろいろな工業図面	現代の生産システムでは，図面がなければものを精確に製作することは不可能である．製図学習は技術教育全体の基礎分野としての役割をもっていることを理解する．
テーマ2 正投影図（4～6時間） 1．立体の表し方 2．第三角法による正投影図	・画面，投影，投影図等の基本概念がわかる ・点・線・面・立体への投影の段階を踏んで，正投影図の原理や約束を知る ・簡単な直方体状立体の正投影図が正しくかける ・かくれ線を含むやや複雑な立体の正投影図が正しくかける ・斜面を含む立体，球面を含む立体の正投影図が正しくかける	・投影説明用画面 ・基本立体模型 ・コンピュータソフト「立体グリグリ」等	立体を平面に表すことは，生産のための伝達手段である． 　立体を正確に，かつ誰がみてもわかるように平面に表す方法はいくつかある．ここでは第三角法による正投影図，および等角図を中心に，投影の原理に基づき，正しくかく画法を学ぶことを目的とする．
テーマ3 等角図法（3～4時	・等角図法の原理がわかり，基本立体の等角	・基本立体模型 ・斜眼紙	

間)	図が正しくかける ●正投影図で表された立体の等角図が正しくかける ●斜面や円を含むやや複雑な立体の等角図が正しくかける	●近似楕円のかき方 ●コンピュータソフト「立体グリグリ」等	
テーマ4 平面図法（2〜4時間） 1．製図用具の正しい使い方 2．平面図形	●正確な図をかくための製図用具の正しい使用法を身につける ●平面図法を用いて基本的な平面図形が正しくかける	●製図用具 ●簡単な機械部品	正確な図面をかくためには，図をかく力とあわせて考える力を身につけることが大切である． 　投影図の学習は，立体感覚や立体的思考力を生み出す．これを発展させれば，製品のつくり方や組み立て方等，見通しをもって正確に作業をすすめる手順が必要なことを理解する．
テーマ5 製作図（2〜4時間）	●製作図を作成するうえでの必要最低限の約束ごとを知り，製作図を正しくかくことができる	●簡単な製作教材 ●線の用法，寸法記入法，文字，数字，記号等	
テーマ6 断面図（2〜4時間）	●立体の全断面図を正しくかくことができる ●立体の片側断面図を正しくかくことができる ●断面図で表された工業図面を正しくよみとることができる	●断面模型 ●いろいろな断面図でかかれた図面	
テーマ7 簡単な機械製図 （2〜4時間）	●ねじの意義，種類，用途等を知る ●ねじの表示法を知り，略画法によってかく	●ねじ標本 ●ボルト・ナット	

注）「最小選択」の場合……テーマ4．平面図法，テーマ6．断面図，テーマ7．簡単な機械製図を省略することが考えられる．

(3) 「生産と製図」学習の授業実践

> テーマ1．生産と図面

1．指導の重点
(1) 生産と技術科の授業

　中学校に入学し小学校にはなかった教科，技術科の授業をはじめるにあたって「技術」，それも「生産技術」にまつわる生徒の関心を呼び起こすような，教師の工夫された教材による授業展開がまず必要である．「授業びらき」には多様な取り組みが考えられる．生徒たちの先輩が残していったいくつかの優れた作品を見せて，それらがどのような材料から，どんな道具を使って，どのようにして作られたか等を考えさせ，ものを作ることがもともと好きな生徒たちの夢を膨らませる授業展開の方法もあろう．また教師と生徒たちとの対話をとおして，ものをつくることができる人間の「本性」に踏み込む方法もある．この授業では，できることなら生産技術の本質にせまる内容を，生徒たちにわかりやすい方法で編成することが求められる．

(2) 生産と図面

　ものを製作するにあたって，どのような材料を用い，どんな構造で，どのような道具を用い，どんな手順で作業を進めて行ったらよいのかということの洞察力が今の生徒たちに，かなり欠けているように思われる．

　また産業革命以降，工場では分業と協業が進められ現代の工場制工業が成り立っているわけであるが，このあたりの認識がほとんどみられないことも現実である．例えば自動車やコンピュータの生産についても「それはロボットが作っているのでしょう」というような単純な見方をする傾向にある．

　ということは，生徒たちは生産現場で製図がいかに重要な役割を果たしているのかということがわかっていないし，考えようともしない．

　ここでは生産という立場に立ってものを作るには，図面が重要な役割を果

たすことを興味深く理解させることが必要である．併せていろいろな工業図面，それもできるだけ多くの図法によるものを用意し，現代の生産システムのなかでは，綿密かつ精確な図面がなくてはものを製作することはできない，ということの指導を徹底したい．近年多くみられるようになったコンピュータによって作図された図面も用意し，生産システムとの関連にも触れたい．

またこれらの図面を見ながら，工業図面をつくるうえでの基本的な約束ごとのあることも併せ指導しておく必要がある．ただしここでは製図学習の導入の段階であるので，それらにあまり深入りせず，寸法がミリメートルで記入されその単位が省略されるとか，正投影図（この段階ではこの言葉は生徒たちにとって未知ではあるが）では特徴がもっともよく表れる面を正面におく約束等に触れれば良いであろう．

2．授業の展開

〈実践1〉 サルとヒトとの違いから「技術」の認識を深める

中学校に入学して間もない1年生にとって，小学校にはなかった教科としての技術科の最初の授業では，生徒たちがこの時間に寄せる期待は大きい．

まず短い時間で先輩が残していった作品のなかから，興味や期待を引き出しそうな作品をいくつか示す．そしてそれら作品の材料や，使った道具，さらには製作者がどんな点で苦労をしたのか等について話し合ってみる．この作品はできることなら何人かのグループで製作したものも用意した方がよい．ほんらいの生産技術の意味の理解がより深まる．

続いて人間にもっとも近い動物である，サルとヒトとの違いについて尋ねる．生徒たちはすぐに反応し，「全身に毛が生えている」「尻尾がある」「顔が赤い」「四足歩行」「言葉がない」「文字をもたない」「表情が少ない」等々の意見が飛び交う．教師が不満そうな顔をしているとやがて「火をつくることができない」「道具が使えない」「ものを作ることができない」という期待どおりの答えが跳ね返ってくる．

ここで「道具を使える」ことによって，太古の人間がどのようにして自然に働きかけ「衣」「食」「住」を自身でまかなってきたのかという事実を考える．人間はサルにはない2本の手を用いて，木材や石材により，合理的かつ能率的に自然にはたらきかけるために，刃物に代表される道具を創り出し，狩猟や農耕，建築の技術を獲得していく．さらに青銅や鉄という金属の発見により，これらを材料とした，人間にとってはるかに有用な道具を次々につくりだして，生産技術はより発展する．しかしこうした生活は一家族だけでは生き延びることはできないことに気づき，外敵からの防衛や，労働や生産には集団の力と団結が必要なことを意識し，集落が形成される．こうして社会を発展させてきた事実に目覚めるような話を子どもたちとの対話のなかで展開していく．

　最後に，道具や機械を使ってものをつくり出す仕事が「生産」であり，有用な道具や機械を創り出したり，巧みにそれらを使いこなす"手わざ"が「技術」であり，人間が道具を使って自然にはたらきかけることが「労働」であり，人間が平和で豊かに生きていくためには労働が不可欠であるあること，さらに人間が人間として生きていくには頭を使うだけでなく，頭で考えながら手や身体全体を動かしてものをつくることこそが全面的に調和のとれた発達に必要なことを語って締めくくる．

　生産，技術，労働等の言葉はほんらい深い意味を含み，簡単には生徒に理解させることは難しいが，授業の対象が1年生であることから，上記のような表現にとどめ，今後の3年間の技術科の授業等をとおしてこれらが理解できればよいであろう．

　こうして技術科での学習の視点を明確にし，ものを生産的につくりだすうえでの図面の必要性を考え，製図の授業，あるいは加工の授業に結びつけていく．

〈実践2〉　製図学習の導入「立体伝言ゲーム」

　ものの形を正確に伝える上で図面はかかせない．このことを納得的に理解

するために言葉を使ってものの形を伝えるゲーム（立体伝言ゲーム）を実施する．ゲームを開始する前にサイコロの等角図を書き，立体が平面上に表現できることを確認しておく．

ゲームの内容を次のように説明する．「ゲームは，要するに縦の列で対抗する伝言ゲームです．先生が，一番後ろの人にだけ立体をみせます．見た人は立体の形を一つ前の席の人に言葉で伝えます．そして次々に前の席の人に伝えていきます．したがって一番後ろの席の人は，責任重大ですね．（ワァー，笑い．）言葉を聞いた人は形を思いうかべて自分の一つ前の席の人に上手に言葉で伝えること．この人たちも責任重大ですね．（ヒェー，笑い．）伝言が一番最後に伝わる一番前の席は，なんと見てもいない立体の形を思い浮かべて，列を代表して黒板にかきます．（ワァー大変．）」

ゲームのきまりとして，①絶対に図やゼスチャーで伝えないこと，②黒板にかいている最中に声をかけないこと，③隣の列に伝言が聞こえないようにすること，④合図までは黒板にかかないこと，を話しておくとゲームが円滑に進む．

代表者が黒板に図面をかいている時に驚きの声や悔しがる声などの反応がさまざまであり，クラス全体がゲームに夢中になる．上の写真は，出題に使った教具である．

正誤の答え合わせはすぐに行わずに，伝わった言葉を発表させみんなに思い描かせると，ゲームがさらに盛り上がる．堅苦しくなくみんなで楽しい雰囲気で立体を思いうかべる練習ができる．例えば，出題例（図1）が誤答例（図2）になった場合には，「（教師）Aさん．何と伝わりましたか．」「（Aさん）4角に3角．」「みんなも形を思いうかべよう．

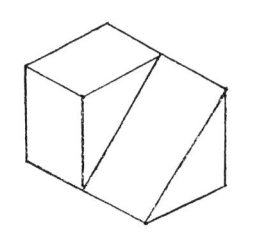

図1　出題例

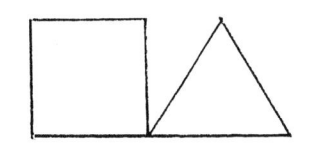

なるほどこういう図も思い浮かびますね．（しばらく間をおいてから）それでは，判定しましょう．一番後ろのBさん，判定は○ですか×ですか？……×ですね．残念．」

ゲームは子どもたちに好評で，「先生，もう1回やりましょう．お願いします．」という声があがってくる．

図2　誤答例

ゲームのまとめとして，形を言葉で伝えることは難しいという感想を確認して，形を伝えるために図面が必要であることを納得させている．

このゲーム学習後には，実際に使用されている本格的な図面を見せ，その図は誰が見てもわかるすばらしさを感じさせる．そのようにして，製図学習の目標を大づかみに理解させた後に，製図の方法の学習へと展開していく．

〈実践3〉　相手の設計を製図する——ねじ回し製作の設計製図——

技術科の授業で行う製図では自分の作品を設計，製図することが大半である．しかし現実の技術を考えた時に，技術の言葉，伝達手段としての製図の役割は見逃せない．製図を伝達手段として使うことでさまざまな分業が成り立つ．

依頼書による製図の作業の流れ	
本人	相手
設計依頼書をかく 相手に渡す　　　→ 確認する 検討し，設計者と相談する 修正する 製図を受け取り検査する （相手の部品図を同時に製図）	発注書をもとにスケッチ 本人にスケッチを見せる スケッチをもとに製図 確認しながら製図をかく
受け取った図面に従って製作	

そこでねじ回しの設計製図の場面で，設計概要が書かれた依頼書をペアを組んだ相手から受け取り，その依頼書をもとに自分でなく相手の製図をする．相手の製図をすることで製図のもつ伝達の側面が意識される．そして相手にかいてもらった製図をもとに作品の製作を進めていく．

(第1時)

　ねじ回し製作でねじ回しの柄をアルミニウム棒で自由に旋盤加工させる．そのためのデザインを使い勝手や見栄えを考えて自由に設計する．写真や図面でもよいが，校内ホームページに蓄えられた前年の作品をよび出し，参考にしながらデザインを練っていく．そしてそれを設計依頼書に加工法や位置，詳細を文章で書き込み，ペアの相手に渡す．

　依頼書では材料の100mmのアルミニウム棒をどう加工していくかを位置と加工法で具体的に指定する．

設計依頼書の例

位置	加工法	詳細
30〜32mm	突っ切りバイトで溝	3mm削りこむ
32〜50mm	ローレット加工	

(第2時・第3時)

　依頼書に基づき，その内容からスケッチをおこす．スケッチができた時点で相手からスケッチを見せてもらい，発注書と合っているか，加工法の変更はないか等2人で確認する．その結果，修正できる点は修正し，これをもとに相手の製図を行う．製図の途中で不明な点は相互に質問しあいながら作業を進めていく．

　ここまでの製図は個人作業であったが，依頼書による製図でお互いに相談して修正したり，設計の変更をしたりしながら製図を進めることができる．また相手の製図をするという緊張感も生まれ，「何のために製図をするのか」が意識されていく．

イントラネットの画面を見る

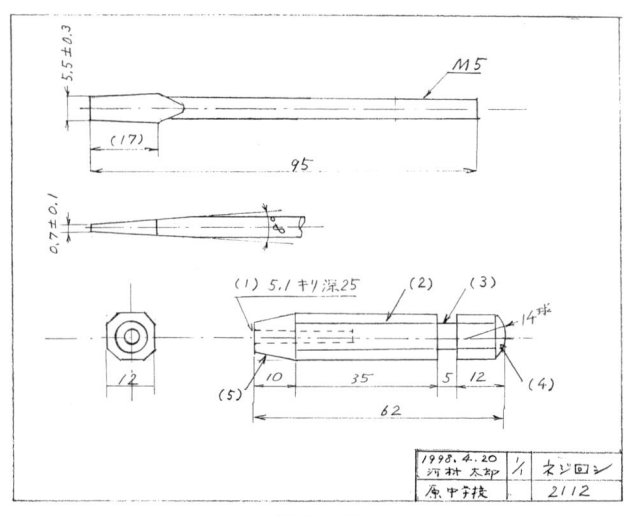

製図の例

サインを受けた依頼書の例

（第4時）

　製図が完成したら，相手に引き渡す．その際に相手の検査を受け，不備な点，あやまり等は訂正したり，協議をする．OKとなったら依頼書にサインをして製図と依頼書を交換する．交換が終わったところで材料の準備に入っていく．

　以上の流れで相手とやり取りをしながら相手の考えているデザインを製図する活動をとおして，伝達手段としての製図の側面が自然に意識され，実際の生産現場で行われている分業を体験的に学習できる．

| テーマ２．第三角法による正投影図 |

1. 指導の重点

　ものをつくる場合，特に重要な図面の一つが正投影図である．生徒たちはこれまでにプラモデル等の製作体験等をとおして，その原理はわからなくても「三面図」という言葉で表された，第三角法による正投影図をみたことはある．物体を平面にあらわす科学的な方法として「三面図」のような正投影図があることを学ぶ．

　ここではまず投影の原理を指導することが大切である．画面，投影，投影図等の基本概念を理解し，画面に垂直におかれた点，線，面の正投影図がどのようになるかを確かめ，実際にかいてみる．

　次に画面に対して垂直でなくおかれた線，面の正投影図を考える．さらに直方体状の簡単な立体の正投影図にすすみ，併せて「かくれ線」の使い方を理解する．

　このテーマの学習では，ものをつくるための正しい正投影図がかけるようになることが大切であることはいうまでもないが，立体的概念，空間的思考力を養う重要な学習側面があることに留意すべきである．そのためには正投影図をすべての生徒がかくことができる，よむことができる教材や教具の準備が欠かせない．

　ここから出発して，さまざまな形状の立体の正投影図をかいてみる．この練習は多ければ多いほど正投影図を「よむ」「かく」能力はたかまり，立体感覚を伸ばすことができる．基本的な直方体状立体の練習から，やや複雑な立体へとすすむ．練習問題では「ほぞ」やＶブロックのような，ものをつくる学習に関係の深い立体も多く用意した方が良いだろう．

　なお時間が許せば，どの画面にも垂直でなくおかれた線分の実長を求めさせる学習に発展すれば「空間的思考力」をおおいに養う実践になり得るだろう．またコンピュータを使った授業展開も，われわれの仲間が開発したソフ

トによって行われ成果をあげている．

〈実践1〉「立体グリグリ」による正投影図の学習
　(1)　超簡易3Dエディタ「立体グリグリ」

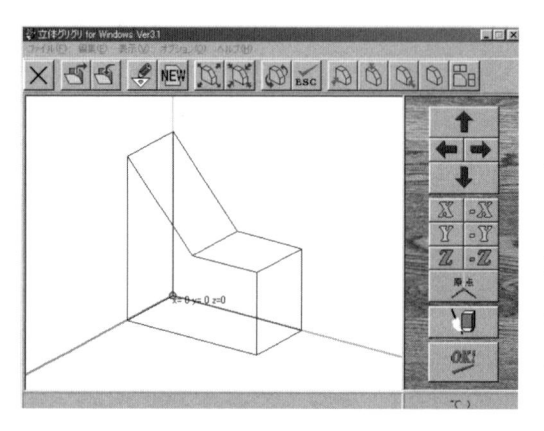

　　　　　　　　　　　　　　　　　　正投影図の学習には，こ
　　　　　　　　　　　　　　　　　　れまで大がかりな説明模型
　　　　　　　　　　　　　　　　　　や，数多くの立体模型の用
　　　　　　　　　　　　　　　　　　意が欠かせなかった．しか
　　　　　　　　　　　　　　　　　　も，それらの教材を揃え授
　　　　　　　　　　　　　　　　　　業をするためには，多くの
　　　　　　　　　　　　　　　　　　費用と大変な労力が必要で
　　　　　　　　　　　　　　　　　　あった．
　　　　　　　　　　　　　　　　　　「立体グリグリ」は，こ
れまでそうした大がかりな教材なしには確実に伝えることのできなかった正投影図の概念を，コンピュータ上で立体を自由に動かすことで，確実に学習できるようにしようと開発されたソフトである．

　「立体グリグリ」の画面の中央には線画（ワイヤーフレーム）でかかれた立体が表示されている．回転のボタンをクリックするとその立体を一定方向に回すことができる．上下左右の矢印のボタンをクリックすれば，その方向に思い通りに回すことができる．それだけではない．正面図のボタンをクリックすれば正面図まで立体が動いて止まる．平面図のボタンをクリックすれば平面図まで動いて止まる．右側面図のボタンをクリックすれば右側面図まで動いて止まる．立体の拡大・縮小も自由にでき，第三角法による表示も可能である．

　さらに，作図モードにすれば，XYZ のそれぞれのキーと SHIFT キーで仮想空間上の点を自由に動かし，ワープロの罫線をひくように比較的簡単に立体をかくことができる．作った立体を保存したり呼び出したりすることも

可能である．それぞれの機能を授業の必要に応じてその機能を制限することもできる．

「立体グリグリ」は『技術のおもしろ教材集』http://www.gijyutu.com から入手可能である．フリーソフトなので無料で何枚でも自由にコピー配布できる．

(2) 透明立体模型

また，「立体グリグリ」の授業のために専用の立体模型も用意した．この立体模型は 0.5 mm × 300 mm × 300 mm の透明な塩化ビニールにのりしろをつくらないようにして展開図をかき，カッターナイフとセロハンテープで手作りしたものである．立体を透明にすることで，これまで認識することがとても難しかったかくれ線を目で確認することができる．「立体グリグリ」は線画表示であるため，かくれ線も実線として表示される．かくれ線を正しく認識させるためには，この透明立体模型が欠かせない．コンピュータだけでなく，立体模型も用意することで，生徒たちの多様なつまずきによりきめ細かく対応することができる．

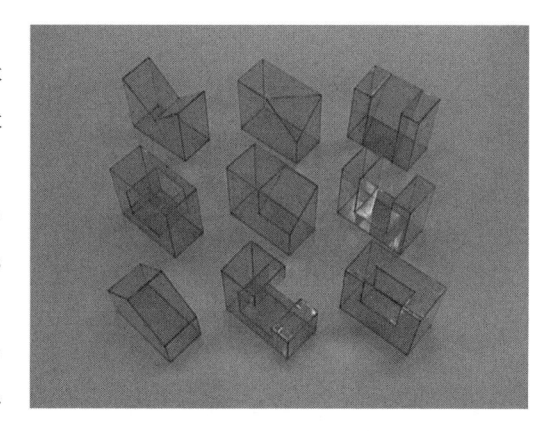

(3) 「立体グリグリ」で正投影図を考える

まずは，コンピュータ室ではなく，普通教室にノートパソコンを4台持ち込んで授業をはじめる．教卓と給食台などを利用して設置し，教卓の上に置いたノートパソコンには全員で確認できるようにディスプレイをつなぐ．

授業では，教師が透明立体模型のうち比較的簡単な形のものを手に持ち，いろんな方向に回転させながら，「この立体を第三角法による正投影図でか

くとこうなる.」と黒板にかいた図と見比べさせながらいきなり説明してしまう.しかし,これでは生徒たちはわからない.

そこで,「立体グリグリ」の登場である.すぐに生徒たちを教卓の前に集め,教師が手で動かしたようにコンピュータ上にある立体を自由に動かしてみせる.生徒たちは立体が動くことに驚きをもって画面を見つめる.手に持った透明立体模型を教師はコンピュータ画面と同じように動かし,生徒たちにコンピュータ上の仮想世界と現実世界との関連がわかるように説明する.

正面図,平面図,右側面図と名称を伝え,それぞれの席に戻り授業書の1枚目にある課題に取り組む.そこには,等角図でかかれた立体と,正面図,平面図,右側面図のうちのどれか一つあるいは二つが抜けた図がかかれている.抜けている図を自分で考えるのである.教卓と給食台の上のノートパソコンは自由に使っていいと伝えると,興味をもった生徒が早速立体を動かしはじめる.最初にやってきた生徒に操作法を簡単に教えると,生徒たち同士で教え合ってどんどん使いこなしてしまう.操作にはほとんどつまずきがない.

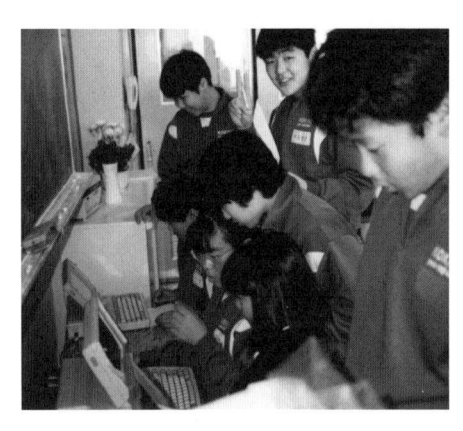

そして,その傍らには必ず透明立体模型を置いておく.プリントにある立体は,「立体グリグリ」のなかに入れておくだけではなく,透明立体模型としても用意しておいた.3問できたら教師のところにハンコをもらいにくるように指示しておき,教師はどんどんチェックする.できた時は褒めちぎるのはもちろんだが,ちょっとした間違いを見つけたときは,最初のうちはちょっと意地悪く自分で考えるように促していく.なかなかわからない時はヒントを出しながら全員ができるようになるまで根気強く取り組ませる.こう

して自分で考える場面をつくることで，生徒たちは教わったという意識ではなく，自分なりに考えてわかったという実感を得ることができる．

1枚目のプリントの後半には，かくれ線が出てくる．かくれ線は破線でかかなければならないが，「立体グリグリ」では実線で表示されてしまう．わからないという生徒が出てくる．こんな時に透明立体模型が役に立つ．透明立体模型を手にとり，できるだけ遠くから正面図や平面図，右側面図の方向に向けて眺める．透明なので写真のようにかくれ線がどこにあるのか一目瞭然でわかる．

こうした課題をこなしていくうちに多くの生徒たちは，「立体グリグリ」や透明立体模型を使わなくても，等角図でかかれた立体を第三角法による正投影図に描き直すことができるようになっていった．課題はだんだん難しくなっていくが，生徒たちは最後まで夢中である．

「立体グリグリ」と透明立体模型という課題解決手段があることで，生徒たちは実に生き生きと正投影図の学習に取り組むことができる．授業書には30問程度の課題を用意しておき，これをやり終えた生徒たちには身の回りの物をフリーハンドで第三角法による正投影図でかかせる．2時間続きの授業で，クラスで4～5人の生徒が30問の課題をやり終える．そして大多数の生徒たちは20～25問の課題をこなすことができる．授業後の感想からも進度の差こそあるが，生徒たちの達成感を感じ取ることができる．

授業後ある生徒がこういっていた．「コンピュータがなかったらわからないまま，終わってしまったかもしれない．」

(4) 3次元作図に挑戦

次の週は，コンピュータ室に場所を移して「立体グリグリ」を全員に使わ

せる．なるべく仲のよい生徒同士を組ませるようにするだけで，授業に対する取り組みもだいぶ違ってくる．最初から遠慮なく「立体グリグリ」を操作できるだけでなく，2人で話し合って課題を解決していく場面が仕組みやすくなる．
また，教師が全体を正確に把握するためには20台程度が限界であろう．

授業では，まずは前回の授業と同じように，立体を画面に呼び出させて，その立体を第三角法による正投影図でかかせる．全員を十分操作に慣れさせた上で，「立体グリグリ」で3次元作図をする方法を説明する．コンピュータ室の一斉送信の機能を使いながら，キー操作を一つひとつ説明しながら生徒たちの目の前で立体を作り上げてしまう．完成と同時に生徒たちからは歓声が聞こえてくる．

生徒たちは，授業プリントに等角図でかかれた立体を「立体グリグリ」の中につくりあげていく．しかし，全員が立体を作り上げるためにはそれなりの支援が必要である．操作はわかるのだが，頭の中に3次元の空間をイメージできない生徒が何台かのパソコンで出てくる．「こっちにもっていきたいけどどうしたらいいの……」そういうつまずきには，3枚の工作用紙をセロハンテープで張り合わせた3次元座標の上に透明立体模型を置いて，「今ここに点があって，ここまで動かすには，Zを2回押すとここまでいくよ……」といったように具体物で示しながら操作させていく．全部のパソコンで立体が完成するようになるのには丸1時間

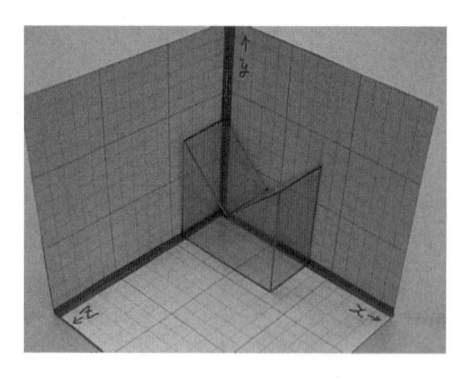

は必要である．何人かはすぐにマスターするのだが，それだけレディネスとして空間的に考える力をもった生徒は少ないのだろう．

　3次元作図に挑戦しはじめてから，2時間もするとどこのパソコンも立体を次々完成させていくようになった．生徒たちはできるようになったという喜びで，勢いよく手を挙げて「先生，先生！」と確認をもとめてくる．

　8題ほど，等角図で示された立体を「立体グリグリ」上に作り上げた後は，第三角法による正投影図で示された立体を，「立体グリグリ」上の仮想空間に作り上げていく．これが，生徒たちにはなかなか難しいようだ．しかし，生徒たちはとにかく入力して正面図，平面図，右側面図と動かしてみて，お互いにどこが違うのかを話し合っていた．感想をみると，「めちゃめちゃになってしまって，めちゃめちゃ疲れた．でも，苦労して作った作品が残ってうれしい．」「今日は，もう次の授業がやれないほどコンピュータで頭を使った．でも前より進んだのでよかった．」などと書かれて，生徒たちが苦しみながらもひるむことなく課題に取り組んだ様子がうかがえた．

(5)　オリジナル立体をつくる

　一部の早い生徒たちが，全ての課題を終えたところで，コンピュータ室の一斉送信の機能を使って，これまでに先輩たちが作り上げた素晴らしい作品を次々に見せていく．アルファベット，漢字，携帯電話，電気スタンド，イス，ラジオ，ケーキ，ロボット，街，どれもが実に精密にかかれ，グルグル回しながらどの方向から見ても全く破綻がない．本格的な3D－CADで描いたようにしか見えないほどの出来映えに，生徒たちからは「私も，俺も作りたい！」という反応がビンビンかえってくる．課題を全て終わらせた人から自由に立体をつくることができると伝えると，課題解決のスピードがまた一段と加速される．

　しかし，いつまでもこの授業を続けるわけにはいかない．どうしても続けたいという生徒たちのために昼休みや放課後などにコンピュータ室を開放し，自由に3次元作図させてはどうだろうか．だが，それでも満足できない生徒

イス　　　　　　　　　　本だな　　　　　　　　　ラジオ

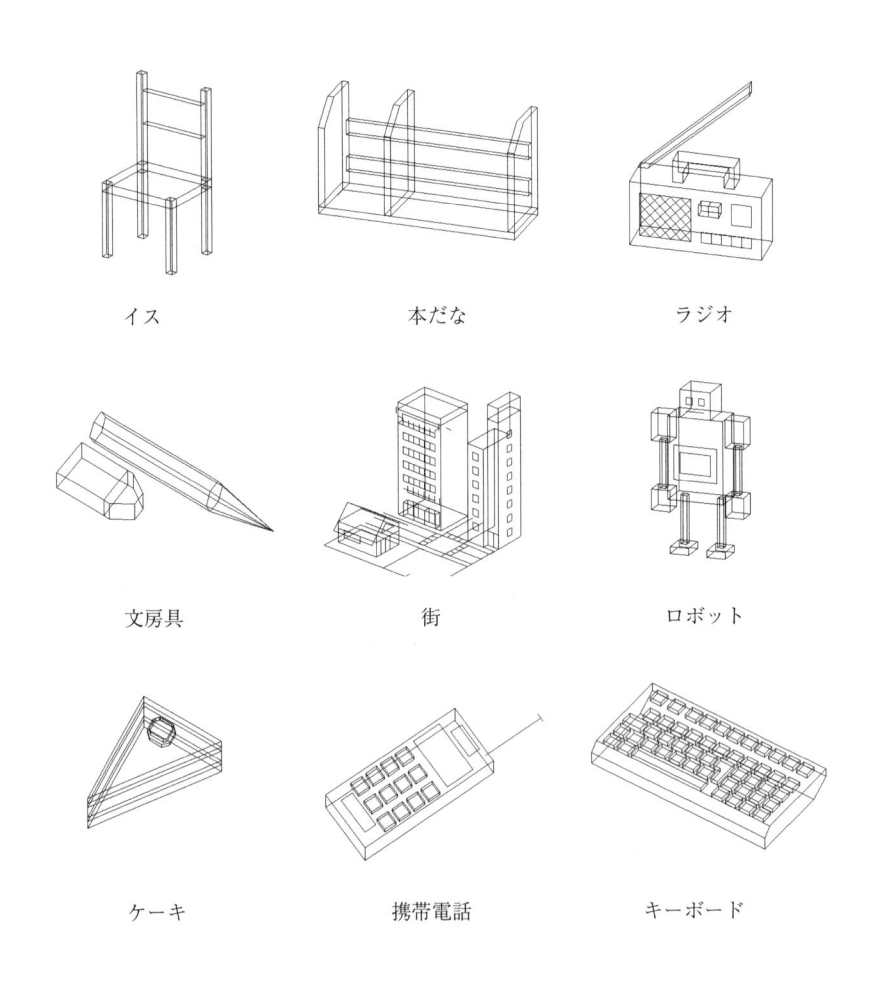

文房具　　　　　　　　　街　　　　　　　　　　　ロボット

ケーキ　　　　　　　　　携帯電話　　　　　　　　キーボード

　も数多い．そこで，家にパソコンのある生徒だけになってしまうが，夏休みの課題として「立体グリグリ」でオリジナル立体をつくらせてみてはどうだろうか．「立体グリグリ」は自由に配布コピーすることができるので，マニュアルを添えてセットアップディスクとして配布することができる．
　こうして生徒たちによって作られた立体は，次の年にまた授業で同様に見せることができる．また，作品はファイルとして保存されているので，優秀な作品を学校のホームページなどを利用して他校などに公開し，お互いの作

品を交流することもできる．さらに，コピー＆ペーストでワープロなどに作品を貼り付けることもできるので，これを利用して報告書にまとめさせるのもおもしろいだろう．もし，イントラネットなどの生徒個人のホームページがあるならば，そこでお互いに作品の発表会を行わせるのもおもしろいだろう．

素晴らしい作品は「立体グリグリ」のサンプルとして添付されるとのことなので一度作者に電子メールを出してみてはどうだろう．

(6) 働く人を考える

「立体グリグリ」の授業で，生徒たちは空間的に考える力を養うことができる．しかし，それだけで終わりなのだろうか．

立体グリグリの授業の最後に，黒板に「CAD」という文字を書いて，身の回りのものが，すでにこうして設計されていることを伝えることにしている．掃除機，コンポ，ゲーム機，車など実際に3D-CADで作成された本物の図面を見せながら，「おそらくこうした仕事に携わる人が，この中から何人か出てくるに違いない……」と話して製図の授業を終わりにする．

これからの製図学習は，実際に働いている人たちの姿を思い描くところまでぜひ展開したい．

(1)

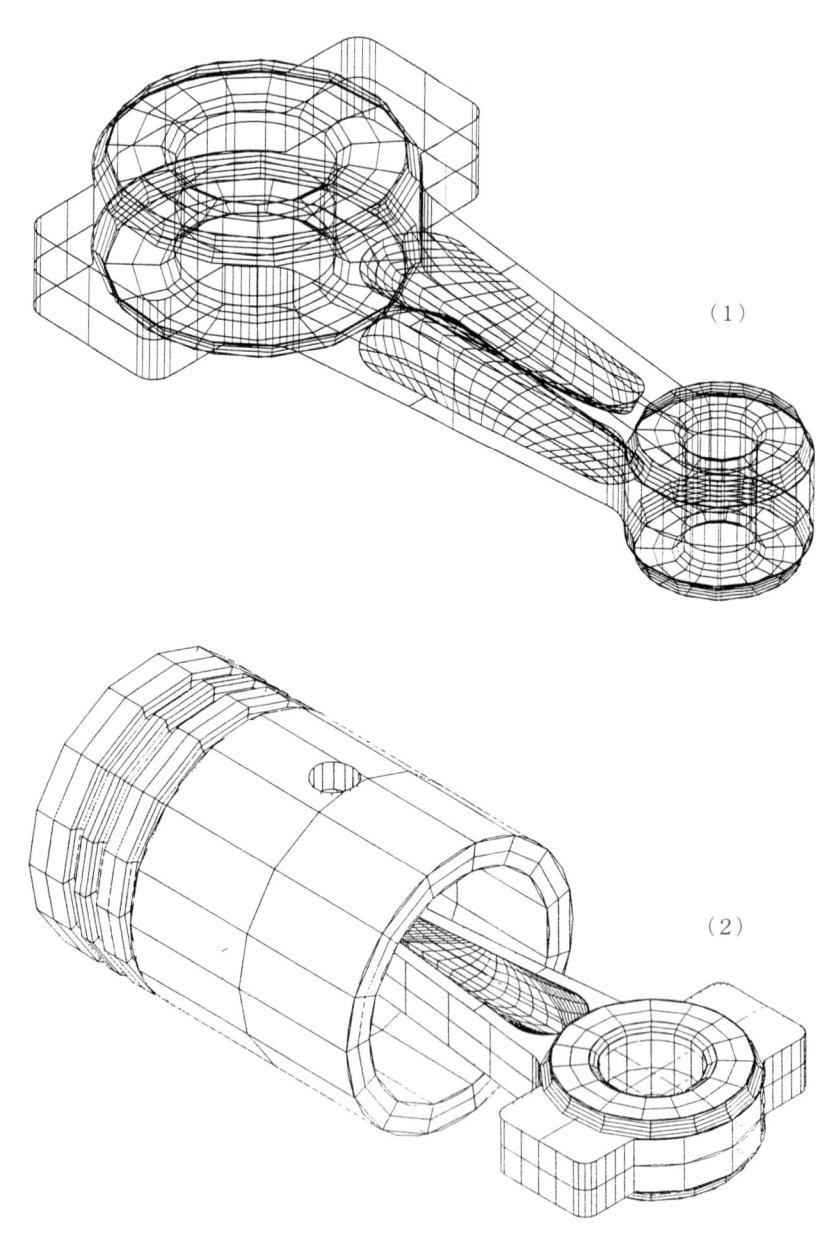

(2)

3D-CAD によってつくられた図面

テーマ3．等角図法

1．指導の重点

　単面投影の方法はいくつかあるが，設計段階で最も多く用いられる等角図のかき方を習得することができるようにこのテーマを設定した．

　生徒たちに「立方体の見取図をかけ」と指示すると，きわめてさまざまな立方体をかく．その多くはまず立方体にはみえない．

　そこで細い角材を利用した大きめの立方体を用意し，等角投影図の成り立ちを説明するか，図1～図3を板書して等角投影図の原理を指導したい．図1～図3の理解がこの段階で無理と考えられたときは，等角図のかき方に慣れてから説明をしても良いだろう．

　等角図の練習段階では「斜眼紙」の利用が能率的である．立方体から直方体をかき，すでに学習の終わっている正投影図から等角図をかくという練習を課せばよい．練習課題は直方体状立体，斜面をふくむ立体，そして円・円弧を含む立体へと発展させる．円の等角図のかき方＝近似楕円（図4）は少し練習すればかけるし，生徒は大いに興味を示すところである．

　なお最終的には斜眼紙でなく，定規を正しく用いて白紙にかかせる練習も必要である．また等角投影図と等角図の違いを指導することも重要である．

　生徒たちは等角図をかくことに対して，非常に大きな関心をもつ．またその上達もはやい．夏休み等に「身の回りにある立体をケント紙にかく」というような課題を出すと，教師も驚くような時間をかけた素晴らしい作品が提出される．

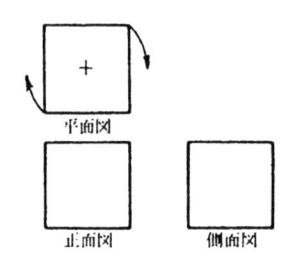

図1　投影図（立方体）

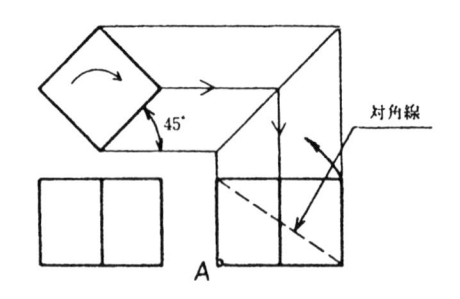

図2　平面図 45°回転

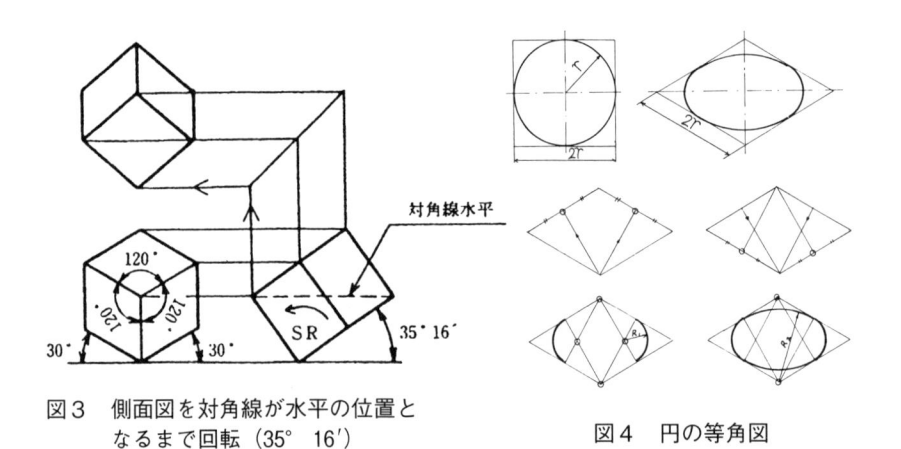

図3　側面図を対角線が水平の位置となるまで回転（35°16′）

図4　円の等角図

テーマ４．平面図法

１．指導の重点

　ものを作ることは好むが，線をひき，図をかくことを好まない生徒が多くなっている．この理由としては，製図学習軽視の傾向のなかで，生徒自身が考えている立体を思うようにかけないことがまず挙げられる．図をかくためには，図をかく力と合わせて，考える力が必要であるが，生徒の間にこの「考えること」を敬遠する傾向が強い．また細かい部分の表示などを特に嫌う傾向も見受けられる．さらに図を完成させる根気も問題になる．この節では，特に生徒が興味を引きそうな教材を準備し，楽しみながらいろいろな平面図形をかくことに重点をおき指導することが望ましいと考える．

　精確な図面をかくためにはこのテーマの指導は欠かせないが，授業時数との関係でその中身を精選しながらの実践も考えられる．

　ここでは以下の二点に指導の焦点を絞りたい．第１に，精確な図をかくための製図用具の正しい使用法を習得する．現実にはコンピュータを使ってかかれた図面も多いが，まず手作業で正しくかけることが製図学習として大切である．なんでもコンピュータの時代ではあるが，手作業での製図学習は表象能力を育てる意味でも重要である．このような見地から，製図学習の基本としては，道具を正しく使うという意味からも，製図板，Ｔ定規，三角定規，コンパス，ディバイダ等，従来の製図用具を用いての学習が大切であろう．第２に，精確な図をかくためには「平面図法」があることを知り，基本的で簡単な平面図形がかけるようにする．

　子どもに学習させたい平面図形は多々あるが，以下のものは最低おさえたいと考えている．

　① 線分の二等分，角の二等分，線分の任意等分
　② 与えられた円に内接する正多角形（正三角形，正方形，正五角形，正八角形等）

③ 任意の角に内接する定円

とりわけ③，例えば「30°の角に内接する半径20mmの円」のような課題（図1）は，機械製図や生徒の製作題材のなかに多く取り入れられるもので，この指導は重要である．

また図2のような平面図形を生徒に自由に工夫させてかかせると，このテーマの学習への興味を高めることができる．

こうした学習をとおして，できればこれらの平面図法を応用した工具や機械部品（例えば軸受け，フランジ等）の製図（図3）に発展させたい．

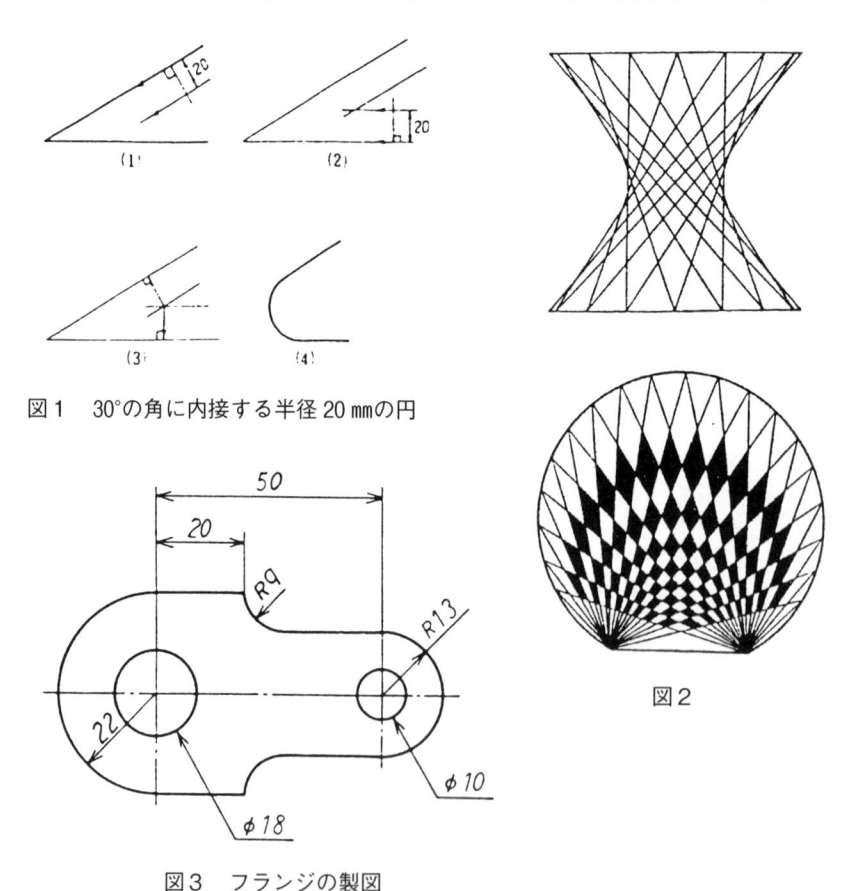

図1 30°の角に内接する半径20mmの円

図2

図3 フランジの製図

テーマ5．製作図

1．指導の重点

これから製作するものの製作図をかくわけであるが，生徒が設計したものの図面をいきなりかくというよりも，身近にあるものや簡単な製品等を例にして，製作図の一般的な作図順序等を指導していった方が作業が能率的であるし，生徒たちの理解もはやい．

ここではまず製作図を正しく能率的にかくための順序（基準線，下書き線，仕上げ線，寸法補助線，寸法線）等を中心に指導し，併せてこれらと関係が深い，製作図を作成するうえでの必要最低限の約束ごと（線の用法，寸法記入法，文字，記号等）も，実習をとおして指導する．

教材としては下図で示すような簡単な「台」のようなものが良いだろう．1～2時間の授業でこの実習を行えば，生徒がこれから作るものの製作図は教師側からの細かい指導なしでかきあげることができる．

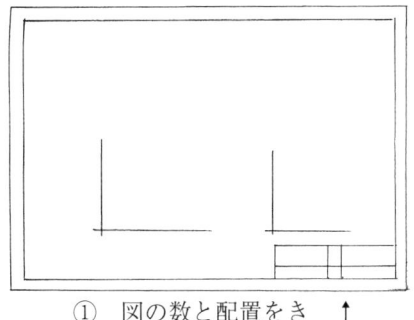

① 図の数と配置をきめ基準線の下がき線をひく

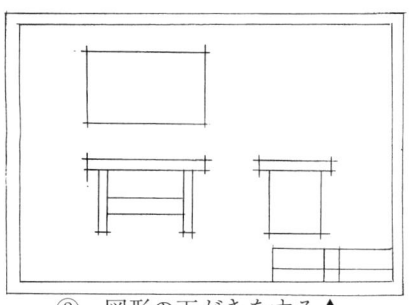

② 図形の下がきをする↑

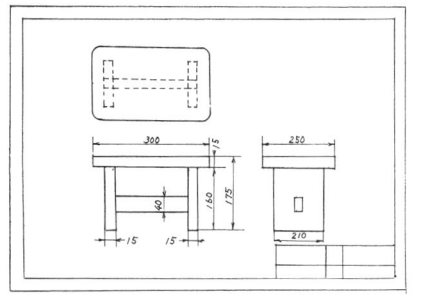

③ 外形線，かくれ線を仕上げ，寸法補助線，寸法線，矢印，そして寸法を記入して仕上げる

| テーマ6．断面図・テーマ7．簡単な機械製図 |

1．指導の重点

　外から観て簡単に見える立体でも，その内部の形状が複雑な場合がある．このような立体の内部がわかりやすく表す図法を考える．既存の教科書も機械学習や金属加工学習で，立体を断面図で表している図が少なからずある．しかし断面図についてはひとことの説明もされていない．

　また教科書の機械や金属加工の部分で，ねじの略画による図示が出てくるものもあるが，これもまた「ねじの略画法」について触れられていない．

　そこでこの章では下記について指導を深めたい．

　① 立画面に平行な平面で切断した簡単な立体の投影図を考える．
　② これにより全断面図，片側断面図を正しくかく．
　③ 断面図でかかれた工業図面を正しくよみとる．
　④ ねじの意義・種類・用途等を考える．
　⑤ ねじの表示法を知り，略画法によってかく．

　なおこのテーマの指導にあたっては，断面模型やねじ標本等，生徒たちが直接眼でみることができる教材を用意し，生徒の理解を容易に深められるように工夫することが大切である．右の断面図は塩化ビニル製の管継手である．

　またこのテーマは授業時数との関係で，「材料と加工の技術」単元で実践してもよいだろう．

全断面図

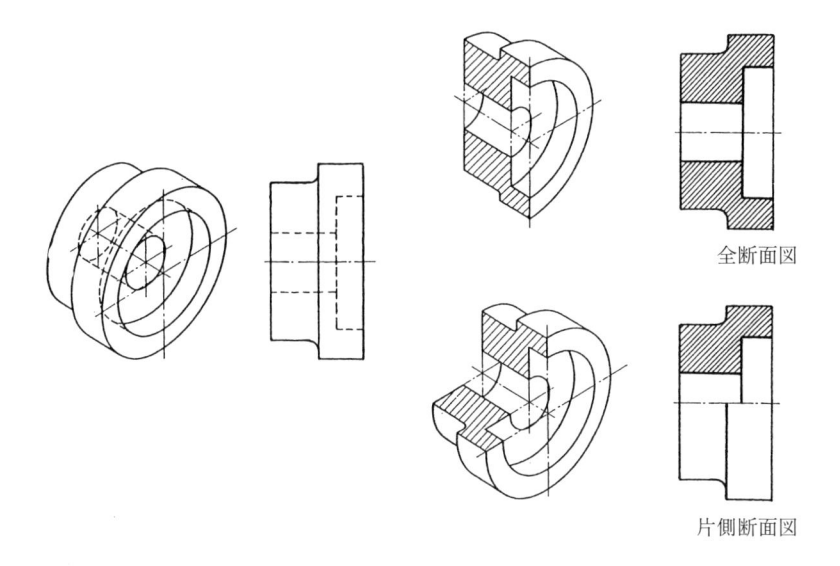

片側断面図

第2章 材料と加工の技術

(1) 「材料と加工の技術」の教育目的と到達目標
① 「材料と加工の技術」の位置づけ

　私たちの今に至るものづくりの歴史は、数百万年前の人類が石、木材、粘土などの材料を直接に自然界にもとめ、これらを加工して道具や生活用品を作り利用するところから始まったといえる．やがて人類が青銅などの金属を利用し、さらに製鉄技術を獲得すると、歴史は急速な展開をみせるようになる．鉄の武器を得た民族は、戦争に勝利し優位にたった．18世紀以降の産業革命のなかで製鉄技術が飛躍的に進歩し、大量生産が可能になると、鉄鋼は社会をささえる物的基礎として、中心的な位置を占めた．同時に加工技術や工作機械などの進歩は、鉄鋼以外の金属材料との結びつきを広め、新しい素材の世界を広げてきた．さらに現代では非鉄金属やプラスチックやセラミックスなどの非金属が、次々と工業材料として利用されるようになった．特に、超伝導合金やカーボン・ナノ・チューブなどに代表されるような新素材の開発は、社会のありようを根本から変えてしまう程の影響力をもつに至っている．

　一方、学校教育においては、木材と金属が長い間にわたり加工学習の中心的素材として利用されてきた．しかし、学習指導要領における技術・家庭科の目標は、改定のたびに生産技術よりも生活技術に傾斜してきた．技術教育の内容を生産技術よりも生活技術のなかに見いだそうとする限り、金属加工学習や機械学習は、普通教育において冒頭に述べたような本来の社会的位置づけは与えられない．さらに、1989年版の学習指導要領は、金属加工領域や機械領域を選択領域とした．そのためこれらの授業実践は決定的に後退した．

　1998年版の学習指導要領では、「情報とコンピュータ」と並ぶ「技術とものづくり」の内容のひとつとなり、コンピュータ・ソフトの利用学習に比べ、加工学習の存在はさらに低下した．また、金属加工学習や機械学習では木材

加工学習よりも施設・設備に大きな経費がかかる．教育条件の整備が必要となるような事態はなるべく避けたいとする教育行財政の姿勢も，これらの実践を後退させる一因となっている．特に教材整備の財政基盤が国庫補助から徐々に地方交付税の一般財源に変わっていく経過は象徴的である．こうした長期にわたる財政政策のために多くの中学校では旋盤や自動かんな盤などの高額な機械の更新を行うことができず，材料加工に関わる授業環境は特に貧困なものとなった．

このように，これまでの加工学習は，木質材料の教育上の利便性とともに過去の経緯や教育行財政の都合から，材料は木材を中心とすることが多かった．しかし，金属材料は現代を支える主要な材料であるばかりでなく，材料のもつ多様性やダイナミズムからいえば，はるかに他の材料をしのいでいる．特に，鉄鋼は生産活動における基幹的材料である．一方，プラスチックの廃棄に微生物を利用できる可能性が出てきたし，FRP（強化プラスチック）などの複合材料は，これまで金属材料が担ってきた分野をかなり広い範囲まで肩代わりするなど，きわめて重要な役割を果たしている．

こうした状況の中で，加工学習の材料を依然として木材に限定することは，かえって生徒の材料への視野を狭い範囲に押しとどめることになる．したがって，これからの「材料と加工に関する技術」の学習では，材料を広くとらえたうえで，それぞれの材料がもつ共通性や特殊性を学ばせ，そのなかで鉄鋼が占める基幹的位置を伝えることが大切である．

② 「材料と加工の技術」の教育目的

素材にはたらきかけ，実用的なものを製作する機会が今の子どもたちにはほとんど与えられていない．家庭生活はもとより，学校においても材料加工に充てられる時間数は，学習指導要領改定のたびに大幅に削減されてきた．ものを作ることを知らない子どもたちは，商品としてのものにかこまれ，必要なものはすべて金で買い，古くなれば捨てるのがあたり前という感覚にな

っている．子どもたちは，製作経験が乏しいために，ものにこめられた人間の知恵や加工の技能に感動したり，ものを捨てたときに，その先において生じる問題が，自分たちの生活にどのようにはねかえってくるのかを見通すことができない．だからものの値うちや，ものを作る人々の労働を評価できず，こうした生産活動にかかわる世界は自分には関係のないものと考えるようになる．また，ものが生産される過程を，利潤追求の企業経営という生産関係との関係でみられなくなると，技術の進歩そのものが悪であるとする考え方さえ生まれてくる．これは，子どもたちが環境問題に取り組むうえで思考の混乱を招きやすい部分である．このような見地に立つと，「材料と加工の技術」での学習の目的は次のようになる．

　第1に，現代の工業材料のうち，鉄鋼が占めている基幹的役割とその実際を，他の材料，非鉄金属や木材，プラスチックの特性と比較して理解することである．1998年版学習指導要領では，生徒たちがものを作るための多様な材料を科学的に認識し，使用価値のあるものを製作する学習は保障されていなかった．このため，ものがどんな性質をもった材料で，どのように加工されて完成したのか思いをめぐらすことができなかった．だから，生徒たちは，製品の材質や形状と，外力による影響や熱による変形などが具体的に予見できず，叩くことで物を認識するなど，物との疎外的関係が目立つ．

　第2に，金属，特に鉄を中心に，材料の特性に即して合理的な加工法があること，また歴史の要請に応じて道具，機械が発達をしてきたことを理解し，技術のすばらしさを感じとることである．

　道具は先人たちの工夫や努力，あるいは加工の目的や社会の状況を反映しながら発達してきた．たとえば，槍かんなによる切削につきものの板面のウェーブは，平かんなの登場により解決された．日清・日露戦争と続くなかでの大工不足は，素人でも使える二枚刃かんなを生んだが，平かんなは効率化優先の大量生産の時代に対応できず，かんな盤の時代となる．しかし，原理は槍かんなと同じため，板面にウェーブが残ってしまう．刃数を増やしたり，

送りを遅くした程度ではすまない仕上げの場合は，やはり平かんなが必要である．技術科の授業のなかで，切れなくなったかんな身の刃を自分で研いで，限りなく薄い削り屑を出すことに挑戦したり，自分で研いだかんなでこぐちの直角を出して製品を仕上げたということは，中学生としては大きな自信になる．

　このように，生徒たちは，道具・機械と加工法が人間によって生み出され，発達してきたことの素晴らしさを，技能の習得と自らの加工経験を手がかりにしながら自然に感じとることができる．

　また，道具，機械を製作過程の中でその必要性に基づいて教えるのでなく，かんながけなどその道具をテーマにした授業をすると，生徒たちは学んだ道具をさかんに試し，そのことに没頭する．同様なことは旋盤の学習においてもいえる．このことは，技能の獲得，習熟が生徒たちの喜びと自信となり技術観を育んでいると思える．

　第3に，製作するものの，機能や強度を考え，設計し，見通しをもって製作することで，つくる喜び，完成させる感動を学び，また，ものの価値をつかむことができる．そのことは同時に，生徒たちが，ものをつくる人々の労働の価値や，ものをつくることに関わる労働の世界を理解することになる．

　前述のように，現代の子どもたちは，道具や機械を使ってものを作った経験が乏しいため，ものをつくることを職業にしている人々の労働の内実を推察することも困難である．そこで，子どもたちに材料と道具を与え，材料の性質を理解し，加工法を身に付けつつ作品を完成させることは，人間こそが労働の主人公であり，ものの価値はものをつくる人々の労働の価値であることを生徒たちが体感し，労働観を身に付けることにつながる．

　第4に，材料の取得や生産活動，および消費活動による自然破壊や廃棄物に関わる環境問題の原因・克服のすじみち，すなわち，自然と人間の間の物質循環として人間の生産活動をとらえ，生産と環境問題との関わり，および環境保全のあり方を理解することである（第7章参照）．

③ 到達目標

[1] 技術に関する科学の基本（科学的認識……わかる，知る）

《ⅰ．材料》

1）材料の性質……切削性，溶融性，塑性（展性，延性），弾性

2）材料の種類……鉄鋼，主な非鉄金属と合金，木材，プラスチック

《ⅱ．道具・機械と加工法》

1）切削加工……かんな，のこぎり，やすり，卓上ボール盤，旋盤

2）塑性加工……鍛造，剪断，曲げ加工，絞り加工，圧延，

3）鋳造と溶接　4）刃物と切削の原理

5）道具から機械への発展　6）熱処理

《ⅲ．材料と構造の強さ》

1）材料と強さ　2）構造と強さ

《ⅳ．製鉄と環境問題》

1）たたら製鉄　2）製鉄に関わる環境問題

3）人間と自然の間の物質代謝

[2] 作業の基本（技能……できる）　※（　）内は主な関連知識を表す

《ⅰ．工具の使用法》

1）計測工具……鋼尺，ノギス，さしがね

2）けがき工具……けがき針，センタ・ポンチ

3）切削工具……弓のこ，タップ，ダイス，やすり，かんな，のこぎり，きり（材料と各工具の刃の機能）

4）接合工具……ねじ回し，レンチ，スパナ，玄能

《ⅱ．工作機械の操作法》

1）卓上ボール盤（材料と切削速度，安全）

2）工作旋盤〔なければミニ旋盤，木工旋盤でも〕（各種旋削と安全）

3）グラインダ，ベルトサンダ（安全）

《ⅲ．道具，機械の維持・管理》
1）刃物の研磨〔かんな身，ナイフなどの研ぎ〕（砥石）
2）機械〔卓上ボール盤か旋盤〕の保守
《ⅳ．労働対象への加工》〔以下に掲げた以外の加工法は，認識のみで技能までは求めないため作業の基本には入れず，技術の科学の基本の教授となる〕
1）切削加工（切削原理）
2）鍛造（塑性）
3）鋳造（溶融性）
《ⅴ．簡単な製作物の見通しをもった製作》
1）製作条件にあった設計
2）合理的な作業段取り（製作工程）

(2)「材料と加工の技術」学習の指導計画　　43時間＋製鉄時間数

学習項目（時間）	到達目標＝学習内容	主な教材・教具	教育目的
テーマ1　たたら製鉄と文化（2時間） 1.「もののけ姫」鑑賞 2．人類の使用した主な原料と工業材料	①「もののけ姫」を通し、鉄の役割、たたら製鉄、環境破壊を知る ②工業材料としては、鉄を中心に、非鉄金属、木材、プラスチック等があることがわかる	・ビデオか漫画 ・各種プリント	身の回りには、各種の材料が使われている。しかし、工業材料を展望すれば、その中心は金属であり、その中で鉄鋼が基幹的地位を占めている。技術史的に見ても、鉄文明を取り入れた民族が勝ち残ってきた。鋼は、非鉄金属に比べ、鉄鉱石が手に入りやすいという側面とともに、熱処理を含め各種加工法に適しているという勝れた特性をもっているから、工業材料として重要な役割を果たしてきた。そこで、鉄を中心に、各種材料の種類や特性を理解し、それらの加工法を実験や、簡単な作品（教材）の製作を通して理解することを目的としている。特に、切削加工の代表的な工具である刃物に注目し、その製作、研ぎの習得をとおし、また、工作機械の代表である卓上ボール盤（本来なら旋盤）作業の習得をとおし、道具から機械への発達を理解する。そして、
テーマ2　鋼をもちいた小刀（ナイフ）づくり（6時間） 1．弓のこによる切断 2．鍛造 3．やすりによる刃の成形 4．研ぎ 5．（熱処理） 6．柄の加工	①刃物の刃表、平、刃先、中子の名称と意味を知る ②弓のこの刃先がわかり、万力に固定し切断ができる ③鉄床、ハンマー、簡易炉、ペンチ・ヤットコを用い、安全に作業ができる ④やすりの刃先(目)がわかり、万力に固定して削れる ⑤耐水ペーパー（砥石）上で、刃表を研ぐことができる (⑥焼き入れができる) ⑦簡単な柄をつくれる	・見本の小刀（ナイフ） ・図面と作業カード ・軟鋼丸棒（5寸釘）または硬鋼丸棒、板材 ・弓のこ、万力 ・簡易炉、鉄床、ハンマー、ペンチ ・荒、中、細各種やすり、ブラシ、万力 ・耐水ペーパー（中砥石）、トレイ ・ヒノキ材、たこ糸	
テーマ3　刃物の研ぎと切削（4時間） 1．刃物の発見・切削の原理 2．刃物の研ぎ 3．削って確かめる	①各種の刃物の比較を通し、刃物には、刃表、刃裏、刃先角、切削角などがあり、その役割がわかる ②中砥石（荒）、仕上げ砥石を用い研ぎに慣れ、切れる刃物に研ぎあげることができる ③材料を削り、切れ味を確かめる	・比較用刃物＝ナイフ、はさみ、かんな、のこぎり等 ・研ぎ用刃物＝かんな、肥後守、包丁、自作小刀等 ・中砥石、仕上げ砥石 ・木、野菜等	
テーマ4　金属の特性と特性を生かした加工法（4時間） 1．金属の特性と主な加工法	①塑性（展性、延性）と弾性、溶融性、切削性を知る。	・説明図、写真、見本、道具材料、授業	

72

2．金属材料の種類 3．金属の組織と金属結晶 4．金属の特性を生かした主な加工法 5．鋳造実験 6．熱処理実験 7．溶接実験 8．メッキ実験 9．新素材	②鉄と主な非鉄金属，合金を知る ③金属の組織と結晶を知る ④切削加工（旋盤），塑性加工（鍛造，剪断，曲げ加工，絞り加工，圧延）を知る ⑤鋳造，熱処理，溶接，メッキを知る ⑥形状記憶合金，超伝導合金を知る	書 ●各種実験とその道具 ●鋳造，熱処理，溶接メッキの実験 ●各種見本	これら作業の中で技術観，労働観について実感をともないながら形成する．
テーマ5　卓上ボール盤を用いた木材による簡単な製品の製作（5時間）			
1．木材の組織と種類 2．木材加工工具 3．きりから卓上ボール盤へ道具から機械への発達 4．簡単な作品の製作	①金属と比べて不均質性としての特性（年輪，板材の各部名称など）を知る ②針葉樹材，広葉樹材，木質材料を知る ③さしがね，のこぎり，かんなの使い方ができる ④きり，ハンドドリル，電気ドリル，卓上ボール盤による穴あけができる ⑤道具から機械への発展がわかる ⑥卓上ボール盤の操作を習得する ⑦与えられた各種図面を見て，工程を見通し作品を製作できる	●各種木材料見本 ●さしがね，のこぎり，かんな ●きり，ハンドドリル，電気ドリル，卓上ボール盤，木片，金属片 ●道具から機械へのプリント ●作品の図面と工程表 ●利用する他の道具	
テーマ6　プラスチックの特性と特性を生かした加工法（4時間）			
1．プラスチックの特性と種類および特性を生かした成形法 2．簡単な作品の製作	①金属と比較し，切削性，熱可塑性（ポリエチレンや塩化ビニル樹脂）熱硬化性（フェノール樹脂，エポキシ樹脂）を知る ②注型法，圧縮法等の成形法と切削，接着剤による接合を知る ③与えられた各種図面を見て，工程を見通し作品を製作できる	●各種材料見本 ●熱可塑性，熱硬化性切削，接着剤接合実験 ●成形法の説明プリント ●作品の図面と工程表，利用する他の道具	

3．プラスチック製品と環境破壊	④環境ホルモン，ダイオキシンの動物や人間への影響を知る	●環境ホルモン，ダイオキシンのプリント等	
テーマ7　設計と製作 (16時間) 1．材料と構造の強さ 2．機械製図 3．設計・製図 4．工程 5．製作 　①木材を中心にした作品 　②金属を中心にした作品 　③複合材料による作品	①弾性と塑性，ひずみと応力，加工硬化等を木材，金属，プラスチックで知る ②構造材に加わる圧縮，引張り，曲げ，剪断の応力と構造の強化を知る ③製作物に関係した接合法と強度を知る ④機械製図の主な規格を知る ⑤作品の図面をかくことができる ⑥工程表を作ることができる ⑦製品を完成させることができる（テーマ6までの学習内容との兼合わせを考慮し，木材，金属，複合材料による作品を参考に決める）	●各材料の各種実験 ●実験データー結果プリント ●製図規格のプリント ●製図用具 ●工程記入用用紙 ●製作関係用具	設計をするには，材料や構造の強さを知り，機能を考え，目的にそって図面をかかねばならないことを理解する。 また，見通しをもちつつ，試行錯誤をしながら作品を製作することが大切であること，完成の喜びなどを実感として獲得する。
テーマ8　製鉄と環境問題（2〜10時間） 1．鉄をつくる 2．製鉄の原理と歴史 3．製鉄で生じる環境破壊とその克服	①協同作業により簡易製鉄炉で鉄をつくることができる ②製鉄の原理と歴史を知る ③製鉄における廃棄物，化石燃料の大量使用と排気ガス公害，大気汚染制御，調整について知る	●自作簡易製鉄炉，鉄鉱石（砂鉄），木炭等 ●製造過程と歴史のプリントやビデオ ●環境問題を考える授業書 ●プリントやビデオ	製鉄の授業を通して，自然と人間の間の「物質代謝」として，人間の生産活動をとらえ，生産と環境問題との係わり，および環境保全のあり方を理解する。

※学習指導要領で示された授業時間では，指導計画の全てはできない．内容を選択するか，「総合的な学習の時間」を利用し，鉄づくりや環境問題，設計と製作を実施するなどが考えられる。

(3)「材料と加工の技術」学習の授業実践

> テーマ1．たたら製鉄と文化

1．指導の重点

　身の回りには，木材，金属，プラスチックなど多くの材料があり，私たちはそれらに囲まれて生活している．だが，これらの材料に自分から働きかけて加工した経験は，今の子どもたちには少ない．特に金属，しかも鉄を加工した経験はきわめて少ないと思う．鉄は文化の中心であり，現在でも工業材料の基幹である．

　この鉄が，文化を開いた事実を，フィクションではあるが多くの子どもたちに感動を与えた映画「もののけ姫」よりイメージできれば，学習への素晴らしい動機づけとなる．このアニメはフィクションであるが，数々の事実に基づいている．原作・脚本・監督の宮崎氏は，菅谷（島根県吉田町）のたたら製鉄を何ヵ月にもわたって調べ正確に描写している．高殿，炉，吹子（アニメでは江戸時代のものを使用），砂鉄採集の鉄穴流し等が描かれている．たたらは砂鉄採集で山を削り，木炭づくりのため木を伐採し自然を破壊する．山の神のシシ神が怒る，というストーリーで，「物質代謝」の環境問題をモチーフにしているともいえる．このテーマでは，鉄は文化の中心であったことが，「もののけ姫」のビデオやプリント，話を通して漠然ではあるが感銘的にわかることをねらいとする．

2．授業の展開（2時間）

　「もののけ姫」は多くの子どもたちが観賞済みであると思うが，ビデオで再び観賞させたい．時間がなければ，話をし，たたら製鉄の様子をプリントで見せる方法もある．漫画も各種刊行されているので利用できよう．

　ビデオ観賞の前に，たたら製鉄の話をしておけば，より観賞が深まると思

う．観賞後，話し合いや感想文などを通し，鉄の歴史と文化について深め合いたい．そして，鉄が今でも工業生産の基幹材料であることを事例を通して話す．

次に，各種工業材料として金属（鉄鋼，非鉄金属……主な種類），木材，プラスチック等があることを身近な製品の材料

写真1　たたら製鉄

を通して取り上げ，見本材料と比較しながら視覚や触覚でわかることが大切である．

〈参考文献〉
- 山内登貴夫『和鋼風土記』角川書店（角川選書），1975年
- 飯田賢一『鉄の語る日本の歴史上，下』そしえて社（そしえて文庫），1976年
- 原善四郎『鉄と人間』新日本出版社（新日本新書），1988年

テーマ2．鋼を用いた小刀（ナイフ）づくり

1．指導の重点

「材料と加工の技術」では，歴史的にもまた現在でも材料の中心である鉄鋼を取り上げる．鋼は各種加工法に適し，さらに熱処理という独特な加工技術が経験でき，ナイフづくりでは，切削，鍛造，研ぎ，焼き入れ等を学ぶこ

とができる．また，ナイフという工具をつくることは，技術史からみても大切であり，だからこそ多くの生徒がこの教材に魅力を感じ，感動的な実践が多数報告されてきたのである．

テーマ１で「もののけ姫」を観賞した生徒たちは，村人が打つ鉄砲鍛冶の鍛造の映像と自らが打つ小刀の鍛造がオーバーラップし，より感動を高めるに違いない．

２．授業の展開
〈実践１〉小刀（ナイフ）づくり

材料は，刃物鋼と軟鋼が鍛接された注文材（３×20×180），硬鋼の丸棒（φ６か８），硬鋼の角鋼（６×６），硬鋼の板鋼（３×30×200，包丁づくり），軟鋼の５寸釘等がある．材料をどれにするかは，時間数と炉の数の関係で決められる．ここでは長時間を要せず，しかも多くの工程が含まれることを考慮し硬鋼丸棒を材料として取り上げることとする．

① 製作工程と材料のけがき，中子のやすりがけ

製作工程はプリントにより説明し，設計図は図１のような包丁型，切り出しナイフ型等を，図と見本で紹介しイメージさせ，一応の設計を頭にかかせる．次に材料の硬鋼丸棒のφ８とφ６，長さ120㎜位を用意し，生徒の意欲と腕力により選ばせる．材料が丸棒のため作業しやすいよう，まず初めに中子を厚さ３～４㎜になるまで，両面からやすりがけをさせる．硬鋼のため，なかなか思うように削れずたいへんな作業であるが，ここの苦労が後の喜びに転じるので

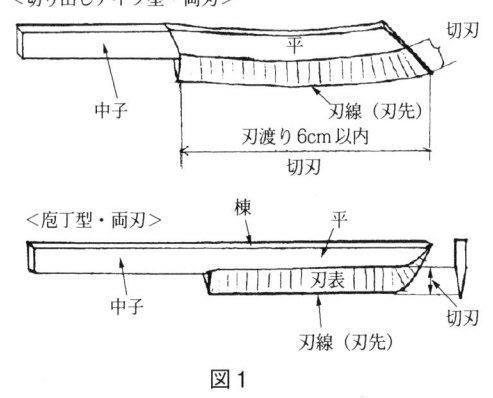

図１

大切に指導する．

② 鍛造による刃部の成形

鍛造用の炉は中華料理用大型ガスバーナーを耐火煉瓦で囲うという自作簡易炉を用意し（市販のガス炉もある），技術科室内３カ所位に作業場を設け，鍛造に取りかかる．各作業場には，床焦げ防止のためベニヤを敷き，鉄床２台を用意し，１作業場６名以内という安全な人数で行う．硬鋼の中子をペンチで（ヤットコより安定してもてる）もち，簡易炉に入れ，炎にあてているとゆっくりだが徐々に赤くなってくる．赤くなった硬鋼を取り出し，おもいっきり鉄床の上でたたく．みるみるうちに鋼を延ばしていく生徒，恐る恐るたたき，全然形を変えていくことができない生徒．「カーンカーン」という音に酔い浸り，硬い鉄がつぶれていく感動を味わいながらこの作業はすすむ．生徒たちにもっとも感動を与える場面である．小刀らしくつぶせた生徒，たたきすぎて薄くのび過ぎてしまった生徒，刀のように反ってしまった生徒，刀の形に巧みにつぶした生徒等さまざまである．

炉の数が確保できない場合，また安全を考え一斉の鍛造作業が危険な時は，①の中子のやすりによる成形作業と平行して進めると，調整がつく．

③ やすりによる刃部の成形

鍛造で大方の刃の形が出来上がった生徒から，教師の点検を受け，やすりによる刃の成形に移る．万力に硬鋼を固定し，全体を小刀の形に仕上げ，次に切刃（刃表）部を出す．平と切刃の幅を５：５か４：６位にし，砥石をかけやすいように刃表を出すことがポイントである．平の厚みを３mm位残し，刃先がでるまで削り，最後は仕上げ用やすりで目通し，耐水ペーパー（400番）を砥石がわりに机の上に置き全体を研ぐ（磨く）．この時点での研ぎの指導は難しいと考える．それは，刃のしのぎ面（刃表）が狭く砥石とぴったりと密着させることが難しいためと，そのことにより砥石の一部のみがへこんでしまうからである．研ぎの指導はテーマ３で本格的に扱うことにして，ここでは研ぎの体験のみをすることとする．最後に名簿番号の刻印を打って

名刀101（1組1番）はその形を現す．

④ 熱処理

　焼き入れは，簡易炉内で刃部全体に均一に炎があたるよう配慮する．刃の色加減は教師が判断し，用意したバケツの水のなかにすばやくかつ慎重に入れさせる．変態点の温度加減は，初め磁石を用いて調べ（変態点で磁性がなくなる），その後は色加減で判断する．焼き戻しは，使い古しのてんぷら油を入れた鍋を約200℃に熱し（沸騰後弱火で加熱してこの温度を保つ），小刀を全体にむらなく加熱，20分位で取り出しトタンの上で冷やす．

⑤ 切刃だし・刃表の研ぎと磨き

　焼き入れした鋼は，やすりがかからないので，ここでも耐水ペーパー（800番か1000番）を用いて研ぐ．テーマ3で研ぎの指導をする時間がない場合は，ここで砥石を用意し，研ぎの指導をする．しのぎ面が狭く研ぎにくいが，生徒たちはよく研ぐ．指を切りながら，刃の切れの確かめを自分の手で行い，血をにじませながら「切れた」と喜んでいる者もあらわれる．ケガをすることを恐れず，これもよい経験ととらえ指導したい．そのために技術科室に消毒剤とバンドエイド，火傷用のアロエくらいは準備し，ケガをしたらすぐ自分で手当てをすることを指導しておくことが大切である．また時には大きな怪我をする場合も予想されるので，養護教諭に事前に話しておく気配りが必要である．

⑥ 柄とさやの製作

　材料（桧の平材，厚さ5 mm，25 mm×500 mm）を渡し，写真のように柄とさやをつくり，クリヤーラッカーを塗り完成させる．時間がない場合は，柄の代わりに，中子にタ

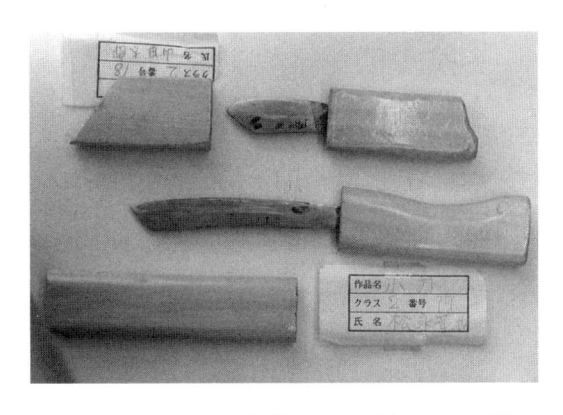

コ糸を巻くことで柄らしくなる．

⑦　他の材料の場合のナイフづくり

◎鍛接材の場合は，材が大きくなるので成形は，ベルトサンダーを用意すると能率的である．時間は20時間以上必要となる．鍛接材の入手先——北誠社，東京都八王子市，tel-0426-26-2331（社長が刀鍛冶師）

◎5寸釘の場合は，成形がやりやすく，熱処理も省略できるので短時間での製作には適している．この場合，焼きが入らないのでペーパーナイフと呼ぶほうが適切である．

テーマ3．刃物を研ぎ削る

1．指導の重点

　加工の中心的な役割をもつ刃物，石器時代から人間の生産活動に欠かすことができなかった刃物を，大人が「危ないから……」と，子どもたちの手から取りあげたために，刃物は，子どもたちにとって本当に危険な道具になってしまった．刃物の切れ味は，そのまま加工の質を左右する．切れる刃物でないと設計図通りの製品にならないばかりか，切れない分を腕力で補おうとして危険になる．

　ここでは刃物の代表としてかんな刃を教材にし，研ぎの作業の基本＝技能と刃物に関する関連知識を身につけること，刃物の安全な取り扱いと危険を予想し，適切に対応するための学力をつけることとする．さらに獲得した研ぎの技能を発揮して包丁等を研ぎ，自分が身に付けた技能が人のためになることを学ぶ．そこでテーマ3では，指導計画の「2．刃物の研ぎ」と「3．削って確かめる」の授業を取り上げる．

2．授業の展開
〈実践1〉かんな刃を研いでみよう

① 準備と安全な研ぎを考える

かんなと中砥石（まとめて購入），雑巾を各自用意し，学校としては，トレイ，荒砥石，仕上げ砥石を用意しておく．

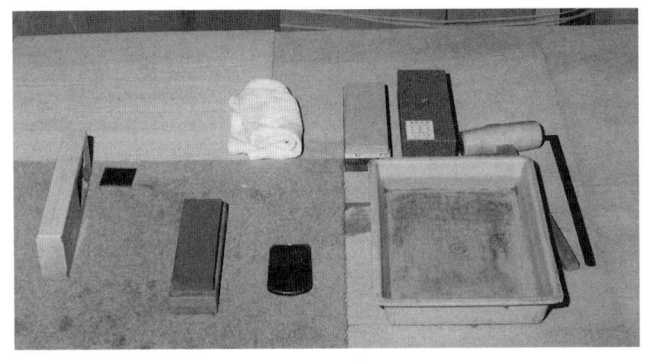

写真1　研ぎセット

研ぎの指導に入る前に，生徒が研ぎを行えば「手を切るかもしれない」と漠然と思っている恐れを払拭させ，また，研ぎにおける手の動力と制御の動きに注目させるため，「手を切るとすればその箇所はどこか」考えさせる．右利きなら左手，それも親指や小指ではないと予想が出される．それではどういう場合にそうなるのか，事故のいろいろなケースを想定し対応を考えさせる．

② しのぎ面と砥石の密着に重点を置いた研ぎ

刃研ぎでは，現状の刃先角を頼りに研ぐので，刃表のしのぎ面が丸くなると研ぐ角度がわからなくなり，さらに刃先が丸くなる．指導では砥石上での

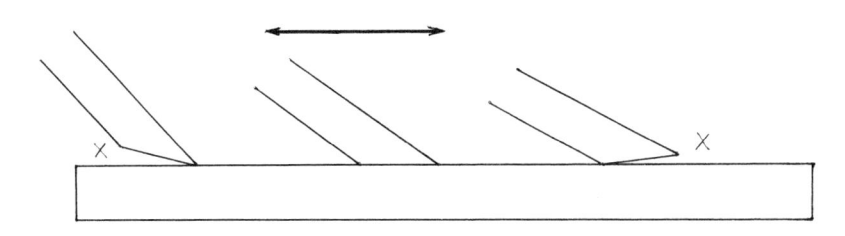

図1　しのぎ面と砥石

往復のスピードよりも,しのぎ面が砥石と密着しているか徹底して確認することが大切になる.そのポイントは,研ぐたびに角度が変わると,しのぎ面に縞模様が出るし,刃がえりが出ないことである.

③ 刃がえりを均等に出すことに重点を置いた研ぎ

かんな身の持ち方によっても,しのぎ面が砥石を押す圧力は場所によって違ってくる.どこに手の力がかかっているかと各自の癖を自覚させ,刃がえりが刃先にバランスよく出ることを目標にする.研ぎ汁が砥面としのぎ面の間にあると能率が下がるので早めに洗い流す.

④ 仕上げ砥石で刃がえりを取り,刃先を仕上げることに重点を置いた研ぎ

刃がえりを取る段階の頃には研ぎにも慣れ,仕上げ砥石上の研ぎ汁が磨き粉になることも理解してくるから,生徒の集中度も高まる.中砥石での曇ったしのぎ面が次第にくっきりして刀のようになっていく.研ぎのスピードが上がると砥石からかんな身が落ちたりしてケガをするので,

写真2 刃がえりを調べる

研ぎ始めの頃の緊張した気持ちを思い出させる.砥石の縁の面取りもなくなっているので危険である.

〈実践2〉削ってたしかめ,また調整しよう

① かんなの刃による切削のしくみを理解し,かんなの刃を適切に調整する

生徒にとっては刃先の調整も容易ではない.そこで,教師が用意した薄い削り屑を渡し,2枚,4枚,8枚と折重ねさせる.8枚で約1mmの厚さなら

1枚は約0.1mmとなる．生徒は刃は出すものだと思っているから，見本の削り屑から0.1mmをイメージさせ「刃先の左右のバランスに気をつけること，台尻から見て刃先の線が髪の毛1本に見えること」を納得させる．これができたら次は裏がねの調整である．裏がねは，日清・日露戦争による大工不足から，素人にも使えるようにと考案されたものである．それは削っている時，木材の繊維方向がすぐに変わるので，逆目問題を最小限おさえるために作られた．しかし，実際的な指導は難しいし，素性の良い木材を削っている時は問題が生じないため指導がほとんどなされていないのが実態であろう．かんな身の刃裏と裏がねの刃先は同じ色にみえるので，刃裏の刃先に目立つ色を塗っておけば調整しやすい．刃と裏がねの調整が自分なりにできたら，生徒一人ひとりを教師が点検し，また合格した生徒に指導させ徹底させる．

② 力のかけ方と削り屑の関係を体得し，広くて薄い削り屑を出す

削り屑は刃先のさまざまな情報を伝えてくる．削り始めでは薄さは求めない．机間巡視しながら刃先を評価し，修正し，削ってみせて，削り屑の面積や薄さを確認しながら，「刃をこれ以上出してはいけない」と念を押す．生徒は削れないと「刃先が見えません」という．「刃が出ていない分，上から体重をかけて刃を食い込ませて削る」と指導する．削る角材のこぐちの両端

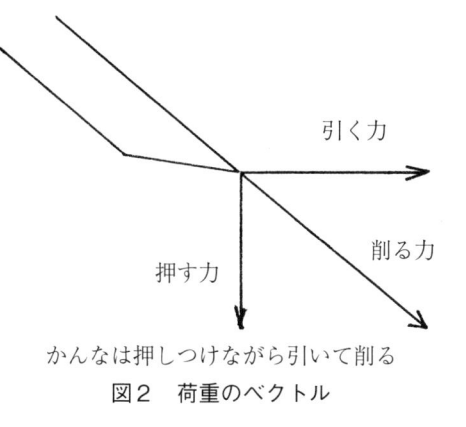

かんなは押しつけながら引いて削る
図2　荷重のベクトル

に別な色を塗っておくと，削り屑を見たときに削りの状態が把握しやすい．そこで，形成評価では，両こぐちに色を付けておき削り屑の両端に色がついていれば合格とする．また，削り屑が薄くなるにつれ，削り屑には荷重の大小が部分ごとの厚さの違いとなって表れるから，体重をかけながら体全体で引くことがかんながけのポイントとなる．

③ 最も広くて薄い削り屑を削った木材に貼り，かんなとともに提出する

技能の獲得が早く順調な生徒には節のある角材に挑戦させる．すると年輪がわかるような松材の大きな生き節を削りとることもできるようになる．節は粉々になりやすいので削り面の裏の節にセロハンテープを貼ってから削る．あとは生徒同士で相互に評価させながら存分に削らせる．

納得のいく削り屑を求めて削っていく程，かんなは切れなくなる．ここで中砥石による研ぎに戻る．この段階では刃先の再生にあまり時間は要しない．削り屑の山を築きながら，技能が生徒の中で根をおろす時期なので時間を保障したい．

研ぎの作業の基本がのみ込めたところで，生徒に刃先の状況にあわせて砥石を選ばせ一斉に研がせる．研いでいる姿を1人20秒程度ビデオカメラで撮影し，あとで再生しながら評価する．チェックポイントは，足の位置，姿勢，腕の動き，かんな身の持ち方，刃先の様子である．時間があれば，かんな削りもビデオに取りチェックさせたい．生徒はこれらの指導で格段に向上し，技能が獲得される．最後に最も良いと思った削り屑を削った角材にセロハンテープで貼って，かんなとともに提出する．

写真3　削り屑，角材，かんなの提出

〈実践3〉他の刃物を研いでみよう

① 切り出しナイフや包丁の刃先の特徴を知る

一通り研ぎを経験した生徒は，刃先を見てどう研げばよいかの見通しをもてるようになる．何種類かの刃物を用意し，どのように研いだらよいか，両

刃か片刃か，刃先角はどうか，刃こぼれを見て中砥石で水を流すか否かと生徒に聞くと答えられる．それらの答えを基に刃先の特徴を整理する．

② 肥後守，切り出しナイフを研ぐ

肥後守等これらの刃物は，小さくて研ぎにくいだけに危険性もある．指先が砥石に触れたまま研ぐと出血する．切り出しナイフは片刃で柄もしっかりしているから良いが，肥後守では，刃が鞘に戻らないように輪ゴムなどで固定して，研ぎに専念できるようにしないと思わぬ事故になる．小さい刃物を研ぐと，砥面の一部だけが使われやすいので，砥石はこまめに修正しなければならない．このとき2本の砥石を用意し，水を流しながらすり合わせ，大気圧で密着し，離れなくなれば2本の砥石とも平になったことになり，修正は終わる．

③ 夏休みの宿題として包丁を研ぎ，レポートする

研ぎの授業の最終回に包丁の研ぎ方を指導する．ただし，教師の実演のみで行う．安全な研ぎのポイントは，動かす手と押しつける手の区別である．しのぎ面のような，よりどころとなる面がないから，砥石とのすきまは棟の厚さとする．他に，両面を同じ回数研ぐこと，最もよく使われる部分は念入りに研ぐことをポイントとして押さえておく．

夏休みに家にある包丁を研ぎ，生徒と保護者の感想をレポート用紙に記入し，提出することを宿題とする．ただし包丁は危ないから持参させない．レポートからは，包丁研ぎをめぐる親子や祖父母とのやりとりが伝わってくる．生徒が家庭内でのポジションを確かなものにしていく様子がわかる．

テーマ4．金属の特性と特性を生かした加工法

1．指導の重点

本テーマでは，鉄を中心に金属の特性を理解し，それらの特性を利用した加工方法がわかることをねらいとする．学習の計画においては，金属を加工

した経験が皆無に等しい今の生徒たちの実態を考慮して，できる限り作業的実験を取り入れた．

さて，金属の特性のうち刃物等によって削られる切削性，外力による変形を保つ塑性，高温で溶融する溶融性が加工上の顕著な特性であり，実際にそれらの特性を生かした加工方法が行われている．三つの特性それぞれを生かした加工方法のうち，技術科室で安全に行えて実現可能なものであり，かつ現実の生産で多く行われている加工として，切削性の切削加工，塑性の塑性加工，溶融性の鋳造加工があげられる．それらについての実験や実習を用意した．

なお，溶接やメッキ処理は金属材料特有の加工方法であり，接合手段や材料保護として広く利用されているので同様に実験や実習を用意した．

2．授業の展開

〈実践1〉金属の特性と主な加工法——鍛造・圧延（1時間）

ここでは，弾性と塑性について認識できることを目途とした．そこで授業では，弾性が残っているバネとのびてしまったバネを用意し，生徒たちが実際にのび縮みする姿から弾性という性質を知り，またバネがのびてしまった理由が力のかかりすぎであることを考え，ある程度以上の力が金属にかかるともとの形に戻らない性質を理解するようにした．その性質，すなわち塑性があることでさまざまな加工の仕方ができること，変形した形がほとんどかわらないことがわかるよう，以下の実験と作業を用意した．

まず，1円玉とB6サイズ位のアルミホイルを用意し，各自でどちらが重いかの重さ比べをさせる．判定実験を上皿天秤で測定すると，両方が同じ1gであることがわかり，生徒たちは驚く．

次に「テーマ2の小刀づくり」の鍛造を体験した生徒は，金属が延びることを理解しているので省略し，実施していない場合は図1のような「鉄のしおりづくり」と称した「長さ50mm釘の叩き広げ（展性）競争」を行わせる．

生徒たちは必死になって叩きつづけ，塑性のなかの展性，鍛造加工の概念に関わるイメージを豊かに獲得していく．釘が広がっていきながらも，厚さがなかなか薄くならない．このことから，ロールを使った圧延加工の必要性がわかる．これらの理解をもとに実際の圧延加工のすごさを知ることになる．

図1　鉄のしおり

最後に「鉄のしおり」は，しおりらしく鉄やすりで回りを少々削り，耐水ペーパーで磨くと完成する．飾りを付ける穴は，テーマ5の卓上ボール盤の学習の時に合わせてあける予定とする．

〈実践2〉金属の特性と主な加工法——鋳造（1～2時間）

ここでは，溶融性と鋳造について認識できることを目途とした．そこで授業では，「メダルづくり」と称して溶融点が約270度と低く，安価なピューターインゴット（入手先—美術出版社サービスセンター）を用いて鋳造加工を行い，金属材料の溶融性と鋳造加工を学ぶこととする．ただし，短時間で経験するため原型をつくり，木枠に鋳砂による鋳型をつくるという基本的な鋳造でなく，簡易な方法にする．

鋳造の型には，15 cm×15 cm，厚さ2 mm位のボール紙かコルクボードを3枚用意し，図2のように中側になる用紙1枚（型枠）をカッターナイフ等でメダルの形と湯道に切り取る．ガス抜き穴に相当するものを，型枠の表面に三角刀を用いて何本か溝をつけておく．このようにしておけば鋳込みの時，型内の空気がここから逃げる．次に加工を施した型枠

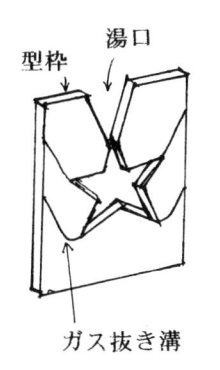

図2　簡易鋳造

の両側面に他の2枚のボール紙などを接着剤で貼りつければ鋳型の完成となる．さらに，湯を注ぎ込みやすくするため湯口にボール紙を折って貼りつけ，完成した鋳型を図2のように万力に固定する．

　炉は特別な設備も必要とせず，ガスコンロと鍋（アルミ製でも可）でよい．1人分60ｇのピューターインゴットで縦横それぞれ60㎜前後，厚さ2㎜位のメダルがつくれる．時間を節約したい場合には，あらかじめ丸，三角形，四角形など型枠のモデルを数種類用意し，形の種類と後述の作業である表面のメッキの種類で作品の自由度を生かす．なおメダルの表面に凹凸をつけることは，材料や型の性質上うまく行きにくい．

　授業では，鋳造の利用例を確認した後に，実際の鋳物は鋳型に鋳砂を利用し，精密なものを鋳造するときはシリコンで型を取っていることなどを補足しておく．しかし，鋳物は衝撃にもろいという欠点も指摘し，予備のメダルを落としたり，ハンマーで叩いて割れる様子を実際に見せるとわかりやすい．

〈実践3〉金属の特性と主な加工法――切削加工（1～3時間）

　金属の切削加工における各種切削用具，機械を確認した後に，生徒が感動する旋削作業を取り入れる．旋盤の台数が少なければ，超小型旋盤（13万円程度のものとしては，例えば榎本工業社「エミニ」）を数多く購入し，一斉に実習させたい．台数が少なければ，実践5の作業と平行して取り組めば可能である．

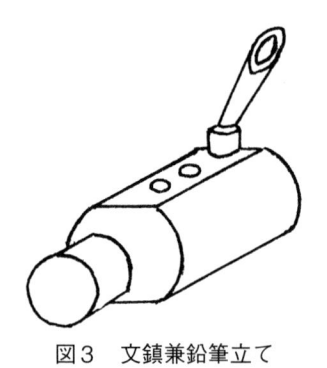

　授業では，旋盤の歴史や構造を教科書などの図を用いて説明し，教師演示で操作について指導した後に，班ごとに作業に入る．作品は図3のような文鎮兼鉛筆立てで，材料は比較的柔らかい直径18㎜長さ50㎜の黄銅棒を用いる．作業は黄銅棒の端面削り3カ所と一部の外周削りで，底面と上面の一部を鉄やすりで削らせる．

図3　文鎮兼鉛筆立て

また，鉛筆立て用の穴は，テーマ5の卓上ボール盤の学習の時に合わせてあける予定とする．予算があれば，図3のように市販の黄銅鉛筆立部のみ購入し，本体の穴に接着剤をつけて差し込み固定すると使用価値が高まる．

〈実践4〉金属結晶と熱処理の実験（0.5時間）

鋳造において金属が溶けた後に固まる様子を観察したことを再確認し，金属が原子，結晶格子，単結晶，結晶粒（多結晶）の層状の構造（階層）になっていることを話す．ただしここでは，深入りしない．資料は，長谷川淳他編著『たのしくできる中学校技術科の授業』（あゆみ出版）の金属加工等を参考に作成すればわかりやすい．

次に熱処理実験を行う．折れた弓のこの刃を取り出し，2本のペンチで挟んで曲げた時，刃はどのように折れるかを予想させ実験で確かめる．さらに，焼きなましした弓のこの刃や，再び焼き入れした刃の曲げ実験を行い，焼き入れ，焼きなまし等の熱処理について知る．そして，これらのふるまいが，熱変化の結果鉄の結晶格子内の原子の並び方が変わったことによって引き起こされたことを話す．

〈実践5〉メッキ作業（1時間）

ここでは，金属材料が一般的にいってさびやすい性質であること，その腐食防止のためにメッキ処理が行われていることを学ぶ．メッキ処理を行う材料は，実践1の「鉄のしおり」または実践2の「メダル」でよい．道具は，1万円未満で購入できるものもある（例えば，マルイ鍍金工業社「めっき工房」）．

メッキ作業は，材料の表面のさびや油分を取り除くために磨きと脱脂作業をする．磨きには耐水ペーパーを使い，脱脂作業には専用の「脱脂液」を使う．専用の「めっき筆先」のフェルトに「脱脂液」をしみこませ，材料の表面を丁寧になでた後に水洗いする．なお作業中に再び油脂をつけないために

材料を必ずピンセットで掴む．乾いた後に，「めっき筆先」に専用の「ニッケルめっき液」（「鉄のしおり」の場合は「金めっき液」を使用）をつけて材料に通電させながらその表面をゆっくりなでる．すると電気メッキ法によってニッケルメッキ（あるいは金メッキ）になる．地金の色がはっきりかわる方がメッキ処理を実感しやすい．

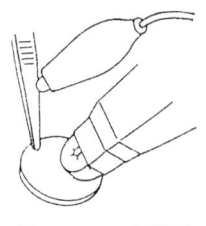

図4　メッキ処理

〈実践6〉溶接（0.5時間）

　中学校ではいままであまり実践されてこなかった溶接を取り上げる．溶接は，金属の溶融性という特性を利用したものであり，他の接合法と異なるため，生徒たちに金属加工の世界を広げられる．最後に新素材の材料について概略を学び，材料研究の世界へのイメージが広がることをめざしたい．

　溶接の授業では，アーク溶接機（3万円程度で購入できる）を用意し，教師による実演でその威力を観察させる．溶接はある程度の技能の習熟が必要であり，また周囲1m位に火花が飛ぶため安全面での配慮が必要である．さらに，飛び散る火花を見続けると目の奥が炎症するので目を保護するため，色つきあるいはフィルムを張ったアクリル板や下敷きを用意して観察させることを徹底する．

　実験後，溶接が施されている事例をもとに，機械的接合から溶接接合になることによって部品づくりや作業が簡単になったという利点を学ぶことができる．しかし，実物をハンマーで叩いてみると溶接箇所が力に対してもろいという欠点もわかり，強度との関連と接合法についての理解が必要なことに気づく．

> テーマ５．卓上ボール盤を用いた木材による簡単な製品の製作

１．指導の重点

　木材加工は，加工がしやすいことや木材製品が身近にあり生活に役立つものが作れる，製品に創意が生かせる等のメリットがあって，ながらく技術科教育で中心的単元として位置づいてきた．しかし，教育目的からすれば，木材は特殊な工業材料であり，加工技術も限定される．そこでここでは，金属と比べての不均質性としての木材の特性をおさえ，加工に必要な木材の知識のみ取り扱うこととした．

　生徒に中学校入学後，小学校時の工具の使用調査をすると，トンカチ（玄能），キリ，のこぎりの利用率が高いことがわかる．そこで，工具は，さしがねとのこぎりの利用を中心とし，ここでは，道具から機械（作業機）への発達を，穴あけ用具を通して学ぶことにウエイトをおいた．作業機の典型としては，産業革命を推し進めた旋盤が最も適しているが，現在使用できる旋盤が設置されている学校は少ないことを考慮し，卓上ボール盤を配置した．卓上ボール盤は各校１台以上は設置されており，台数が不足の場合は，安価で購入できるスタンド付電気ドリルで代用できるので適している．

　また，かんなの利用と指導については，テーマ３の刃物の研ぎで取り扱っていれば作業に取り入れ，なければ熟練を要するため指導対象から除外しても教育目的の実現はできると考える．

　ただし，木材加工の魅力も捨てがたいところがあることから，テーマ５で木材加工を中心的に扱うことも考えた．また，「総合的な学習の時間」の利用は，「ものづくりや生産活動等体験的な学習」（1998年版学習指導要領）に適しており，ものづくりの好きな他教科の教師も協力しやすい．このテーマで基本的なことを学んでおけば，その課題は十分に果たせると思う．

　「授業の展開」では，指導計画の学習項目の３と４を紹介したい．

2．授業の展開

〈実践1〉「きりから卓上ボール盤へ～道具から機械への発達～」の授業（1.5時間）

　加工の技術にとって，道具から作業機(機械)の出現は，重要な意味をもつ．それは，生産力の側面から見れば，作業能率（単位時間当たりの作業量）であり，技術の進歩から見れば，手が持っていた動力と制御の分離，動力─運動の分化，これらの機械への取り込みにある．この両側面の事実を，体を通して感動的に実感をもって認識することで，技術の進歩の認識が深まるとともに，道具の操作においても動力と制御の系で理解することにより，技能の獲得が早くなることにつながると思われる．

《授業の様子》

① 問題の把握

質問1「きりで木材に穴をあけてみて，どんな動きがあるか確かめてよう．注意として，作業板（机）にまで穴をあけないように．必ず全員が行うこと」
　　・各班（4人位）にきり，と木材と作業板を人数の半分配る．

実験1　2人一組で，会話をしながら交互に穴あけ実験．
　　教師　「どんな動きがありましたか」
　　生徒　「きりをまわす（揉む）」「きりを上から押しつける」
　　教師　「穴あけの最後は，どのようにしましたか」
　　生徒　「机に穴をあけては困るので，ゆっくりまわした」「押さえつける力を弱めた」

まとめ1　下表に，以上の動作をまとめる．空欄は話しながら記入する．

道具，機械名 （　）には機械か道具か記入	作業をしながらメモする 作業をしての様子と，便利になり 手の動きが機械化(しくみとして 取り込まれた)したところと感想	動力・運動		(制御)
		回転運動	直線運動	
(1)三つ目きり　（　）	木材			
(2)ハンドドリル　（　）	木材			
	黄銅			
(3)電気ドリル　（　）	木材			
	黄銅			
(4)卓上ボール盤（　）	黄銅			

② 作業と観察

質問2「他の穴あけ用具を紹介します．ハンドドリル，電気ドリル，卓上ボール盤です．この用具を用いて，これから配る木材と黄銅に穴をあけてもらいます．穴をあけながら，キリの穴あけでまとめた，動力の回転，直線運動や制御がどのように機械化（どのようなしくみとして取り入れ）されたか，また，木材と黄銅を比べた穴あけの様子を観察しながらメモしてください．ただし，卓上ボール盤は台数の関係上黄銅のみです」

実験2　グループごとにおかれた穴あけ用具を順に回り，各人で確かめていく．

- 材料は，あらかじめ万力に固定しておく．
- 電気ドリルと卓上ボール盤の使い方，注意は，その場所に生徒を集めて事前に指導してから作業に入る．

教師「ハンドドリルの木材と黄銅への穴あけ作業での様子をあげて下さい」

生徒「木材では，簡単にあきましたが，黄銅はなかなかあかずに，握りに体重をかけて押したら，少しあいたが，歯車の回りが悪くなりました」

教師「手の動きの何が機械に取り込まれましたか」

生徒「きりを揉んでいた回転運動が，歯車を使うことによりドリルの回転が増しました」「推す力は手で上からかけているので機械化されていません」

　　　……中略……

教師「卓上ボール盤の黄銅への穴あけ作業の様子をあげて下さい」

生徒「電気ドリルに比べ静かに，安定して確実にあきました．また，切りくずがきれいにでてきておもしろかったです．」「推す力も機械化（歯車）され，ハンドル操作で，終了前の調整も確実にでき（制御）ました．」

〈実践2〉簡単な作品の製作（2.5時間予定）

　製作作品について，指導目標から同じをものを作らせる考え方と，子どもの個性を尊重する立場から各人に任せる考え方があるが，材料や加工精度，指導のねらいからしてどちらが正しいとは断定できない．しかし，環境条件が整い，指導目標のなかにその作品の工程等が入るならば，生徒の学習意欲，個性を表現したい現在の生徒たちの気質を考慮し，製作に自由度が大きいほ

①さいころ

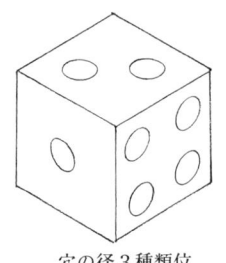

穴の径3種類位
深さ一辺の1/3位

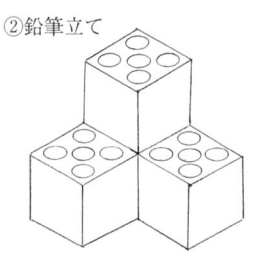

②鉛筆立て

直方体1　　　ダボ穴 $\phi 4 \times 20$
立方体2か1　 鉛筆穴 $\phi 9$
　　　　　　　　　　$\phi 12$

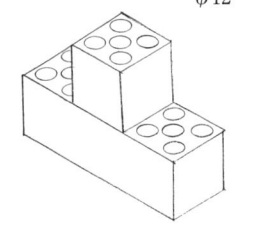

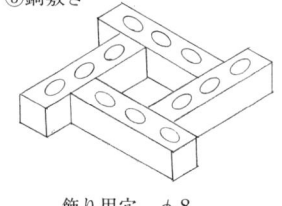

③鍋敷き

飾り用穴　$\phi 8$
ダボ用穴　$\phi 4 \times 20$

　うがよいと思える.
　ここでの製作作品は，短時間で，卓上ボール盤作業を取り入れ，しかも基本工作法が学べることが条件になる．そのため，授業のねらいからして，図面は何枚か教師が提示し，生徒に選択させ大きさ，形状，穴の数等に工夫をこらす．材料の種類は特定しないが，原材料の形状は，穴あけの関係から角材が適切である．

●製作工程

① 製　　図……作品選択，図面の読図，大きさ，寸法
② 木どり……けがき，のこぎりによる切断
③ 部品加工……断面（木口）の切削　テーマ3でかんながけの指導がなされていればかんなで木口削り．他の場合はやすり，ベルトサンダー等の利用により作業能率をあげることも必要である．
　・穴の位置のけがき（穴の数，径，深さ）
　・穴あけ(卓上ボール盤とスタンド付電気ドリル)
④ 接　　合……だぼ接合か木ねじ（穴あけの必要）
⑤ 塗　　装……省略かテーマ7の授業時に合わせて実施

●作品

作品名称	材料（種類特定なし）	接合
①さいころ	太さの違う角材3種位	なし

②鉛筆立て	50×50×200位の角材	だぼと接着剤
③鍋敷き	30×30位の角材	木ねじと接着剤

◉補足作業

　テーマ4での作品である「鉄のしおり」と「文鎮兼鉛筆立て」の穴あけを，簡単な木製品の製作の終了したものから順次行っていく．この段階になれば，卓上ボール盤への必要な径のドリルの取り付け，材料の機械万力への固定を指示しておけば，後は自分たちで作業を進めていくことができる．

テーマ6．プラスチックの特性と特性を生かした加工法

1．指導の重点

　プラスチックは，軽い，耐食，耐久性に優れている，成形が容易，大量生産に向いているなど，数々の優れた特性から，さまざまな分野で数多く用いられている．最近ではゴムとプラスチックの境目もなくなり（熱可塑性エラストマー；常温ではゴム，高温では熱可塑性プラスチックの性質をもつ），新しい分野での利用も進められている．しかしその反面，大量生産，耐食，耐久性の結果として，プラスチックが廃棄物となった時の処理が難しくなっており，その処理の問題が社会，環境問題となっている．

　本テーマでは，プラスチックの特性と主な種類を理解し，それらの特性を利用した成形法がわかること，プラスチック製品と環境問題について知ることをねらいとする．学習の計画においては，学習済みの金属加工との比較を念頭にして，プラスチック加工した経験が少ないと思われる生徒たちの実態を考慮し，誰にでも簡単に安全にできる作業を考えた．

2．授業の展開
〈実践1〉プラスチックの特性と種類および特性を生かした成形法(1～2時間)

　身近なプラスチック材料についてどのような特性があるか考える．短時間でできる実験をより多く取り入れたり，コンピュータソフトを用いるなどしてプラスチックへの興味をもたせる．またここでは，材料の手に入れやすさや安全性も考慮して進めた．

　① プラスチックの強さを調べる実験

　スーパーマーケットでもらえるポリエチレンの袋は何kgまで耐えられるか予測させる．金床などを入れ，外からの応力に対しての強さ（引っ張り強度）を調べる．写真1のポリエチレンの大きな袋は，そのものの重さは80g程度だが，60kgの人間を持ち上げることができる．この実験で人間が持ち上がるたび，生徒は歓声を上げて喜んだ．

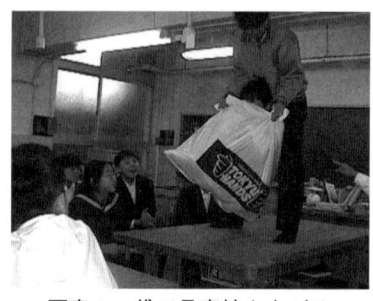

写真1　袋で見事持ち上がる

　次に文書ファイルの表紙やVHSビデオテープのケースに使われているプラスチックを折り曲げてみる．この素材はポリプロピレンと呼ばれ折り曲げに強いので，どんなに折り曲げを繰り返してもまず切れることはない．アクリル板等と比べるとよりわかりやすい．

　② プラスチックと接着剤の実験

　接着剤によるプラスチックへの接着性を生徒に予想を立てさせた後，教師実験で行うか班ごとに実験する．材料として塩ビ，スチロール，ポリエチレン，ポリプロピレン，アクリル等のシート材または板材と，瞬間接着剤を用意する．実験の結果では接着できるもの，すぐにはがれてしまうもの，まったく着かないものに区分でき，プラスチックの種類による接着性を知ることができる．特にポリエチレンは耐薬品性に優れ，常温では溶剤に溶けず接着性が悪い．また，溶剤系接着剤の溶剤に溶けているものや，樹脂系接着剤は

プラスチックそのものであることを知らせる．

③ 樹脂の染色実験

プラスチックの染色のしやすさを知るための実験を行う．アクリルの固まり（形は何でもよいがコップに入る程度の大きさ）を「樹脂用染料SDN」（資料⑨）を用いて染める．「樹脂用染料SDN」を少量コップに入れ，湯で20倍に薄める（換気に注意し，直接触れぬよう手袋をつける）．そこにアクリルを入れ3分ほどするときれいに染まる．

④ 熱可塑性，熱硬化性の実験

使い捨てプラスチックコップ（スチロール樹脂）を電子オーブンレンジで加熱する（安全のためオーブンで130℃位がよい）．コップの底にマジックで絵等を描き，口を下にしてしばらく加熱するとやわらかくなり，みるみるうちにつぶれていく．やわらかい状態のまま平らにし，板などで押さえるとコースター

写真2　コップのコースター

ーになる．これはコップが元々シート状の材料を加熱・加圧してつくられているためで，熱を加えることにより元の形に戻る．このことにより熱可塑性（加熱すると溶融，冷却すると固化）であることがわかる．

対比実験として，プリント基板等のフェノール樹脂（ベークライト）もオーブンに入れて比べてみると面白い．フェノール樹脂は耐熱性に優れ130℃位では変形しない．さらに熱を加えても熱硬化性（熱や光などで化学反応が行われ，再び熱を加えても溶融しない）であるため変形しない（安全のため燃やさないよう注意）．

⑤ 熱硬化性プラスチックの加工・「鋳造」

シリコンゴム製「速硬性型とり用パテー『ブルーミックス』」（資料⑩）と速硬性のウレタン樹脂「ホビーキャスト」（資料⑪）を用いて簡単な複製製作を行う．まず「ブルーミックス」の基剤と触媒の2種類の粘土状の素材を

原型　　　型　　　複製
写真3　プラスチック「鋳造」

1：1で十分に練り合わせ，原型が十分に入る容器（木枠等）に入れる．次に写真のような文字＝原型(単純な形が良い)をシリコンゴム「ブルーミックスの粘土状材に押し込み型をとる．2分ほどで硬化が始まり固まり終えたら原型を抜く．

　次に「ホビーキャスト」の主剤と硬化剤を重量比1：1でまぜあわせ，先ほどの型に流し込む．全体に「ホビーキャスト」がいきわたったら，そのまま5分ほど待つと硬化し複製ができあがる．材料費が少々高いが，簡単に短時間でできるので，班ごとに実験させるとおもしろい．以上のように原理は金属の鋳造と同じであることがわかる．

⑥　プラスチックのできるまでを知る

　コンピュータソフト「プラスチック・アドベンチャー2000」（資料⑬）でナフサからプラスチックができるまでを学習する．このソフト（所要時間は20～30分）で汎用プラスチックの出来上がるまでを，分子構造などについても触れながら楽しく理解することができる．このソフトは「科学技術館」（東京都千代田区）の石油化学コーナーに展示されているものとまったく同じ物である．

⑦　プラスチックの種類と用途のまとめ

　プラスチックの用途を，冷蔵庫に使われている全ての材料の内，プラスチック材の割合を予想させることで深める．結果は，なんと重量で約40％，体積で80％以上を占めている．その他，多種，多岐にわたり使われていることをプリントなどを用いて話す．そのなかでプラスチックの利点と欠点をあげさせ，利点としては，軽い，耐久・耐食性が優れている，大量生産にむいている等のほか，電気絶縁性がある，衝撃，振動，音を吸収する，着色しやすいなどがあがる．欠点としては，強度，剛性は鉄鋼より小さい，傷が付きやすい，熱に弱い（高温，低温とも），紫外線に弱い，経時的な寸法変化

（別表1） プラスチックの分類

プラスチック	熱可塑性プラスチック	非結晶性プラスチック	ポリ塩化ビニル、ポリ塩化ビニリデン、ポリ酢酸ビニル、ポリビニルアルコール、ポリビニルアセタール、ポリビニルブチラール、ポリスチレン、AS樹脂、ABS樹脂、メタクリル樹脂、ポリカーボネート、ポリフェニレンオキサイド、ポリスルホン、セルロイド
		結晶性プラスチック	ポリエチレン、ポリプロピレン、フッ素樹脂、ポリアミド、ポリアセタール、飽和ポリエステル
	熱硬化性プラスチック		フェノール樹脂、ユリア樹脂、メラミン樹脂、フラン樹脂、アルキド樹脂、不飽和ポリエステル、ジアリンフタレート樹脂、エポキシ樹脂、ケイ素樹脂、ポリウレタン

（別表2） プラスチックの形成法

加工名	加工方法	製品名
射出成形	加熱溶融した材料を、金型のキャビティ（空隙間）に急速に注入し、金型内で冷却して固化させる方法。	模型のギヤなど
ブロー成形	押出成形機または射出成形機で成形素材を作り、これを二つ割りにした金型ではさみ込み、圧縮空気を吹き込んでふくらませ金型に密着させて成形する方法。	蛇腹のホースなど
射出ブロー成形	溶融した材料を、金型に射出して、管状または板状成形体を作り、金型を交換して空気を吹き込み中空成形品を作る方法。	ペットボトル、洗剤の容器など
真空成形 圧空成形	熱可塑性樹脂のシート、またはフィルム材を加熱軟化させ、それを型の上にのせて中から真空で引くか、圧縮空気を外から吹きけるかして成形する方法。	コップ、
押出成形	加熱溶融した材料をダイ（口金）を通すことにより、連続した一定の断面形状の成形品にする。	パイプ、シート、電線など
圧縮成形	主に熱硬化性材料の成形法。一定温度に保持してある金型内に充填し、押し型をかぶせる。さらに加熱・加圧し硬化させて成形する方法	

がある等整理される．

最後にプラスチックの分類，種類とマークおよび成形法を別表1〜3を用いて整理する．ただし，分類において熱可塑性プラスチックは，実用的に，汎用プラスチック，エンジニアリングプラスチック，熱可塑性エラストマーに分けられている．これらを今までの実験に位置づけて扱うとわかりやすい．（資料①③の文献，⑦⑧のホームページ参照）．

（別表3） プラスチックの種類とマーク

区分	識別マーク	プラスチック名	おもな用途
熱可塑性プラスチック（熱を加えるとやわらかくなるプラスチック）	1 PETE	ポリエチレンテレフタレート	ペットボトル、テープ、フィルム
	2 HDPE	高密度ポリエチレン	灯油缶、びん、網
	3	ポリ塩化ビニル	卵パック、ラップ
	4 LDPE	低密度ポリエチレン	ポリ袋、通信ケーブル、ふた
	5 PP	ポリプロピレン	浴槽、自動車部品、注射器
	6 PS	ポリスチレン	キャビネット、トイレ、おもちゃ
	7 OTHER	その他の熱可塑性プラスチック	ボールペンの軸、看板、哺乳びん
熱硬化性	OTHER	熱硬化性プラスチック（熱を加えると硬くなるプラスチック）	ボタン、食器、ヨットの本体

出所）中村三郎『入門ビジュアルエコロジーリサイクルのしくみ』日本実業出版社，1996年

〈実践2〉簡単な作品の製作（1時間）

プラスチックを用いて簡単な作品を製作するにあたり，「自由樹脂」（資料

⑫)を用いた．この樹脂は特殊ポリエステル系樹脂で，融点60℃と低温であるため湯で溶融し，凝固温度が低く，何度でも再生できる等の特性から，中学生でも比較的安全に作業ができるうえ，生分解プラスチックであるので環境についても考慮されている．そのため紙コップに湯を入れ「自由樹脂」を浸すと数秒でやわらかくなる．

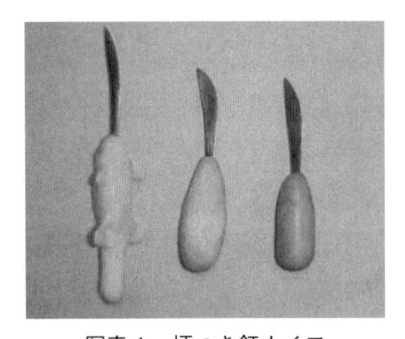

写真4　柄つき釘ナイフ

作品は，「プラスチック柄つき小刀・ナイフ」をつくる．テーマ2で製作した小刀か，テーマ4で釘をハンマで鍛造し成形した「鉄のしおり」を，やすりで成形してナイフにする．次に「自由樹脂」で柄をつけるが，方法は2通り考えられる．一つは，手作業で粘土細工のように作業し，固まったら鉄やすりかサンドペーパーで削って所定の形にする（写真4）．二つは，短い試験管を「木枠」としてそのなかに自由樹脂を押し込むように流し込み，試験管ごと熱湯に浸す．空気が残ったりしてうまく流れこまない時は金属棒などで押し込むとよい．試験管内全体に材料が行き渡ったら，試験管を熱湯から取り出しナイフの中子をさし，水で2分ほど冷やすと硬化する（写真5）．できた柄をさらに旋盤でテーパー削りをすると見栄えがよい．両方法とも削った後の表面処理は湯に浸すだけでよく便利である．

写真5　試験管による柄づくり

〈実践3〉プラスチック製品と環境問題（1時間）

①　プラスチックと環境ホルモン

われわれの食生活における，食器，容器，包装等で用いられているプラスチック製品と

環境ホルモン（外因性内分泌攪乱化学物質）等について考える．水道管に使われている塩ビ管や食品包装用ラップとノニルフェノール，給食で用いられているポリカーボネート製食器とビスフェノールＡ，カップラーメンの発泡スチレン容器であるポリスチレンとスチレンダイマーとスチレントリマー等が身近な環境ホルモン問題として取り上げることができる．「食品を温めたり，電子レンジにかけたりする場合，決して食品をプラスチック容器に入れたりラップで包んだりしないこと」と警告されているほど，使用には注意が必要なことに触れておくことが必要である．

さらに，ダイオキシンの問題がある．ゴミが不完全燃焼するとダイオキシンが発生するといわれているが，そのメカニズムは完全に解明されていない．しかし，その生成の条件となる塩素を含んでいる樹脂の代表に，ポリ塩化ビニルとポリ塩化ビニリデン等がある．これらは，ビニール袋や家庭用ラップなどに用いられている．厚生省や環境庁は，焼却炉と製鉄用電気炉からのダイオキシンの排出量を規制している．これに対し各市町村では，小型焼却炉の廃止，焼却炉の焼却温度の調整やダイオキシン除去設備（バグフィルター）の設置等を進めていることなどを考える．

②　プラスチック廃棄物の処理の問題

プラスチックはその耐久性，耐食性のよさ，大量生産に向いている等が利点の一つだが，その裏返しとして廃棄物になった時の処理が問題である．そこでプラスチックゴミの急激な増加，埋め立て地不足，焼却した時の大気，水質，土壌汚染等の問題を取りあげる．

まず，プラスチックは「燃えるゴミ」か「燃えないゴミ」かを考えさせる．周知のようにプラスチックは石油（ナフサ）を原料としているためよく燃えるが，その処理は環境問題と市町村の焼却炉の性能・能力，埋立処分場のゆとり等との条件で決定されているので，どちらにもなりえている事実を伝える．プラスチックを焼却した時の問題点は，ダイオキシン問題のほかに，燃焼温度が高温になるため焼却炉を傷める可能性があり，有害なガス（塩化水

素など）を発生する．そのためリサイクルが急務となる．リサイクル法として，プラスチックを再生利用したり，原油化，燃料油や固形燃料化するなどが取り組まれている．したがって，これからの社会ではゴミでなく資源として扱う努力をする必要性を話す．

次にゴミの埋め立て問題と生分解プラスチックおよびコンポスト化（堆肥化）について考えさせたい．廃プラスチックの多くが埋め立て処理されており，その耐食性，耐久性により将来的にもゴミとして残ることが問題となっている．このことから，土中の微生物により分解する生分解プラスチックが開発されている．一口に生分解プラスチックといっても，「自由樹脂（プラクセルH）」のような化学合成系，天然物系，微生物系などがある．生分解プラスチックは分解すると炭酸ガスと水に分解するといわれているが，ゴミとして埋め立てた時の分解生成物が明確でないことなど解決しなければならない課題もある．一方，生分解プラスチック利用したビニールハウスやコンポスト化技術（生分解プラスチック製の袋で生ゴミを回収し堆肥化する）など，農業分野での期待も高まっていることなどを調べたり考える．

最後に，ゴミ処理やリサイクルよりもゴミの減量化が効果的，効率的であることを知らせ，生産者と行政の責任，消費者の責任について考える．

授業の展開としては，これらの問題，課題のビデオを見るか，プリントを用意して理解しやすい配慮が必要である．

〈参考資料〉
① 森　隆『初歩のプラスチック新版（＊98／＊99)』三光出版社，1998年
② 大石不二夫『図解プラスチックの話』日本実業出版社，1992年
③ 森本孝克『プラスチックの使いこなし術』工業調査会，1993年
④ シーア・コルボーン，ダイアン・ダマノスキ，ジョン・ピーターソン・マイヤーズ著，長尾力訳『奪われし未来』翔泳社，1989年
⑤ プラスチックリサイクル研究会編『プラスチックのリサイクル100の知識』東京書籍，1994年
⑥ 石油化学工業協会ホームページ　http://www.jpca.or.jp

⑦　積水化学工業株式会社ホームページ　http://www.sekisui.co.jp
⑧　オリオン株式会社ホームページ　http://www.orion.co.jp
⑨　大阪化成品株式会社　Tel 06-6261-2171
⑩　アグサジャパン　Tel 06-6768-6344
⑪　日新レジン株式会社　Tel 045-811-1093
⑫　ダイセルファインケム株式会社　Tel 03-5643-3580
⑬　株式会社日本総合映像 CD-ROM 事業部　03-5721-2800
（※材料の入手法　桜井技術教材社　03-3696-7185 等教材店経由で入手可能）

テーマ7．設計と製作

1．指導の重点

　金属，木材，プラスチックの材料の学習と刃物，道具，工作機械の学習を基礎として，それらの技術の科学の基本（科学的認識）と作業の基本（技能）を総合し，より深めるために製作を位置づける．そして，設計をするための「材料と構造の強さ」を学び，図面をかき，工程を考え製作する．「材料と構造の強さ」は，教え込みの授業にならないよう配慮するとともに，時間数の関係上，製作する材料や構造や機能に必要な内容に絞って，実験などを取り入れ学習する計画とした．

　設計においては，第1章「生産と図面」単元の授業の展開で紹介された，「相手の設計を製図しよう（依頼書に基づいた製図）」のような展開ができればよいが，時間が不足の場合は，図面（共通の物，または何種類か）を与えて製作という方法もあり得る．「授業の展開」では一つの設計の授業と四つの製作の実践を紹介する．

2．授業の展開
〈実践1〉ブリッジコンテストで構造の学習
　①　ねらい
　授業で生徒を見ていると「図面をかく」ことと「現実社会の生産」とが結

びつけられていないようだ．生産現場では，図面を見ながら討論し，試作・テストを繰り返し，改良していく．また，設計者は，単に図面をかいているだけではなく，材料・構造の強度，経済性，美的要素などを考えながら，図面をかいている．そこで，設計における構造の学習として，社会資本である橋に注目しそれを教材化し，「ブリッジコンテスト」という授業を行った．

　すでにカセサート大学では子どもたちを集め，ブリッジコンテストが行われている[1]．しかし，それらは，学校の授業の一環で行われたものではなかった．今回行ったブリッジコンテストは中学校1年生を対象に，構造力学や材料力学を考慮しながら，限られた材料のなかで丈夫なブリッジの設計・製作を行い，彼ら自身で強度を評価することを目的とした．

　② 配布物と強度試験

　25 cm離れた両端に橋脚を2本．その間に，4ミリ角のバルサ材を使って強い構造物をつくった．材料の切断はカッターナイフ，接合には瞬間接着剤を使用した．バルサの角材は，25 cmを1本，20 cmを2本，5 cmを5本配布．強度試験はブリッジの中央からつり下げた荷台に雑誌を1冊ずつ生徒自身が載荷した（写真1）．破壊後，バネばかりを使って重さを測定した．各班4名から5名のグループで討論し，製作した．

　③ 授業計画（3時間）

　1時間目　パワーポイント（マイクロソフト社）のソフトを使ってスライドショーを見せ，試験に必要な最小限の知識と試験の方法を教えた．次に，簡単な教

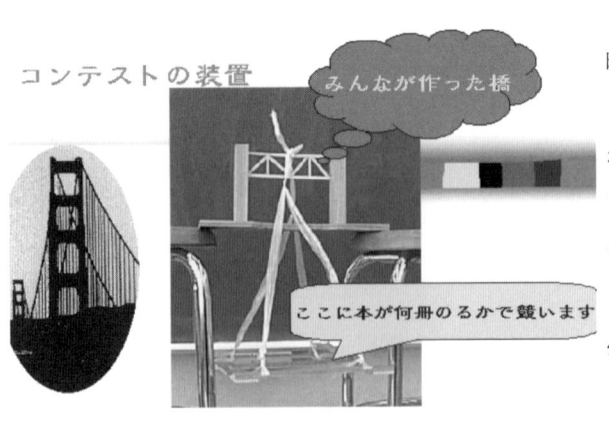

写真1　スライドショーの一コマ～破壊装置

具を使ってトラス構造を教え，材料の向きについて生徒と実演し，力のかかる方向によってたわみ方が全く違うことに注目させた．また，4mm角のバルサ材は，200gで折れることを見せ，設計・試作に入った．

2時間目　班で話し合い，設計図をかきながら製作した（写真2）．完成

写真2　班で討論中

した班から順に強度試験を行った．その後，試験の整理を促すためレポート提出を課した．

3時間目　クラスごとに生徒たちのレポートをそのままプリント資料にし，若干のまとめを行った．建設途中だった明石海峡大橋のビデオを見せた[2]．

④　授業の様子

《「あかんて，あかんて」～破壊テスト～》

試作の時間になったものの，作業は進まず，班での話し合いも今一つの様子．班に材料を1回分しか用意していないからだということに気づくのに時間がかかった．「早く破壊できた班は，2回目，3回目とやっていいです」というと「そしたら失敗してもええんや」というようなことを口々にしながら，だんだんと生徒たちの動きはよくなってきた．

完成した班は，試験台に橋をセットし，生徒自身が荷台に本を1冊ずつ載せていく．2kgを超えるとビニールひものはり方，荷台の揺れ方は見ただけでも重量感がある．試験している班員たちは自然に大きな声になり，「8冊…」「9冊…」「これのせたらもうあかんやろ」「しなってんで，もう」「あかんて，あかんて」．作業中の班員も一旦作業中断し，試験している班に吸い寄せられるように集まってきた．

破壊が起きたとき，ずっしりと重い本が試験台にのしかかる音と，生徒たちの「ワーッ」という声が教室に響きわたる．「折れる前に，ピシッて音し

写真3　試験中の一コマ

てんなあ」という生徒のつぶやきが耳に入る．何kgまで耐えたかを自慢しあう生徒たちの様子は好ましいものだった（写真3）．

《生徒たちのアイデアと活動の意味》

強度試験の結果について，ほとんどの班は2kg前後．800gで折れるもの，4kgや5kgというものまであった．「工夫した点」と「今後どうすればよいか」の2点についてのレポートから，生徒の発想を考える．

- 「三角形を中になるべく入れるようにすることと中心を強くするため小さな割りばしを何重にも重ねてつけた．また，すき間に，木の切りくずをいれて工夫した．3回目2.5kg.」（図1）

3.5Kg!

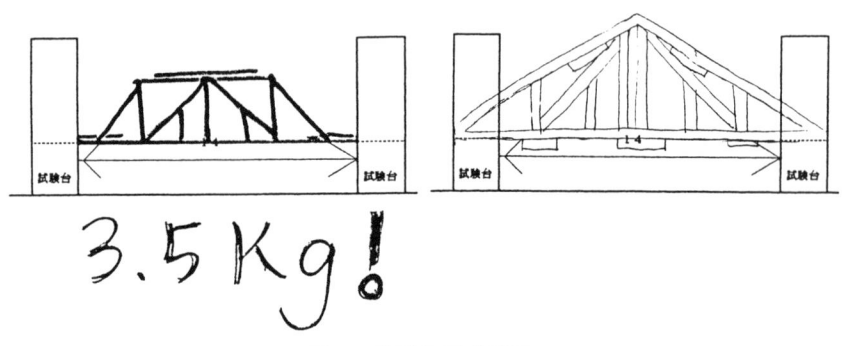

図1　生徒のアイデア

生徒たちは，授業の説明で得た知識をもとにして工夫し，誰もが思いつく「弱いところの補強」という発想で製作を試みたことがわかる．そのような改良を繰り返していく手直し行程のなかで，新しい抜本的なアイデアが生まれてくる．授業では，1時間のなかで，試作を繰り返した．生徒たちが作った2回目，3回目のものが，生産の場での「2次設計」「3次設計」に当たるといえる．

また,「今後どうすればよいか」の設問について,「もっと木のふれあう表面積が多くなるように改良した方が良かった」と接合部の加工法に注目した生徒,「一番下の長い棒の中心がパッキリとわれた．破壊の様子は，下の重りが揺れて，割れた．下の重りが，揺れないように『そーぅ』と入れるようにしたら，いいと思う」「はやすぎてわからなかった」というように試験方法に注目した生徒がいた．

　それぞれのクラスのなかで，一番強かった班の生徒より，何度も工夫を凝らしたが，思うような結果を得られなかった生徒の方が考察は深かった．「重みのかかった部分は大丈夫だったけど，端っこの方は木が2本くらいしか重ねてなかったのですぐ折れた．橋全体を均一にしなければならない」と，橋全体の構造に注目している．

《「こういう仕事もいいなあ」》

　現実の社会のなかで，橋づくりに携わっている人々のすごさ，土木や建築への関心，ものづくりに関わる仕事のすばらしさを伝えるために，建設途中だった明石海峡大橋のビデオを見せた．

- 「1ミリの誤差もなく，ちょっきしなんて，すごすぎる．考えられない．うちのブリッジコンテストみたいに，何kgなんてもんじゃなく，何tなんてすごい力を支えられるなんてすごい」
- 「たった1mmのずれが人の命にかかわるなんて，恐いし，同時に，そういう仕事は，緊張するとともに，成功したときの喜びと感動は格別だろうなと思う」
- 「橋をつくるのがどんなに難しいかわかった．実際，考えたことがなかったから，わからなかったけど，一つを良くしすぎて重くしてもいけないし，全体をうまく調和させないといけないのがわかった」
- 「ケーブルが500t以上も耐えられることを知りおどろいてしまった．自分が何気なく渡っている橋も構造を考えるとすごいなあと思った」
- 「ただただたくさん材料を使えばいいのではなく，あんなに細い橋脚でも長い橋桁を支えられる．こういう仕事もいいなあと思った」

人々の要求によってつくられる社会資本としての明石海峡大橋も，例にもれず，先行する橋の失敗結果と，テストによるデータ収集，設計やり直しを繰り返して図面は仕上げられ，つくられたものであることを知っただけでなく，一つの試験方法で本物の橋ができるわけではないということをも知った．そして，生産現場で輝く労働者たちと，エンジニアの技術や技能のすごさを見て「こういう仕事もいいなあ」と感想に書いている．これらの生徒の感想から，土木工学や技術の世界に高い関心を示していることが容易に読み取れる．

　強くするにはどうすればよいか，討論や共同での作業を通して，生産現場における設計製図の基礎をかいま見る機会になったのではないかと思う．

〈注〉
1）Korchoke Chantawarangul（舘石和雄訳）「カセサート大学おける子供ブリッジコンテスト」『土木学会誌』Vol. 81, No. 12, pp. 58～59
2）NHKビデオライブラリー「テクノパワー～橋・より長く，より強く～」建築資料研究社・日建学院

〈実践2〉缶つぶし器の製作
　① ねらい
　ものを製作するときの要点は，正確な測定，材料の特徴の把握，道具や機械の正しい使用にある．このことを作業の基本（技能）学習のなかで試行錯誤しながら学ぶことが大切である．たとえば，角材の切断において，切断面での誤差を1mm以下として生徒に求め，その結果をスコヤで確認し合否を判定する．初めのうちは合格者はいないが，次第に合格する生徒が増えてくる．紙ヤスリでの修正はさせない．これを許すとのこぎりでの正確な木口切断を求める授業の意味がなくなる．すき間なしの「100点満点」が現れると，すき間ありの「98点」ですでに合格した生徒も再度の「98点」を得られないかもしれないリスク覚悟で「合格」を捨てて切り直してくる．すると4本

の角材で「400点」を目指す雰囲気が授業の中に出てくる．こうした状況にするには人数分のまともなのこぎりと，作業台に固定された人数分の木工万力が必要である．足で押さえたのでは気持ちを角材をおさえ続ける方にも向かわせなければならず，授業の核である正確な切断の妨げになる．求める動作を実行させるには，純粋にこの動作に専念できる作業環境が必要である．

ただのこぎりで切れればよいと思っていた生徒が，正確に測定することを求められ，やがてこの基準をクリアできるようになると，切断の前提となる準備段階にも積極的に取り組むようになる．

この作品は，テーマ3「刃物を研ぎ削る」の発展として，作業の経過と結果を楽しく評価しあえる場が多く設定でき，より高い作業の基本の獲得が実感できるものと考える．

② 教材としての缶つぶし器の特徴

1．多くの道具，機械，材料を学ぶことができる

道具としては，さしがね，スコヤ（角材の切断面を調べる），のこぎり（縦びき・横びき），かんな，木づち，げんのう，釘抜き，センタポンチ（らせん釘を沈める），木ネジ（45㎜4.5径），+ドライバー，ドリル（1.4―らせん釘下穴，3.0―木ネジ下穴，木ネジ皿取り），きり（三ツ目，四ツ目），紙やすり（240番　面取りと下地仕上げ），はけ，機械としては，自動送りかんな盤（角材の基準面を作る），卓上ボール盤数台（作業能率を向上させるため5台位），材料としては，t18カット済み合板（天板，底板用200×200×18 2枚，筒用300×88×18 4枚），押し棒用えぞ松たる木（40×30×300 4本），平釘（65㎜），らせん釘（50㎜），水性透明塗料である．

2．作業の基本学習におけるジョブが製作物に生かせる

角材の切断や切削等の作業が練習的にくり返しでき，そのまま部材として使える．

3．作業を多少失敗しても問題にならない

外観はすべてプレカットした合板で，外観上は誰でも同じものが大差なく

できる．木材加工は生徒にとって実質的に初めてなので，個々の作業の意味の理解と作業の基本の獲得を優先し，失敗を少なくするくふうをする．たとえば，釘打ちにおいてはボール盤ですべて下穴をあけ，釘が出たり曲がったりする心配をせずに打てるような工程にする等である．

4．作業の基本（技能）の獲得の重視

のこぎりで角材を正確に切断する課題が数十回以上，かんながけが8面あるためこれらの作業が繰り返してできる．また，重いげんのうでN65やN50の，大きめの釘を24本打つ．釘が太いと細い釘の場合よりもげんのうを正しく使うことが求められる．げんのうの効果的な指導ができる．

5．合板について学習できる

ベニヤの張り合わせ面に釘を打つと簡単にはがれる．これらから合板の構成，繊維方向の組合せがわかる．

6．生徒の家族全員が関心を持て，環境問題を考えた製作物である

アルミ缶を筒のなかに入れ，押し棒をのせ体重をかけて座ってつぶすと500mlのアルミ缶が30mmほどにつぶれる．また，高さ340mmの踏み台として腰掛け（スチール缶を入れればつぶれないから高さ調節もできる）としても使用できる．

③ 缶つぶし器の工程とポイント

1．筒の製作（2時間）

正四角柱になるように4枚の合板を組み合わせて筒をつくる．合板の割れ防止

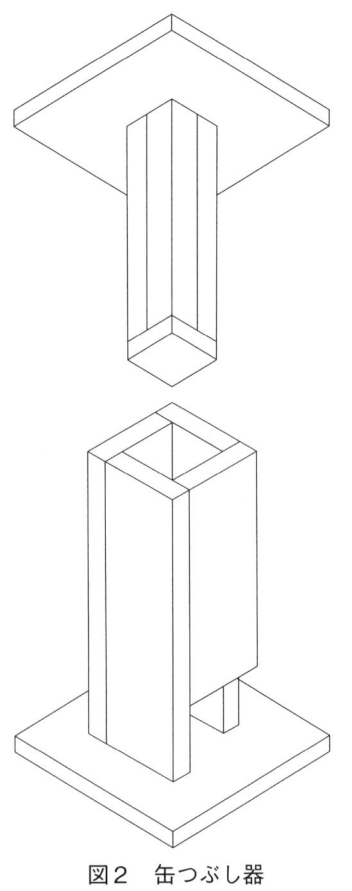

図2　缶つぶし器

と釘打ちの失敗を避けるために卓上ボール盤で下穴をあけ，らせん釘で接合する．

2．押し棒の製作（2時間）

　4本の角材を組み合わせて，断面が正方形の角材の束をつくる．4本とも外側になる2面をかんなで削り，仮に組み合わせてみて筒に入るか確認する．次に，点数のついた側のこぐちを揃え，こぐちのずれに気をつけながらN65または50のらせん釘で接合する．このときこぐちがずれてしまったら一本を作業台から外して天板側ではない方のこぐちをげんのうでたたき，合わせる．このとき，「木材は繊維の束」だからずらせるという材料学習が生きてくる．

　4本束ねたら不揃いの側のこぐちを直角に切断する．仕上げ線でいきなり切って失敗するとあとがないので5mm程度ずつ数回練習してから切る．缶の縁でこぐちが傷まないように，缶を取り出すためにカットした板をこぐちの大きさに加工してつける．

3．天板と押し棒の接合（2時間）

　天板の中心と押し棒の中心を合わせ，木ネジで接合する．この時，下穴を十分にあけ，天板は皿取りをする．木ネジとドライバーの指導が必要．

4．底板と筒の接合（2時間）

　底板に筒をあて釘の打つ位置を決める．そして，きりで下穴をあけ50のらせん釘で接合する．

5．塗装（2時間）

　角と表面に紙やすりをかけ，最後に透明塗料を塗り完成させる．

〈実践3〉地域の教材を大切にした，複数材料による自在カギの製作

① ねらい

　製作品を検討する時，基本的学習事項が含まれているかが第一条件であるが，それとともに地域の歴史や生活が感じられることも大切な視点となる．そして地域をいかした教材は，生活の知恵が含まれ，生徒も教師も引き付ける魅力をもっている．

　自在カギは子どもの頃，囲炉裏に下がっているものを見て，「不思議だな，便利だな，どうしてどこでも自由に止まるのだろうか」という疑問を抱いた．そんな疑問をもちつつある日，博物館に展示されている自在カギを手にして，自由に止まる原理を解き明かした時は興奮したものであった．

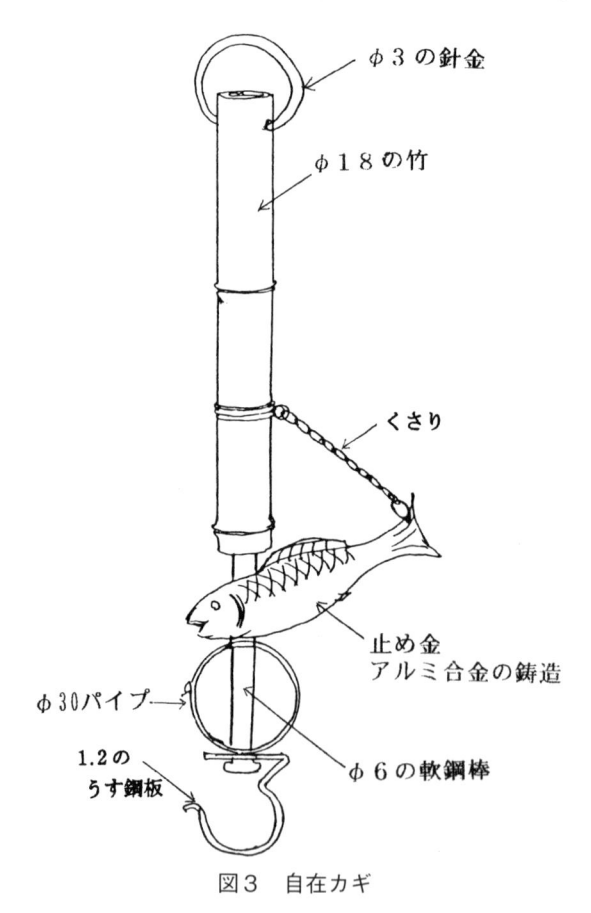

　自在カギは，止め金を鋳造でつくり，鋼材パイプを切断，鋼板を折り曲げ，さらに竹細工と，各種要素作業を含み，「止め」の原理を解きあかしながら，製作工程を考えるという優れた教材である．現在の家庭には，囲炉裏はないがインテリアとして和室にでも置け

図3　自在カギ

ば，家族にも喜ばれるであろう．

② 製作工程と図面

　自在カギは，使用する場所でその大きさは違う．そこでここでは，ミニチュアを作らせるものとして形状を考えた．

　製作図の正面図（図3）と材料表と工程表は，下記のとおりである．しかし，止め金の鋳造ができない場合は，図4のようなアルミ角材を加工して，代用しても見劣りはしない．

③ 製作の実際

　1．竹を材料とした製作品の実践は，あまり聞かない．しかし，竹は縦繊維の集合体であり，木材と比較しながら学習するとわかりやすい材料である．そこで，竹の切断は横引きであるが，両刃のこぎりの横引き刃では材料負けしてしまう．したがってアルミニウム等を切断する，目の細かいのこぎりを使うと能率的に作業ができる．次に竹筒の加工であるが吊輪を通す $\phi 4$ の穴を卓上ボール盤であけ，さらに竹の節を突き破って貫通させる．この作業は少々難しく，はじめ生徒たちは恐る恐るであるが，先の尖った丸棒かたたきのみを用意し，玄能で力をこめて叩けば，スカーと抜ける．何回も挑戦したがる生徒もでてくる．

　2．飾り輪は，$\phi 30$ の鋼パイプを幅15mmに弓のこで切断する．そして，切断された輪に $\phi 6$ の軟鋼丸棒──心棒の通る穴──を卓上ボール盤であける．次に厚さ1.2mm幅

◎材料表

	部品名	材質	大きさ
1	竹筒	竹	$\phi 18$, 長さ250
2	心棒	軟鋼棒	$\phi 6$, 長さ250
3	飾り輪	鋼パイプ	$\phi 30$, 幅15
4	カギ金	鋼板	t1.2, 幅15, 長さ65
5	吊輪	針金	$\phi 3$, 長さ60
6	鎖		長さ150
7	止め金	アルミ	長さ120位

◎工程表

作　業　名	時間
1．竹筒の加工	1
2．飾り輪，吊輪，カギ金加工	2
3．心棒の加工（えすめ）	2
4．止め金加工・鋳造	3
5．組立	2

図4　止め金　アルミ角材

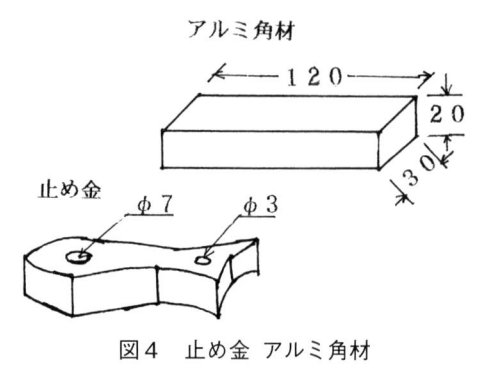

15mmの軟鋼板を治具や万力を利用し折り曲げカギ金をつくる．吊輪は，φ3の針金を治具などを利用し丸めてつくる．

3．心棒とカギ金はかしめるが，時間的余裕があれば，ねじ切りを取り入れナットで止めるという方法も予定できる．

4．止め金の鋳造は，時間がかかるがぜひ取り入れたい．鋳造の方法は，テーマ4を参照して実施する．時間がなければ，図2のようにアルミニウム角材を班ごとに用意し，自分の材を切り出し，鉄やすり，ベルトサンダ，グラインダ等を使い成形する．仕上げは，耐水ペーパーで磨けばアルミ光沢が美しい．

5．鎖は市販のものを用意し，図1のように組み立て，最後に鎖と止め金を結ぶ．ここで生徒は自由に止まる原理がわかり，完成の喜びとともに，昔の人の知恵に感嘆する．

6．組み立てた後，金属を黒く染めたり竹を油焼きしてアンティークなインテリアとして仕上げるとさらに重厚感が増す．

④　教材観について

地域から教材を掘り起こす取り組みは，東北の教師たちが戦前からの永い抑圧のなかで培ってきた教育の哲学的思想——地域・生活を真正面から見据えなくては，子どもと地域の変革はない——という底に流れているものである．東北の教師たちは，「製鉄の授業」「南部桐下駄づくり」「鋳造」「そばの栽培からそばづくり」等地域に学ぶ教材を開発し実践してきた．地域に学ぶ教材の最大の魅力は「生活に根ざしている」ということであり，生活のなかに埋没している工具や道具に新しい命を吹き込んでいく過程でもある．そ

の中に記録されている先人の技術や知恵を子どもたちと解きあかす営みは，子どもと地域，学校と地域を揺るぎなく結びつけていくように思われる．

〈実践4〉プラスチック柄によるねじ回しの製作

① ねらい

マイナス形のねじ回しの製作には，鉄鋼の特性を生かした加工方法である鍛造，切削，熱処理が不可欠であり，しかもそれらの加工方法が比較的短時間に実施できる．また，多種多様な製品に使われているプラスチックを用いて柄をつくる作業には，旋削や熱硬化性を生かした成形の加工学習ができる．

そして，道具をつくるという生産活動の基盤となる活動を実際に体験できる学習は重要である．

② 製作図と材料表

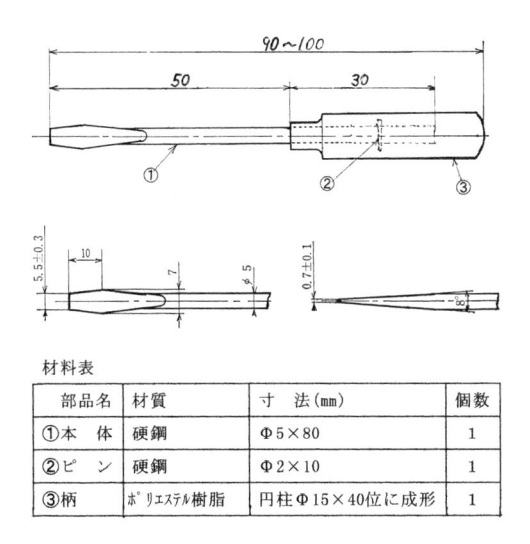

材料表

部品名	材質	寸 法(mm)	個数
①本　体	硬鋼	Φ5×80	1
②ピ　ン	硬鋼	Φ2×10	1
③柄	ポリエステル樹脂	円柱Φ15×40位に成形	1

③　工程表

工程表（全8～11時間）

各工程	時間
製作図と工程の確認	1～2
ねじ回し本体の鍛造	1
けがき、計測と本体部の成形	1～2
本体の熱処理、ピン穴あけ	1
(柄の原型作り…省略可)	1～2
鋳型作り	1
樹脂の調合と注入	1
仕上げ（やすり、研磨剤）	1

④授業の展開

(1) 本体の製作

本体加工は，直径5mmの硬鉄棒材を，長さ80mmに弓のこで切断したものを用いる．材料をペンチで挟んでガストーチ等で橙色になるまで加熱し，床の上に置かれた金しきの上でハンマーで叩く．生徒たちは，見本の形をめざして夢中で作業する．

次に，鍛造後の棒材を万力に固定しやすりで成形を行う．材料にマイナスねじ回し型の型紙をあてたり，厚さをノギスで調べたりし，寸法を確認した後にけがき作業を行う．作業中にも型紙やノギスで計測を行い，仕上がり寸法まで成形する．ねじ回しの先の形状にはJIS（日本工業規格）があることを学ぶ（写真1）．

写真1　成　形

熱処理温度のみきわめは，鉄鋼材料の加熱の色を手がかりに行う．焼き入れは橙色，焼き戻しは紫色で加熱温度を判断するが，紫色はわかりにくいので熱したてんぷら油（200度）のな

かに入れる方法が確実である（本節テーマ2参照）．

(2) 柄の加工

① シリコンゴムによる鋳型づくり

鋳型にはシリコンゴム（資料①）を用いる．まず鋳型をつくるために，長さ100 mm位，縦に二つに割った青竹と台座用の板を用意する．原型にプラスチック柄のねじ回しの現物を利用すると手っ取り早い．なお，柄部分の原型として木材や油粘土，黄銅を用いて作成し使うことも可能である．

台座には直径3.2 mm深さ5 mm位の下穴をあけ，ねじ回し本体がつきささるようにしておく．その後，原型にパウダー（資料②）をまぶし，シリコンがはずれやすいようにする．次に，写真2のように本体を下向きにして台座に軽く打ち込み，その周りにゴム止めした青竹で囲い外枠にする．

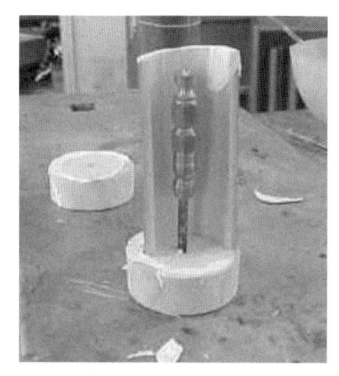

写真2　原型の固定

鋳型用のシリコンゴムの分量は1人分150 cc位とし，100：1の割合で硬化剤（資料③）をゴム容器の中でよく混ぜ合わせ，青竹と原型の間に流し込む（写真3）．シリコンゴムは1日ほどで硬化するので，容器に残ったシリコンゴムを簡単にはがすことができる．カッターナイフを用いて竹の割れ目にそってシリコン型を二つに割り，原型をとりだす．本体の鍛造加工した先端部分を台座に差し，シリコンゴムの外枠の中心にすえればシリコンゴム製鋳型ができあがる．なお，本体にはねじ回しの使用時

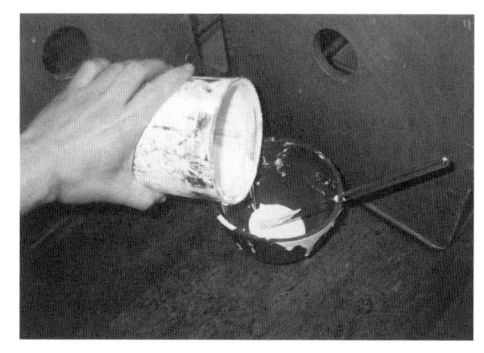

写真3　シリコンゴムの攪拌

に，滑って回転することを防ぐため，図面にあるよう事前にϕ2のピンを打っておくとよい．

② 樹脂の注入

次に，封入用樹脂（資料④）と硬化剤（資料⑤）を用意し，ポリエチレン製の容器とガラス棒を用いて攪拌する．脱泡のために5分間程待ち，先の鋳型に注入する（写真4）．作業では，樹脂が皮膚につかないようにゴム手袋を着用し，万一皮膚についた場合はすぐに石鹸で洗い流す．

樹脂の硬化までの日数は，室温に左右されるので，春秋でも1週間ほどの日数をみた方がよい．硬化までの間，臭いが強いので必ず換気をよくし，火気も厳禁にしなければならない．また，容器に残った樹脂はゴムベラなどで空き缶に集め不燃ゴミとして処理する．また，容器等についたプラスチックを布でふき取り，最終的には布に変性アルコールをしみこませて洗浄する．使用した布も不燃ゴミとして処理する．なお，これらの処理は環境問題として大切な学習事項である．

写真4　鋳型への注入

③ 仕上げ

プラスチックを耐水ペーパーで研磨し，最終仕上げは研磨剤（例えば，ピカール）でみがくと透明な柄ができあがる．

製作学習の後に，技術専門校（職業訓練校）や，化学工場でのプラスチック成形加工の様子をビデオで鑑賞すると，プラスチック成形加工の実際に対するイメージを豊かにすることができる．

〈参考資料〉（番号は文中の資料番号である）
① シリコンラバー，型番RTVKE-12，信越化学

② パンチングパウダー
③ 硬化促進剤，型番ＲＭ，信越化学
④ ポリエステル樹脂，商品名リゴラック2004WMB，昭和高分子社
⑤ 硬化促進剤　型番パーメックＮ型，昭和高分子社
　（※材料の入手方法　桜井技術教材社　03-3696-7185）

〈実践5〉複数材料を生かす，焼き杉の額と鋳造による家紋の製作

①　ねらい

　技術科の授業で，生徒に記念となるような作品を作らせたい．また，家庭に持ち帰っても重宝なものであればあるほど，その価値はある．しかも，取り上げる作品が，地域や生徒の実態に合致していることが望ましいと考える．

　そこで，額入りの家紋づくりに挑戦させることにする．額縁の材料は，加工がしやすく入手が簡易な杉とし，焼くことによって木目の美しさを引き出すようにする．また家紋の製作には，鋳造を取り入れ，重厚感をもたせるようにする．鋳造は，金属の加工方法で大切なものであり，赤く溶けた金属が鋳型に流れ込む様子は，生徒にとって感動するものとなる．

②　製作図と材料表

図5　製作図

〔材料表〕

●額縁の材料

- 角材杉　30×50×260　2本
　　　　　30×50×370　2本
- 留め木　10×30×215　2本
- 合板　t＝4　240×350
- 塩ビ板　t＝1　340×450
- ハトメ　6個
- ガラス釘　4本
- タッピングビス　9本（3×10）

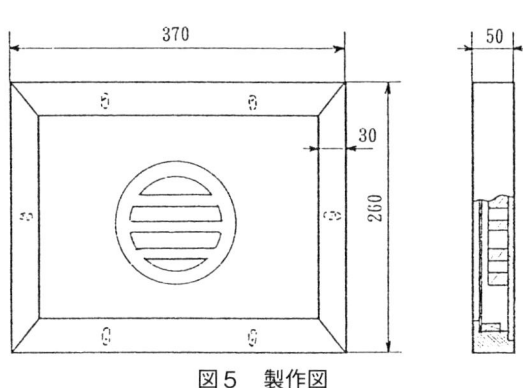

●鋳造（家紋）の材料

- 発泡スチロール　150×150 各1枚　t＝5，10
- 活字合金（タイプライター用 Zn 主成分）
- 黄銅メッキコート（スプレー）

③ 額縁入り家紋の製作の工程（全13時間）
(1) 家紋の鋳造用木型の製作（導入を含め3時間）

- 家紋の木型（原型）を発泡スチロールを材料としてつくる

(2) 鋳造（ロストパターン）で家紋の製作（3時間）

a	鋳型づくり：木型を置き，鋳型枠に砂込めする
b	鋳型仕上げ：湯口棒，ガス抜き針を抜き，湯道をつけ鋳型が完成
c	鋳込み　　：鋳型に亜鉛合金を溶かして鋳込む
d	鋳物仕上げ：鋳物を仕上げ，黄銅メッキコートで塗装する

※鋳造は一度に多くの生徒ができないので，額縁づくりの作業と平行して進めるようにする

(3) 額づくり（6時間）

a	部品加工	・必要に応じて溝掘りカッターで額縁枠を加工する
		・裏板にクロスを張る
		・塩ビ板をカッターで切断する
b	額組立	・額縁枠の角を接着し，額縁枠をバーナーで焼き磨く
		・塩ビ板を入れ左右の留め木をガラス釘でとめる

(4) 組み込み（1時間）

a	穴あけ	・額の裏板と家紋本体に取り付け用の穴をあける
b	取り付け	・タッピングビスで額の裏板に家紋本体をとめる
		・額縁の枠にハトメを付け，裏板を取り付ける

④ 授業の様子
(1) 授業の導入の様子（抜粋）

教師：これから自分の家の家宝となるものをつくるぞぉー．
K君：家宝ってどんなのすか．

教師：宝物だから，とってもすごいものよー．

O君：おれたちがそんなの作れるのですか．

教師：それぞれに作ってもらうぞ．みんなの家の家紋をりっぱに作るぞ．大人になっても大事にしていけるようなものを作るんだぞ．そして，今年の文化祭に額に入った家紋を展示するぞ．

O君：家紋って何だっけ．

K君：おぉー，知らねーのか．蔵のところなんかにさ書いてあるっけな．

教師：みんなの家にもそれぞれ家紋があるんだぞ．

K君：おらの家，どんなのだっけかなぁー．

教師：これが日本の代表的な家紋だぞー．（資料の提示）

O君：この家紋かっこういいなぁー．おらほの家のやつは，こんな風のやつだと思うな．

O君：いっぺぁーあるなー．どれだかわかんねえなー．

　　　　以下省略

　その後，C先生のお宅で作ってもらったという額入り家紋を借り，生徒に見せ意欲の向上を図る．そして，各自家紋の資料を家に持ち帰らせ，次週までに家で確認してくるよう話す．

(2) 製作過程の様子

a　家紋の木型づくりについて

　発砲スチルロールの厚み10㎜のものを木型のベースとし，その上に接着剤で厚さ5㎜のものを貼りつけ，それをカッターナイフで加工し家紋の形に仕上げる．よく切れるカッターナイフを利用し，木型（5㎜の発泡スチルロール）の表面をきれいに作ることが大切となる．

b　鋳造（ロストパターン）で家紋を製作

　材料にはタイプライターや写植用の活字のZn合金（他の材料を使う場合は重量のあるものがよい），溶かす容器は角鋼（100 × 100）に底板鋼を溶接したものを用い，炉は煙突付の石油ストーブを使う．

　図6のような型枠に鋳物砂（はぷたい）を入れ，家紋の木型を型込めする．ロストパターン鋳造法のため，湯（溶けた金属）の熱によって木型にあたる

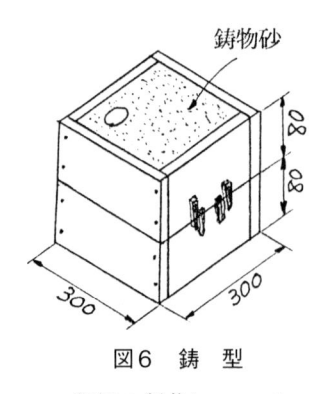

発砲スチロールが燃え，ガスが発生するためガス抜き用の針穴を十分にあけておく必要がある．

鋳物が冷えたら，鋳型から取り出しやすりで仕上げ，紋がきれいに出るように表面を磨く．次にスプレーで黄銅メッキコートをして完成となる．材料に黄銅を使用すれば，メッキコートはしなくて済むが，高熱をだせる炉の工夫が課題となる．

図6 鋳 型

c　額縁の製作について

事前に額縁枠になる杉の角材（30 × 50）に対して，塩ビ板や裏板が入る溝を溝掘りカッターで削り，さらに丸のこ盤で45°に切断して生徒に配付する．生徒には額縁枠の表に木目が出るように工夫させる．たとえば，のみ等で削り木目を複雑に出したり，教師が溝掘りカッターで削ってやったりするとおもしろくなる．

次に，3％希硫酸を額縁本体に塗り，乾燥させた後ガスバーナーで焼き，亀の子たわしで擦り，かすを落とし，ぼろ布で拭き取り，水性ニスを塗って完成となる．最後に額の裏板合板（4 mm）の周辺部に接着剤を塗り，サテンの洋服地（無地できらびやかな物）を貼りつける．

d　額縁に家紋を組み込む

額の裏板に家紋を取り付ける位置を決め，その3ヵ所に ϕ 3の穴をあける．次に家紋の裏側から ϕ 2.5深さ7 mm位（ドリルの先端が家紋の表に出ないよう）の穴をあけ，タッピングビスで裏板に家紋を固定する．家紋に穴あけする時，家紋の表面を傷つけないよう雑巾などを敷き，センターポンチで位置決めしてからあけるとよい．そして，額縁に組み込み完成となる．

(3)　製作後の生徒の感想

・僕は，家の家紋がどのようなものであるか，作る前まで，まったくわからなかった．家紋づくりに入って家の家紋を作るのが難しいと思った．先生から作り方を聞いたときには，

道程が長く感じた．…中略…僕は，額づくりも家紋づくりも初めてであった．りっぱに家紋ができたときには，道でお金を見つけた時のような喜びだった．いろいろなことがわかり，とても中学生活で思い出に残る勉強となった（O君）．

- 僕はこの家紋を作る前は，本当にできるかどうか不安だった．…中略…やすりをかけるとき，ツルツルのピカピカに仕上げたくて何度も何度もかけた．ニスを塗って，家紋をはめてみると，思っていたよりもりっぱなものができた．この家紋は大切に家に飾っておきたい．この家紋づくりで，木を焼いてタワシで磨いて木目が出るということやその他いろいろと勉強になった．家で1回くらい習ったことをつかってみたい（K君）．

写真5　学校の展示

テーマ8．製鉄と環境問題

1．指導の重点

　加工学習は材料の正しい理解に裏打ちされて，はじめて本来の目的を達成できる．では，材料を正しく理解するためにはどのような学習をすればよいか．既製の材料を買い求め，それらを使用して加工や実験を行うことも大切な学習となる．しかし，その材料自身を自らつくり出す学習ができるならば，材料に対してさらに深く広く理解することができるだろう．そして，技術に対する見方をも豊かにすると考えられる．

　また，人間がいかにして自然に働きかけ，必要なものを獲得するか，生産することの意味も考えさせてくれる．さらに，生産と環境との関わりも自ず

から着目され，環境保全を考える具体的な契機を与えてくれるであろう．

　原料を集め，炉を築き，灼熱の炎と数時間も格闘して，一塊りの鉄（けら）を手にする．この時の感動は鉄づくりに取り組んだ者にしか与えられない素晴らしさである．技術の素晴らしさを子どもたちに伝える格好の教材である．感動ある学びこそ，今日の教育に求められている核心であろう．

2．授業の展開

〈実践1〉鉄をつくろう

　中学校で鉄づくりを実践されたのは，1970年代後半に岩手の教師たちの挑戦が知られている．しかし，そのねらいや内容のすばらしさにもかかわらず，実践が広がらなかった．その原因は，還元炉などの設備の煩雑さや授業時間の制約がおもにあげられている．そのため，中川淳氏らは多くの事例を研究し，下記の方法を提案している．その利点は，
1）炉体は短時間で作られる，
2）移動・分解が容易である，
3）安くできる，4）短時間で還元ができることを示している．

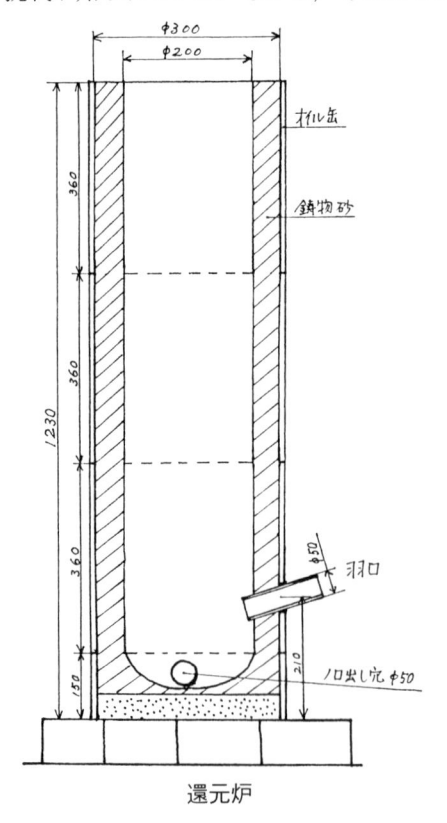

　① 還元炉づくり

　炉底部は地面を平らにして，コンクリートブロックを敷き詰め，その上に耐火煉瓦を置く．次に，オイル缶の底を3缶抜き，それらをたてに積み重ねる．その継ぎ目には粘土を詰めてガスの漏れを防

還元炉

124

ぐ．なお，下の缶には側面に羽口のパイプの穴とノロ出し口の穴を前もって開けておく．その羽口穴にパイプを約20度位の角度で差し込んで置く．

積み重ねられた缶の内面に鋳物砂あるいは川砂と粘土を混ぜたものを塗り付ける．炉底には木炭の粉を5cm位敷き詰める．

② 炉の加熱・乾燥

炉の底に木炭を少し置き，それに火をつける．送風をしながら，火が安定したら，木炭を上に積んで，炉一杯とする．1時間木炭を補いながら送風して，炉の乾燥を行う．

③ 操業

木炭300gが3分で燃焼するよう，風量を調節する．そして，砂鉄200g，貝殻30g，木炭300gを3分おきに挿入する．ノロ出しは操業開始1時間後から10分おきに行う．砂鉄4kgでけらが1〜2kgできる見当である．

原料の挿入を終えたら，木炭がなくなるまで送風を続ける（約1時間）．

④ けら出し

いよいよ操業のクライマックスのできた鉄の塊「けら」を取り出す．オイル缶を上から順に取り外し，最後に炉底部に埋まっているけらを取り出す．けらは水中に入れるか，放冷する．

以上，簡易製鉄炉による鉄づくりの方法を述べた．その際，通常の授業時間の制約から，かなり忙しい操業となる．しかし，1998年版学習指導要領で新設される「総合的な学習の時間」を有効に使用することにより，製鉄の授業がまさに総合的な学習の典型として実践すべきものと考えられよう．その際は，砂鉄を海岸や河原で採集することや木炭を焼くための木材の伐採と炭焼きなどを入れられれば，まさに人間と自然の物質代謝を生徒たちが全身で学習できる素晴らしい舞台となるであろう．

なお，たたら製鉄の実際については，映画「和鋼風土記」や「日本の鋸」（いずれも岩波映画）が詳しく描いているので，ぜひ授業で観賞したい．

〈実践2〉製鉄の原理と歴史を知ろう

① 製鉄とは何か？その原理を学ぼう

A：鉄でできた釘を雨露にさらしておくとどうなるか？

B：錆びて，ボロボロになるのでは．

A：それはなぜだろう？

C：わからない．

A：地球上では，鉄は Fe のままより酸素と結合した Fe_2O_3 のような酸化物の方が安定であるため，鉄をほっておけば酸化して錆びてしまうというわけだ．

B：そういうわけだったのか．和包丁でもぬれたままほっておくと，すぐ錆びてしまうのもそのためなんだ．

A：製鉄に使われる原料の砂鉄や鉄鉱石はどんな成分からできているか知ってるかい？

C：鉄の酸化物からできていると，いつか聞いたことがある．でも，詳しいことはわかりません．

A：鉄の酸化物であることを知っていれば，半分以上正解だね．さらに，知っていて欲しいことは，（砂鉄の成分例参照），鉄の酸化物だけでなく，いろいろな物質が含まれていることがわかるでしょう？ 鉄と異なる種類の金属が酸化物の形で入っていたり，金属でない（非金属の）元素がそのままであったり，酸化物であったりして含まれています．それで金属の鉄（Fe）を得るためには，Fe と結びついた酸素 O を取り去らなければならないのです．このことを還元といいます．さらに，その他の物質も除かねばなりません．

　そこで，これまでの製鉄法では酸化鉄の還元に木炭やコークスの主成分である炭素を使い，高温の状態にして一酸化炭素または炭素のままで酸化鉄に作用して，酸素を鉄から引き離し，二酸化炭素や一酸化炭素などのガスになって分離されます．それに加えて，その他の不純物はガスの形で追い出すか，できた鉄の上に浮かせたノロとかスラグとかいうものにとけ込ませて取り去るのです．ノロ出し口などを

島根県産の砂鉄の一種の成分例　　　　　　　　　　　(%)

FeO	Fe_2O_3	SiO_2	Al_2O_3	CaO	MgO	MnO	P	S	Cu	TiO_2
32.97	59.81	3.74	0.42	1.23	1.93	0.64	0.005	0.033	0.058	1.63

特別に炉につくり，そこから操業中時々ノロを取り出しながら製鉄を行います．つまり，鉄以外の不純物質を排ガスと液体のノロの両方の形で取り除くことが製鉄の原理ということになります．

　なお，実際の鉄はFeだけで他の元素を全く含まないわけではありません．むしろ，適当に不純物を含んでいることが望ましいのです．その代表が炭素です．炭素が適切に含まれていると，焼き入れや焼き戻しというすばらしい技術によって鉄の性質を多種多様に変えることができるのです．また，炭素をより多く含んだ鉄を銑鉄といい，これを鋳造に使うと，鋳鉄と呼ばれます．融点が低く融かしやすくなり，流動性に富み，複雑な形状の鋳型の隅々まで流れ込みやすくなるのです．

② 製鉄の歴史を訪ねる

日本の製鉄を中心にその歩みを振り返ってみよう．

1．日本で鉄づくりが初められたのは，弥生時代といわれている．中国や朝鮮など大陸から伝えられた．以来，出雲地方を中心に鉄がつくられ，9世紀頃に「たたら」と呼ばれる独特の炉で行われた．16世紀中頃まで，それは「野だたら」と呼ばれ，優れた刀や大工道具，農具がつくられた．そして，17・18世紀に本格的な天秤ふいごを備えた炉が出現し，雨露から炉を守りながら操業ができるように，それらを立派な屋根で覆った「近世たたら」が完成した．このようなたたら製鉄でつくられた鉄で多くの鉄製品がつくられ，人々の生活を便利にした．そのなかで鉄を扱う洗練された技術が蓄えられ，鉄の文化と呼ぶにふさわしい文化を育んだ．

2．19世紀半ばから20世紀初頭にかけて，たたら製鉄の限界を超えるため，ヨーロッパから洋式製鉄技術を取り入れた．つまり，木炭を使う高炉が大島高任（たかとう）の指導によって橋野などに建設された．また，大砲鋳造のため，反射炉が佐賀，水戸，鹿児島など各地に築かれた．さらに，20世紀冒頭，北九州八幡に官営の本格的な製鉄所が建設された．そこでは，コークス高炉と転炉・平炉および圧延機から成る銑鋼一貫製鉄所がつくられ，今日の製鉄所のシステムの基盤が築かれた．

3．第2次世界大戦後の混乱から抜け出すと，海外からの技術導入が進められた．大型の高炉，純酸素上吹転炉（LD転炉），連続鋳造機，そしてコンピュータ制御の圧延機などが導入され，臨海製鉄所が数多く建設された．その結果，良質の鉄鋼製品が産み出され，優れた工業製品の基礎となっている．

〈実践3〉製鉄で生じる環境破壊とその克服
　鉄をつくる工程で起こる環境破壊とその克服の事例をいくつか見てみよう．
　① 原料採取の段階
　たたら製鉄の原料は，砂鉄と木炭である．これらを自然から採取する際に環境破壊が起こり，それをどのように克服したのであろうか．
　砂鉄は，山地の花崗岩砂中に含まれており，この岩を突き崩し，水とともに流し，比重の違いにより，砂鉄を集めていた（鉄穴流し）．しかしこれには大量の水を使い，農民の潅漑のための水使用とぶつかった．また，濁った水による川の洪水や，水田への悪影響など農民との深刻な紛争が起こった．この解決のため，鉄穴流しは農民が水を使わない秋から翌春までとした．その間は，農民も作業がないため，鉄穴流しの労働力に用いられたといわれている．たいへん合理的な考えといえよう．
　一方，木炭については使用量が膨大であったため，鉱山主は広大な山林を所有していた．しかし，一度伐採した山に新しく植樹した木が育つためには長い年月を要する．このため，当時約30年の期間を置くローテーションを守った．これは山林の保護を目的としたわけであるが，すでに自然保護のルールを確立していた好例といえる．
　② 製鉄の段階
　今日の製鉄の各工程から発生する環境汚染物質には，SOx, NOx, 粉塵,煤塵,高炉スラグ,転炉スラグ,含油排水などがある．これらには，それぞれの対応策が講じられている．例えば，SOx：焼結炉の排煙脱硫装置，コ

ークス炉ガス脱硫装置など，NOx：多段燃焼低NOx型コークス炉など，粉塵，煤塵：原料ヤード散水機，電気集塵装置，空き地の緑化など，汚水：油水分離設備，中和・強制沈殿などがある．また，転炉の排ガスを未燃焼のまま回収するOG法が日本で開発され，海外にも技術輸出されている．回収されたガスは燃料や化学原料にされている．

さらに，いまも多様な研究が進められている．例えば，NHKテレビで98年9月に放送された「鉄が生む環境ビジネス」では，スラグを道路路盤材にする技術，煤塵中の鉄粉をIC産業の廃液処理に利用する技術，溶鉱炉の原理をゴミ処理プラントに応用する技術など新しい発想による環境対策技術の開発の事例が紹介されている．技術および技術者のあり方を考える良い教材といえる．

しかし，膨大な量の化石燃料を使用する製鉄工程は，相当する二酸化炭素（炭酸ガス）を大気中に放出する．大気中の二酸化炭素の増加による温暖化の進行が懸念される．

③ 鉄鋼製品の廃棄の段階

製鉄所でつくられた鉄鋼製品は，いろいろな産業で利用され，最終的には橋，ビル，自動車，工作機械，船，冷蔵庫等々数多くの製品となり，広く社会で利用されている．しかし，それらの製品には必ず寿命があり，廃棄される．この際，廃棄物の材料をいかに次の生産のための原料に回すかが非常に重要である．このため，リサイクルを考えた設計，つまり廃棄と再使用のしやすい設計が必要である．また，消費者も使用した後の材料を回収するよう協力しよう．今すぐできることを考えよう．例えば，日本のスチール缶の再資源化率は93年に61.0％で世界1位（2位オランダは51％）を占めている．アルミ缶も含め，日常使用している材料の一生を考え，大切に使おう．

第3章　エネルギーの技術

(1)　「エネルギーの技術」の教育目的と到達目標
① 「エネルギーの技術」の位置づけ

　この単元の名称は「エネルギー」でなく「エネルギーの技術」である．それは，技術論の視点から従来の機械，電気という枠組みを再構成していこうというものである．

　さて，生産技術（労働手段の体系）を，人類が長い年月をかけて獲得してきたことは周知の事実である．その中で，産業革命による道具から機械への発展は，今日の生産技術の基本的方向を形づくった．道具から機械へ，そして，単一の機械の使用からそれらを集合しての使用，さらに異種の作業機をもつ機械の分業による協業を行う連鎖体系，機械の自動化へと進んだ．この自動機械体系からオートメーション技術へと発展し，今日は，コンピュータ制御オートメーションが生産技術の基幹となっている．FMS（柔軟生産システム）やCIM（コンピュータ統括生産）と呼ばれているこの生産のしくみは，主要生産国の中心的しくみとなってきている．

　一方，産業革命における機械（織機等の作業機）の出現は，強力な動力を要求するようになった．これも周知のように，ワットの蒸気機関が発明され，産業革命の第2段階を形成させた．そして，19世紀初頭から進み出した，電気に関する発明，開発は，電動機を出現させ，発電機，電力輸送という一連のエネルギー変換機関を誕生させた．蒸気機関による動力が小型電動機にとって代ったことにより，機械の体系を飛躍的に発達させ，加工工程と搬送工程を自動化させたトランスファー・マシンの連鎖体系を出現させ，現代のオートメーションへ向けての基礎を構築させた．

　ところで，機械の構造や運動は，それぞれの機械により特徴があり複雑なように見えるが，よく見るとある共通な性質をもっていることがわかる．そ

れは，機械は本質的に異なる原動機（部），伝達機構部，作業機（部）の三つの部から構成され，各部は，少なくとも2要素以上の結合要素で成り立っている．そして，定められた運動をし，エネルギーまたは力の変換と伝達を行っている．三つの異なる構成部のうち，主動的な役割を果たすのは作業機（部）であり，前述のように産業革命において，紡績機の開発，発展に伴い，その動力源として蒸気機関が開発されていったという技術史をみてもそれはいえる．そこで，作業機の学習を前段に位置づけ，次に原動機（部）の学習へと発展させる学習展開が，技術の発展段階の視点からみて妥当だと考える．

さらにまた，「エネルギー」を教育対象にした場合，自然界や生体，物質が保有し，さらにこれらの相互作用により生起される静的・動的エネルギーの概念とエネルギー保存則は科学教育によって担われている．そこで，技術教育では，生産や生活に適用されるエネルギーの発生・貯蔵・伝達・変換・利用等の諸機構や各段階における形態の理解，変換・伝達・利用における効率の概念とその実体が教育対象として考えられる．

また，「エネルギー」といった場合，「機械技術者は，核エネルギー，化学エネルギー，熱エネルギー，機械的仕事（動力），電気エネルギー（電力），光・電磁波エネルギーの6形態を考える」（平田賢）を想起する．そして，生産におけるこれらのエネルギーの関係は，まず，核燃料や化石燃料というエネルギーを燃焼させ，高温の熱を作り出し，熱機関を動かして動力に変換し，この動力で発電し，その電力を輸送し，電動機で動力をつくり生産し，なお，照明や電波をつくる．そして再び，すべてのエネルギーは使命を終えると常温の熱となって地球環境のなかに霧消する．熱は高温から低温に向かって流れ，自分では元に戻れない不可逆性であり，このことを記述した熱力学第2法則がエネルギー変換の総体になっているといえる．

このように考察してくると，従来の機械，電気，情報基礎という単元の把握では物足りず，技術論の視点に立つ「システムとしての技術への視点」（『小・中・高校を一貫した技術教育課程試案』――以下『試案』――）での単元

編成が必然となってくる．それは，現代社会を成り立たせている生産技術の基幹が，先ほど考察したように「コンピュータ制御オートメーション」であるとの認識で，そのなかの制御を教育対象とした「制御と通信の技術」単元（通信も含める）と，作業労働手段と動力労働手段を教育対象とした，「エネルギーの技術」単元の設定が妥当だと思われる．『試案』では，労働手段としての作業機，「道具から機械への発展」などの学習は，「材料と加工の技術」単元で扱い，「エネルギーの技術」単元では，動力，エネルギー変換の技術を中心に取りあげ，従来の機械学習で中心的内容となっていた機構学習は視点を変えて編成し精選する．

したがって，「エネルギーの技術」単元での学習目標（＝内容）は，今日の生産技術の基幹であるコンピュータ制御オートメーションを理解するため，労働手段としての機械，動力や電気を作り出す熱機関，電気を動力に変換する電動機などエネルギー変換の諸機構やこれらに関する，機械の力学などの機械工学の初歩や，回路についての電気工学の初歩，効率の概念を学習することとなる．そして，これらの学習の中で，核や化石燃料に代わるエネルギーの見通しや，省エネルギーについて考えることも可能である．

② 「エネルギーの技術」の教育目的（学ぶ意義）

生徒たちは，発達した科学，技術の中で生活しているにもかかわらず，機械や電気に関する既習の知識や，身近にある機械や電気機器等を分解，組立，修理等の経験がますます少なくなってきている．授業の前に，生徒たちにこれらの経験を聞いてみると，一昔前まであったプラモデルの組立や，ミニ4駆などの機械模型製作やそれらの遊びなどの体験者も減ってきていることがわかる．まして，工場や生産現場の機械や産業ロボットの活躍など見たり触れたりしたことは，小学校で行った社会科見学以外ほとんどないと思われる．

生徒たちにとって，機械や電気機器がブラックボックスであったり，また，我々が使用している機械や電気製品がどのようにして作られているかを知ら

なくては困る．例えば，原子力発電を無批判に称賛していた技術万能論や，逆に環境運動問題に見られた社会的側面を無視した「技術が悪いから」とする技術敵論のような一面的な論が，容易に生徒たちに入り込む素地がつくられるからである．これからの社会を背負っていく生徒たちにとって，豊かな経験と感動を伴いながら，技術の教養を身につけていくことがますます必要となる．

したがって，「エネルギーの技術」単元での生徒たちの学習の目的，学ぶ意義を，次のように考えている．

第1に，生徒たちが日常生活で使用している身の回りの工業生産物の多くが，工場で作られ，工場では機械や装置が稼働し，その機械は電動機を動力として操業している．機械の構成部で作業機（部）が基幹技術であり，機械は道具の運動（動力と制御）をしくみ（機構）として取り込んできた．この電動機を回転させる電気エネルギーは，主に熱機関（蒸気タービン）によってつくられ，そのうえ工場製品は自動車等エンジン（熱機関）を搭載した輸送機関によって担われている．さらに，装置技術における流体現象（ベルヌーイの定理），これらのことを理解することが学習目的と考える．

第2に，生徒たちが機械や機械模型等の分解，組立の経験の少なくなった今，実物や模型と格闘して，作業の基本を学ぶことは大切である．特に原動機の効率の向上にとって動作流体（燃焼ガス，水蒸気，空気）の漏れを防ぐことは重要であり，これは実物や精密な模型を通し作業をしてみなければ納得できないものである．そして，整備，組み立て，製作後動いたときの感動と喜びを味わうことが学ぶ意義となる．

第3に，機械やオートメーションは，電動機からの動力で稼働するとともに，制御されている．制御部はコンピュータで構成され，そこは複雑な電気回路で構成されている．回路とは何か，また，生産の米として塩として働いている電動機について，さらに，工場や各家庭に電気を輸送している発電と送電について理解することが学習目的と考える．

③ 「エネルギーの技術」の到達目標
1 技術に関する科学の基本（科学的認識……わかる，知る）
《ⅰ．機械の運動としくみ》
1）製品の生産と工場における機械，機械体系
2）機械の三つの構成部と機械運動
3）動力伝達部の機構と回転運動
《ⅱ．原動機と動力》
1）動力の単位と馬力
2）水車のエネルギー変換と動力，入力・出力・損失・効率の概念
3）熱機関のエネルギー変換と動作流体，動力・効率（熱力学第1法則）
4）蒸気タービンのエネルギー変換と熱力学第2法則（高熱源と低熱源その差の仕事量），動力・効率
《ⅲ．機械の力学》
1）仕事量とまさつ力
2）トルクと回転数
3）ベルヌーイの定理における運動——圧力エネルギー変換
《ⅳ．電気回路》
1）直流回路での電源，起電力，電圧，電流，抵抗，負荷，回路と回路図の基本的概念
2）回路図と簡単な回路の設計
3）基本回路（直列回路，並列回路，直並列回路）と電池の接続
4）オームの法則とその利用
《ⅴ．エネルギー変換の技術》
1）電気⇄動力エネルギー変換の原理，モータのしくみと生産における利用
2）電気⇒熱エネルギー変換における発熱体と電熱器具のしくみ
3）電気⇒光エネルギー変換における発光作用の原理と照明器具のしくみ

2 作業の基本（技能……できる）

《ⅰ．エネルギーの測定》

1）模型水車での入力と出力の測定

《ⅱ．機械の作業》

1）スパナ，ねじ回しなどの工具の使用

2）機械・原動機の分解，組立，修理

《ⅲ．電気回路》

1）回路図と回路の配線

2）測定器（回路計）での電気量の測定

《ⅳ．電気の作業》

1）はんだごてを使用したはんだづけ

2）ニッパ，ねじ回しなど工具を使用した電気作業の基本

3）簡単な電気機器の製作において，作業段取りを考えての製作

(2)「エネルギーの技術」学習の指導計画　　(時間数 44 時間から 72 時間)

学習項目（時間）	到達目標＝学習内容	主な教材・教具	教育目的
テーマ1　生産とエネルギー（1時間） 1．生産と工場 2．各種のエネルギー	・生産は工場で行われ，各種の機械が電動機を動力としてコンピュータで制御され稼働していることを知る ・各種のエネルギーの名称を知る	・生産工場のビデオ ・各種のエネルギーのイラスト入りプリント	子どもにとって，機械，装置，電気機器，工場で生産されるこれらのものがどのようにつくられ使用されているか，またその区別も混沌としている。そこで，機械は三つの異なる構成部分から成り立っていること，そして，作業機が製品の製造を行う基幹技術であることを理解する。 　また，工場の多くでは，動力として電動機を使い，作業機にとって必要な運動（動力と制御）を機構で作り出している。さらに，工場製品は自動車等エンジンを搭載した輸送機関によって担われている。そして，これらの機械，装置，工場では，熱エネルギー→運動エネルギー，電気エネルギー⇔運動エネルギー変換が行われており，その変換技術にとって大切な指標は効率である。そこで，これらの関連を動力の概念を核として，機械，原動機
テーマ2　機械の運動と機構，作業機（4時間） 1．機械の構成 2．各種作業機における動力と制御 3．道具がどのように機械の機構に組み込まれたか 4．回転運動を伝える機構 5．運動を変換し伝える機構 6．回転数とトルク	・機械を構成する三つの部分を知る ・各種作業機を知る ・機械の運動（動力と制御）を知る ・各種の道具と機械を取出し，道具の運動（動力と制御）がどんな機構により機械へとり込まれたかわかる ・運動を伝え変換する，軸，軸受，歯車，ベルト，チェーン，リンク，カム等の種類と役割を知る ・回転数の単位と，トルクの概念，回転数とトルクの関係がわかる	・旋盤，卓上ボール盤，織機，ミシン等の図と部品の見本 ・キリと卓上ボール盤 ・ツムと紡ぎ機・かんなと自動かんな盤等 ・軸と軸受けの見本 ・各種歯車，ベルト，リンク，カム等の見本 ・電気ドリル ・歯車原理模型 ・オート三輪車	
テーマ3　原動機と動力（9時間） 1．原動機と仕事量・動力 　自分の馬力を測定しよう 2．水車のエネルギー変換と動力・効率 　〜模型水車で遊ぼう〜 　①水車の入力・出力・効率 　②効率と損失 　③発電とエネルギー変換	・原動機の種類を知る ・動力の単位がわかる ・人間と対比して動力の大きさがイメージできる ・模型水車の入力，出力がわかり測定，計算で求めることができる ・効率と損失がわかり損失の実態がイメージできる ・位置⇒運動⇒電気エネルギー変換がわかる ・内，外燃機関のしくみを	・原動機の種類と単位のプリント ・人間の馬力測定実験 ・模型水車 ・水車による効率測定実験	

3．熱機関のエネルギー変換と動力 ①内燃機関の原理としくみ ②蒸気機関，タービンの原理としくみ ③熱機関と動力・効率	知る ●熱⇒仕事変換時の動作流体がわかる ●内燃機関の4行程がわかる ●外燃機関，タービンの高熱源（給熱）と低熱源（放熱），その差の仕事量がわかる ●入力，出力，熱効率，損失を知り熱機関の効率の悪い原因がわかる	●水車，電力測定装置 ●スチームエンジン（模型），ガソリンエンジン（実物） ●各種膨張実験 ●タービン模型 ●熱効率測定実験，またはビデオ，プリント	の主側面を理解する．
テーマ4　機械・原動機の作業の基本—選択 　　　下記の二つの課題の中より，作業条件が整っているものを一つ選択			機械，機械模型さえも分解，組み立てをした経験のある生徒たちが少なくなった現在，実物や精密な模型を対象にした作業を通して技能を獲得し，その過程における感動と喜びのなかで技術観が育まれる． そして，作業を通しながら選択した教材の動作原理がテーマ3の学習と結びつき理解できる．
4の1　内燃機関の分解・組立・操作（5時間） 1．内燃機関の構造と働き 2．本体の分解・組立・整備 3．運転	●内燃機関の動作がわかる ●機関本体の構造，働きを知る ●各種工具を使い，分解，組立，整備ができる ●運転，操作ができる	●構造説明プリント ●内燃機関（班台数分） ●各種工具	
4の2　スチームエンジン(模型)の製作（10時間） 1．スチーム機関の各部の構造と働き 2．スチーム機関の製作 3．スチームカーの運転	●スチーム機関の動作がわかる ●ボイラーの役割，シリンダーとシリンダー受台の仕上がり度（工作技術）の向上と効率の向上がわかる ●各種道具と加工用具が使える	●スチームエンジンのパーツ ●各種工具	
テーマ5　流体エネルギー変換（4時間） 1．流体（運動—圧力）エネルギー変換 2．紙飛行機やブーメランの製作 3．流体諸現象	●ベルヌーイの定理における運動—圧力変換の原理がわかる ●飛行機やブーメランの揚力が生じる理由がわかる ●紙飛行機，3枚羽根ブーメランが製作できる ●装置のしくみや日常みられる流体現象が説明できる	●原理説明各種問題と実験 ●揚力実験と紙飛行機模型，ブーメラン用各種型紙 ●はさみ，カッターナイフなど工具	流体現象におけるエネルギー変換が，ベルヌーイの定理でわかることにより，装置のしくみや身近における流体現象が理解できる．

			多くの機械は動力としで電動機を使い，これらの電気は発電機でつくられている。この目に見えない電気ではあるが，電池や商用電源（交流）は日常生活で馴染みがあり，電気機器も身の回りに数多くある。この電気の正体がわかり，電気を電気量で表し測定できれば目に見えるようになり身近なものとなる。 　そして，全ての電気機器は，電源と負荷とスイッチと導体があり，電流が流れて仕事をする。そこでこれらのことを理解する。 　さらに，電気回路は回路図で表せば容易に理解できる。したがって複雑な電気製品も回路図がかけるから設計し，人に伝えることができ，また修理することができることを理解する。 　また，電気機器の音量や明るさの調整がなぜできるのだろうか。代表的な電気部品である抵抗器に注目し，回路について掘り下げ理解を確かなものにする。
テーマ6　電気回路の構成（6時間）			
1．電気エネルギーと利用	●電気の使われ方を知る ●豆球の点灯する回路などを配線できる	●プリント ●豆電球点灯実習 ●ミニ扇風機回転実験 ●まとめるプリント	
2．電気回路	●直流電流の流れ方 ●電源と負荷を知る		
3．電気の量	●Ｉ，Ｖ，Ｒ，Ｐ等の名称と単位のあることを知る		
4．回路計の使い方	●回路計の使い方と乾電池の電圧測定ができる	●回路計・手回し発電機・乾電池・豆電球・ミニ扇風機	
5．電気を起こす	●手回し発電機で豆球，ミニ扇風機を動作できる		
6．発電力競争	●手回し発電機の電圧を回路計で測定できる		
7．11円電池	●11円電池とノンスメル電池での起電力＝電池は2枚の金属板と電解液で構成されていることを知る	●11円電池起電力実験　●何枚も重ねて電圧測定実験	
8．電池のしくみと種類	●乾電池，蓄電池のしくみと種類を知る	●ノンスメル電池によるミニ扇風機の回転実験　●太陽電池の接続と電圧測定実験　●ダイオード回路の実験 ●ソフト"Hz" ●水流モデルのプリント	
9．太陽電池	●太陽電池の直列，並列接続と電圧測定ができる		
10．交流の発見	●交流と周波数について知る		
11．周波数遊び			
12．電流と電圧	●電流と電圧の意味がわかる		
テーマ7　回路図と回路の配線・測定（7時間）			
1．図記号と回路図	●回路を構成する基本的な部品の図記号と回路図を知り，簡単な回路図がかける	●回路図のプリント ●配線練習盤（回路板＝豆電球などが取り付けてある） ●回路計 ●みの虫クリップコード ●問題プリント	
2．回路板による回路の配線	●回路図を見て回路板で配線することができる ●豆電球，モータ，ブザーの直列，並列，直並列回路での配線ができる		
3．回路の設計	●簡単な条件の回路を考え配線することができる		
4．ボリューム遊び	●可変抵抗器を調節することによってミニ扇風機の回転が変わることを知る	●可変抵抗器を直列につないだミニ扇風機回路実験	
5．回路計による抵抗	●各種抵抗（抵抗器，豆球，	●各種抵抗と回路計	

測定 6．人間の抵抗（愛情度テスト） 7．回路計の目盛の読み方練習 8．抵抗器の接続と電圧，電流の測定 9．抵抗の役割とセンサーライト回路図	人等）を回路計で測定できる ●回路計の目盛りの読み方に習熟する（Ω, V, mA 含め） ●補助単位がわかる ●抵抗の直並列の接続と回路計での合成抵抗の測定ができる．●ミニ扇風機回路で抵抗器の直列接続による回転の違いと電流，電圧の測定ができる．●センサーライト回路図で抵抗の役割が理解できる	●人間と男女2人 ●回路計の目盛り練習プリント ●配線練習盤と回路計 ●ミニ扇風機，抵抗器と回路計 ●センサーライト回路図の資料と見本回路	
テーマ8　電気の作業の基本（電気工作）（6時間）			
1．電気工作用工具 2．コードのストリップ練習 3．はんだづけの練習 4．延長コードの製作 5．センサーライトの製作	●電気工作に使う工具の名称を知る ●50芯コードをニッパでストリップすることができる ●上手なはんだづけができる ●延長コードが製作できる ●センサーライトを製作することができる	●各種電気工作用工具 ●練習用50芯ビニールコード・ニッパ・はんだごてなど ●コードによりいくつかの輪をつくる ●プラグ，テーブルタップ，コード，回路計 ●センサーライトキット，工具	電気工具を使い作業を通し，電気工作のおもしろさや，作品完成の喜びを味わう．また，電気製品がこのような労働によって成り立ってきたことを実感をもって理解する．
テーマ9 電気エネルギーから機械エネルギーへの変換（9時間）			
1．発電機とモータ 2．直流モータ ①電磁石遊び ②3極モータ組立 ③ミニ扇風機の製作 ④モータの原理 ⑤風力発電遊び	●手回し発電機とモータが同じもの（原理）であることを知る　●効率を知る ●電磁石のコイルの巻き方と磁界を知る ●3極直流モータが作れる ●2極，3極モータの回転する原理がわかる ●風力発電で電圧を測定できる　●風力発電でモータを回転させ，その効率を測定し，また軸直結の発電で	●手回し発電機2台の組合せ　●クリップモータ　●電磁石と電池，棒磁石 ●3極モータキットと工具　●羽根と台用の板　●原理理解用のプリント　●回路計　●2台の自作ミニ扇風機と回路計4台　●測定記録用プリント	現在の原動機における基幹的なエネルギー変換機としての電動機を理解する．産業の米であり塩であるこのモータの原理を3極モータの製作をとおして理解する．また，損失概念を製作することで実感し，効率が向上した現在のモータの発展の意味を理解する．また，電気は熱に

3．技術の改良〜効率の向上と現代のモータ	効率と損失がわかる・現代のモータを知る	・現代のモータ	も光にも変換する。これらの原理としくみも理解する。
テーマ10 電気エネルギーから熱・光エネルギーへの変換（9時間） 1．発熱体 2．発熱体抵抗測定とオームの法則 3．電熱器具のしくみ	・抵抗体に電流を流せば発熱することを知る・各種発熱体を知る・各種Wのニクロム線と電力，電流の関係を知り，抵抗測定ができる・オームの法則を知り，その利用の意味が定量的にわかる・代表的な電熱器具のしくみを知り許容電流やサーモスタットの役割がわかる	・鉛筆の発熱体実験・各種の発熱体の発熱実験・各種Wのニクロム線と電力，電流の関係を深める問題と実験・オームの法則のまとめプリント・電熱器具・サーモスタット見本	
4．光をつくってみる 5．蛍光灯の発光 6．蛍光灯のしくみ 7．ミニ蛍光灯の製作	・電気→熱→光変換を知る・エジソン電球と現在の電球の違いを知る・蛍光管の発光原理としくみがわかる・蛍光灯のしくみを知る・ミニ蛍光灯が製作できる	・シャープペン芯の発光実験・電球の技術史資料・電子レンジによる蛍光灯発光実験・蛍光管の水吸い上げ実験・蛍光灯展開模型・「使い捨てカメラ」他部品	
テーマ11　発電と送・配電（4時間） 1．回路計による交流電圧測定 2．トランス遊び 3．変圧器の役割 4．発電と送電 5．アースの役割 6．屋内配線	・回路計で交流電圧が安全に測定できる・変圧器のしくみがわかり，電圧が測定でき，その役割がわかる．・発電の現状と送電のしくみを知る・アースの役割がわかる・許容電流，ブレーカー等の役割を知り，屋内配線のしくみがわかる	・回路計とスライダック・変圧器と回路計・平滑回路模型と実験・発電の現状資料・送電の説明図・アース利用の点灯実験・許容電流の加熱発火実験・100Ｖショート実験・屋内配線図と見本	現在の生産と生活が電化されたのは，交流発電と送電技術の発明と改良であることと工場生産における機械，機械体系を理解し，エネルギーの技術のイメージを豊かにする。 一方深刻化する環境問題を技術と社会の両面から考え，生産労働の実態や，求められる技術者の姿を考える。
テーマ12　エネルギーの技術と環境問題（3時間） 	・製品の生産と工場における機械，機械体系，オート	・問題と解説用の資料	

	メーションを知る ●原子力発電と環境問題を考える ●最先端の機械・電気技術を知る ●生産労働を知る		

※学習指導要領で示された授業時間数では，指導計画の一部しかできない．「総合的な学習の時間」を利用し，製作や環境問題を実施するなどが考えられる．

(3) 「エネルギーの技術」学習の授業実践

> テーマ1．生産とエネルギー

1．授業の重点

 「エネルギーの技術」単元の導入として，生徒たちが全体の学習見通しをもてるように，工場生産の様子を知り，そこで各種の機械が，モータによって動かされ，コンピュータで制御されていることに気づくことにある．また，各種エネルギーがどこに存在しているかの概要をイメージすることにある．

2．授業の展開

 小学校の社会科見学の体験や工場を見学したことのある生徒の体験などを引き出し，製品の生産が工場で行われていることを確かめる．その時できればいくつかの工場生産の様子のビデオ等を用意しどんな製品がどんな機械や装置で作られているかを認識させたい．そして，各種の機械が，モータによって動かされ，コンピュータで制御されていることを気づかせる．よいビデオなどが手に入らない場合は，『ものつくり解体新書・全5巻』（日刊工業新聞社）などを利用した，いくつかの生産現場のイラスト入りプリントがほしい．
 例えば，装置工業であるガラスビンの製造過程は，①主原料のケイ砂を選鉱場で採掘，②工場内のサイロに原料を貯蔵，③各種原料がベルトコン

ベアでミキサーに運ばれ調合，④ 調合されたものが炉に運ばれ 1500℃で溶解，⑤ 溶解されたガラスの素を用途に応じた方法でビンの形に成形（型と空気の利用），⑥ 除冷，⑦ 検査，⑧ ラベルの印刷，⑨ ラベルを焼き付け，⑩ 出荷となる（図１参照）．

次に理科の学習の発展として知っているエネルギーの名称をあげ，電気，運動（機械），熱，光，圧力，位置エネルギーの名称と実体をイラスト入りのプリントでイメージする（図２参照）．

出所）『ものつくり解体新書　１の巻』
日刊工業新聞社 1992 年

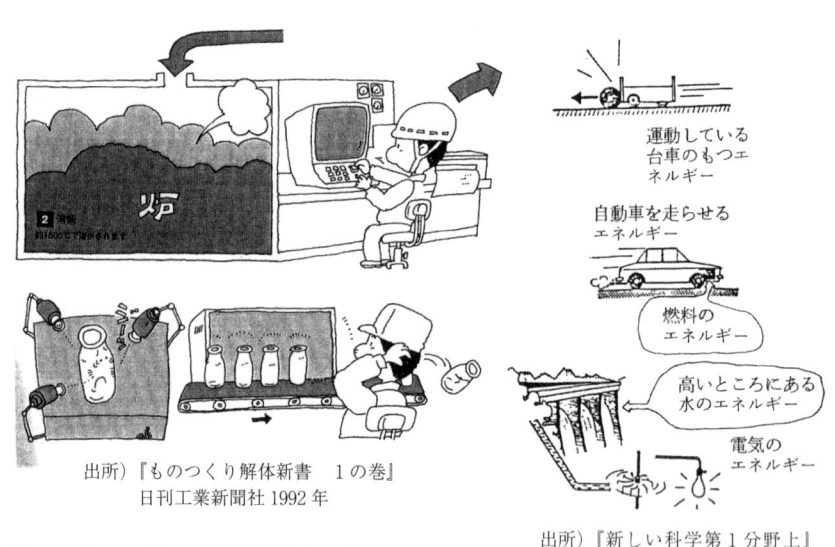

図１　ガラスビンの製造過程の一部

出所）『新しい科学第１分野上』
東京書籍（教科書）1993 年

図２　各種エネルギーの一部

テーマ２．機械の運動と機構，作業機

１．授業の重点

技術を労働手段の体系としてとらえた場合，機械は作業労働手段としてその中心に位置づき，その機械の中心は作業機（械）である．そこで，テーマ１の

学習の発展として工場生産における各種機械を知り，それら機械を分析的に観察すると，本質的に異なる原動機部（電動機），伝達機構部，作業部で構成されていることがわかる．また，道具・機械は作業時に運動をしているが，その運動は目的を達成するために動力と制御の両面から調整されている．機械は道具におけるこの運動を機構・しくみとして取り込んでおり，その道具から機械への発展を実際の道具と機械の作業（実験）を通して納得的に理解することが目的である．

　したがって従来の機械学習のように，動く模型を何時間もかけ製作し機構学習をするという方法は適切でないと考えられる．機構については必要なものだけ簡単に触れる程度とし，機械の力学として重要な回転数とトルクの関係はおさえておきたい．

　ここでは，二つの実践を紹介する．

2．授業の展開
〈実践１〉ナイフの運動――動力と制御――を旋盤はどのようにとり込んだか

　各機械を実物や図で確かめた後，機械の三つの構成部分をいくつかの機械で調べ，分析的に観察した後，この学習に入る．

　① ナイフによる鉛筆削り――動力と制御の発見

　各自に切りだしナイフか肥後守を渡し（用意させ），鉛筆または鉛筆状の木片を渡しおもいおもいに削らせる．机間巡視をし，二つのパターンの生徒をみつけ全体の前で削らせてみる．右利きの場合，左手親指で刃の背を押している生徒と，いない生徒である．両パターンを全生徒に経験させ，左手親指で刃を押すことがどんな意味をもっているのか考えさせる．その時，目を閉じて刃を押す場合と手元を見ながら押す場合の刃の動きの違いに注目させ，右手が動力で左手が制御の役割をしていることを理解させる．この場合目からの信号を脳が判断し左手に司令し動きを調整していることが理解のポイントとなる．

② 旋盤による黄銅丸棒削り——動力と制御の機構化

鉛筆削り実験の後片付けが終了したら，旋盤の回りに生徒たちを班ごと集め，教師がφ15黄銅丸棒を鉛筆のように円錐状に削ってみせる．「ナイフで削るのとどこが違うのかよく観察を」と問いを投げかけておく．一通り観察が終了したら自席に戻り，班ごとに配られた黄銅丸棒と真剣バイトを手に取り相談をする．その後，問答で図3の

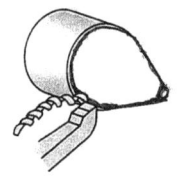

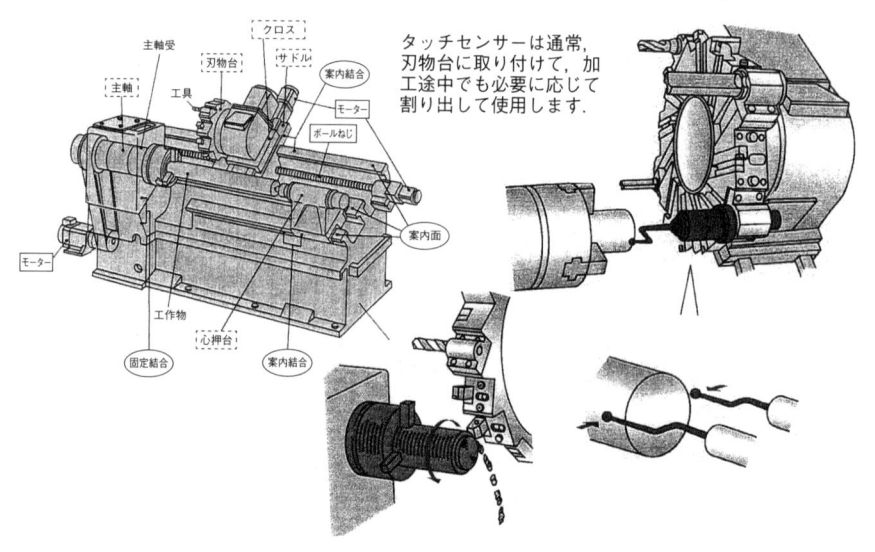

図1　切　削

図2　NC旋盤

出所）『現代からくり新書　工作機械の巻』——NC旋盤編——，日刊工業新聞社，1998年

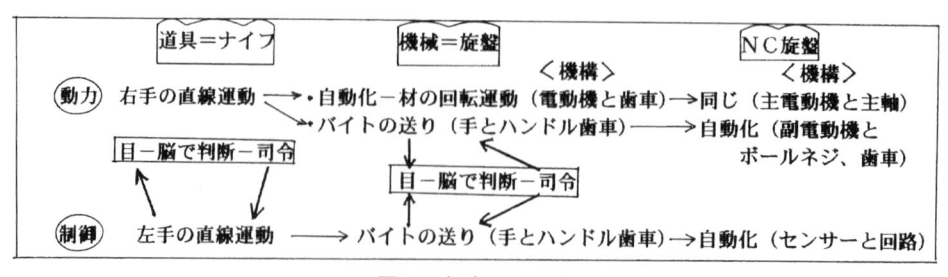

図3　板書のまとめ

内容を引き出し板書してまとめる．次にバイトの送りを自動化するにはどうしたらよいか考え，生産現場ではNC旋盤，マシニングセンタが使われていることを図2のようなプリントを用意して説明する．この場合の制御は，タッチセンサーで信号を取り入れ，コンピュータによってプログラム制御していることを話す．プログラム制御については，単元「制御と通信の技術」の「オートマ君」を用いた授業で学習することを伝えておく．

③　旋盤による旋削の経験

「道具から機械へ」の授業は以上の内容のみとするが，旋削を観察するだけで済ませたのでは生徒たちの納得した理解にはならない．単元「材料と加工の技術」で旋削作業を行っていればよいが，実施していない場合はぜひ旋削を経験させたい．旋盤の台数が少ない学校が多いと思われるが，卓上小型旋盤なら15万円で購入できる．マザーマシーンとしての工作機械を少しでも経験させておくことは，本書の趣旨からして大切なことと考える．学校ごとの保有台数により作業内容と学習時間は異なるが，せめて外周削りを黄銅丸棒で経験させ，バイト送りの手の感触と金属が美しく削られていく感動を味わわせておきたい．

〈実践2〉オート三輪車の綱引き遊び・回転数とトルクの学習

①　回転数と単位

電気ドリルを取り出し「この電気ドリルは，1分間に何回転しているだろうか．次の予想数値から選びなさい」と問う．「600，1200，2400，3600，4800」．考える根拠が特にないのですぐ実験に入る．スイッチを入れて，教師「1，2，3，……数えられない」「でも電気ドリルに定格が書いてある」「2400 rpmとある．ということは正解は2400だね．」「rpmとは毎分の回転数の単位だ．このmって何かな」．生徒「minuteのm」．教師「では秒は英語で」．生徒「second，毎秒はrps」．教師「この電気ドリルは毎秒何回転」．生徒「40 rps」．教師「カッチンという間に40回も回っている」．生徒「超

早い」，こんな授業が展開する．

② 回転数と加速，減速

図4のような原理説明用歯車模型を用意し，原車・被動車と従車・駆動車の回転数と歯数の関係から，$Z_1 \times N_1 = Z_2 \times N_2$（Z：歯数，N：回転数）を導き出し，次に回転比＝$N_2／N_1＝Z_1／Z_2$の公式を求め，さらに，ハンドドリルと歯車減速装置の拡大模型を使い，問答で表1のように整理する．

図4　歯車模型

装置＼質問	歯車の組み合わせ	歯数		加速か減速か	回転比（変速比）		他の装置
		原車	従車		$Z_1／Z_2$	1より	
ハンドドリル	原車　従車	63	7	加速	$\frac{63}{7}=9$	1＜9	自転車のチェーン伝動
歯車減速装置		9	27	減速	$\frac{9}{27}\times\frac{9}{27}=\frac{1}{9}$	1＞0.11	ラジコンの歯車装置

表1　歯車と回転数

③ トルクとは

　回転をしている軸やドリルなどの速さは目で感覚的にわかることはできるが，トルク（回転能力）はわかりにくい．板倉聖宣氏はトルクを力の概念と区別すべきで，「回転力」でなく回転能力であるからトルクと呼ぶべきであると強調している．授業では写真1のようなトルクの定性的認識模型を各班に用意し，実験から回転している軸には，軸の回転能力に違いがあることを確かめ，トルクの定義をする．

④ オート三輪車の綱引き遊び――トルクと回転数の関係

　写真2のような3段変速減速装置を搭載したオート三輪車を教卓で動かしてみせ，「中速ギヤ（舞の海）と低速ギヤ（小錦）を搭載した，速さの違う車で綱引きをさせたらどちらが勝つか」と問う．舞の海か，小錦か，引き分けかを選択させ，選択の理由を討論した後実験する．教卓の周りに生徒を集

め，代表2人にコントローラーを操縦させ「よーいドン」．はじめ，もたもたバックをしている小錦（低速）を尻目に舞の海が引き寄せる．小錦を選んだ多くの生徒から「なぜー」の声が起こる．しばらくすると両者はピタリと止まり睨み合う．そのうち小錦が本領を発揮しズルズルと引っ張り，勝つ．

写真1　トルクの実験

生徒たちは教師の演出に結構乗ってくる．そこで自席に着席した後，教師「減速装置で回転数が減少すれば，その分トルクは増える．回転数とトルクの関係は（　　）である」「（　　）はどんな関係」，生徒「反比例」，反比例の図を書いて結果の整理とする．

写真2　オート三輪車の綱引き

テーマ3．原動機と動力

1．授業の重点

「原動機と動力」の学習では，生徒たちに，機械的エネルギー（運動エネルギー）である動力の単位……仕事率，ワット，馬力と，原動機におけるエネルギー変換の概念である，入力，出力，損失，効率の各基本概念について

形成させることを目標とする．

さて，機械的エネルギーの表し方である動力は，理科教育との兼ね合いを考慮し仕事・仕事率の概念から導入することが生徒の認識にとって自然である．その上に，原動機・電動機ともに使われているワット，熱機関で暫定措置的に使われている馬力の概念形成をはかることが適切であろう．また，入力，出力，損失，効率の各基本概念は，原動機におけるエネルギー変換の認識の基本であり，全ての原動機に貫かれた概念であり，効率の向上は，技術の開発，改善にとっての重要な課題であると考える．

したがって，これらの概念形成においては，科学教育のような迫り方ではなく，原動機そのものに即しながら，体験に基づき実体的イメージの形成を通して概念の認識を図ることが大切である．

概念を形成するための教材は，原動機における現実の世界の典型的事実に求め，それは，技術史的に考察し，水力タービンと蒸気機関，蒸気タービン，内燃機関であると考えられる．

そこで動力の概念形成の教材としては，「実感的に納得する」ため「自分の馬力の測定」を配置し，入力・出力・損失・効率の各概念の形成には，もっともシンプルに体験的に測定できる水車を用意し，熱機関のエネルギー変換の理解には，内燃機関，蒸気機関，蒸気タービンを用意する．

2．授業の展開

〈実践1〉原動機と仕事量・動力

① 原動機の種類とエネルギー

「原動機と動力」学習の導入として，「どんな機械にどんな原動機が使われているのか」をあげさせ，出されたものをまとめる．その時，図1の動力技術史を参考にする．

- 水力のエネルギー＝水車，水力タービン
- 風力のエネルギー＝風車，風力タービン

・石炭や石油のエネルギー＝蒸気機関, 内燃機関

・電気のエネルギー＝直流電動機, 交流電動機

・原子力エネルギー＝原子炉（蒸気タービン）

② 仕事量と動力……自分の馬力を測ろう

1）動力の単位

自動車や卓上ボール盤の特性表からいろいろな単位を捜し出させ, 動力の単位には, ワット, 馬力, 仕事率等があることを知る.

2）仕事量と仕事率と馬力の求め方

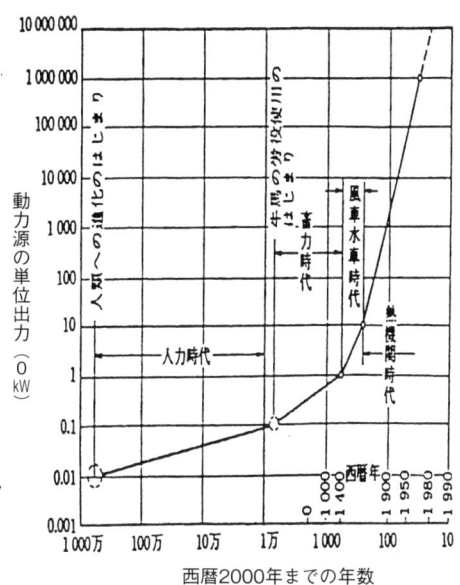

1kg重の荷物（1kg重の荷物を引き上げるのに動かす力）を1m持ち上げた（その力で動かした長さ）時の仕事量を1仕事量という. 仕事率はモータ等がした仕事量の能率を表す動力単位である. 仕事率は仕事量をその仕事にかかった時間で割り, 単位当たりの仕事量を表す. 1馬力は「75kg重の荷物を1秒間に1m持ち上げることができる能力」である. これらを簡単な問題で考えながら, 簡単な計算を通して, 求め方に慣れさせる.

3）自分の馬力を求める

この課題は, 動力の大きさを自分の体験を通して実感し, イメージし, 求め方を理解していくことである. 計算嫌いを出さないために, 電卓を利用し, 公式に求めた数

図1　動力技術史

出所）石谷清幹他『工学概論』コロナ社, 1972年

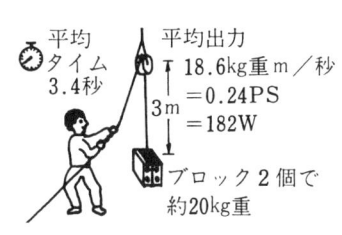

図2　仕事率の測定

平均タイム 3.4秒
平均出力 18.6kg重m／秒
＝0.24PS
＝182W
3m
ブロック2個で約20kg重

値を入れていくことで，楽しい授業が創りだせる．その後，身近にある機械の馬力と自分の馬力とを比較する課題や，読み物，話などを入れ，動力のイメージを広げることが大切である．

〈実践２〉水車のエネルギー変換と動力・効率
① 水車の入力・出力・効率
１）水車の発達と水力タービン
　水車の発達や水力タービンの話，図，写真を見せ水車への動機づけをする．
２）水車の効率とは

「この模型水車において，水車に入る水のエネルギー・入力と，水車が回転して荷物を持ち上げるエネルギー・出力とでは，どちらの方がエネルギーが大きいでしょうか」という予想問題を出し，討論する．ここで，出力と入力の関係，効率と損失について知る．

　３）水車の入力と出力の測定
「この模型水車は何kg重の荷物を持ち上げることができるでしょうか」という予想問題と実験（測定は自分の馬力測定と同じ方法）を通して，水車の出力の実体的イメージを形成する．入力はその求め方を討論の中で探す．

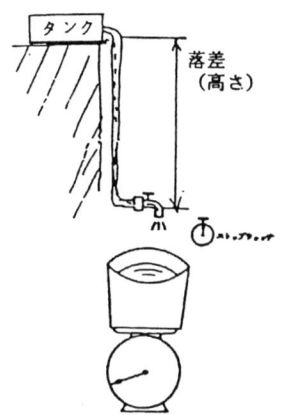

図３　水車の入力の測定

② 効率と損失
　１）効率の測定（班測定）
　損失の実体的イメージを実感を伴って理解するため，また，各種の模型水車の効率もほぼ同じ効率であることを確かめるために，この測定は各班ごとに実施す

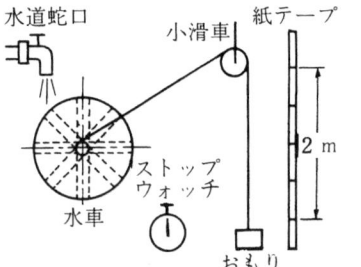

図４　水車の出力の測定

る．測定後，計算で（電卓利用）求め（効率1％以下），討論でなぜ効率がこんなに低いのかを考えさせ，水の漏れ損失，機械的摩擦損失の大きいことを発見する．

2）損失と効率の向上

損失を少なくするためにはどのような改善が必要かを考えさせ，改良模型水車で効率を測定する．さらに現在のペルトン水車の図等を参考に，効率が90％以上になっていることを話し合うと，現代技術のすばらしさに感動する．

3）発電とエネルギー変換

改良模型水車の軸にゼネコン発電機を直結し，発電機と豆電球を結線すると電球が点灯し発電のイメージが膨らむ．そして，エネルギーは，水の位置エネルギー→水の運動エネルギー→水車→水車の運動エネルギー（機械）→発電機→電気エネルギー→電球→光エネルギーに変換していくことをまとめる．また，実験では，電球の負荷を増やしていくと，水車の回転がぐっと遅くなり，最大では回転が止まってしまうことを確かめ，電球によるエネルギーの消費が運動エネルギーに連動していることを実感を持って確かめることができる．

〈実践3〉熱機関のエネルギー変換と動力

① 内燃機関の原理としくみ

生徒たちにとって身近にあるガソリンエンジンを取り上げ，実物を動かして興味を引き，カットエンジンや模型を利用し，しくみ，ピストン，シリンダ等の名前を知る．

② 蒸気機関，蒸気タービンの原理としくみ

蒸気機関，蒸気タービンの模型を作動させてみて，そのしくみや名称を知る．そして，熱エネルギーを仕事（運動エネルギー）に変換するためには，動作流体の膨張が必要なことを，空気，水蒸気の膨張実験を通して認識する．

さらに，内燃機関においては，燃焼ガスの膨張がピストンを押し下げていることを実験を通して理解する．

③　熱機関の入力・出力・熱効率と損失

ガソリン機関の効率の測定には，普通プローニーブレーキ等を使うが，その摩擦力をトルクに計算し，出力を求める原理を理解させるには，飛躍がある．そこで，水車発電の延長としてガソリンエンジン発電機を用いて，出力を電力として求めれば，どこの学校でも実験できるし生徒たちにも理解されやすいと思う．

入力は燃料の発熱量を求めればよい．入力 cal/s = 1 秒間の燃料消費量 cc/s × ガソリンの低発熱量（7840 cal/cc）．測定で燃料消費量を測定する．

出力は負荷に電球（100 W）をつなげ，電流と電圧を測定すれば求められる．電力が電気エネルギーとなるので，効率を求めるときは電力を発熱量に換算すればよい．理科で 1 W = 1 j/s = 0.24cal を学習しているので，出力 cal/s = 0.24 × 電力で求められる．

熱効率は 20 ％位と低い．損失の原因を水車の時と比較して考えさせると，放熱や摩擦，発電機での変換の損失などが分かる．熱勘定表などで損失を確かめ，現代の熱機関の課題が他の原動機に比べて効率が悪いことであり，それは放熱にあることを理解すると熱力学第 2 法則の理解への足掛かりとなる．

（※教具の作り方や授業の展開は，自主テキスト（授業書）「予想実験授業によるたのしくわかる機械・原動機」を参照．）

> テーマ4．機械・原動機の作業の基本――選択

1．指導の重点

このテーマは，機械・原動機における技能の教授を目的としている．機械だけでなく，機械模型さえも分解，組み立てをした経験のある生徒たちが少なくなってきている中で，実物の機械や，それに近い精密さが要求される模

型を教材として，それらと格闘して学ぶことが求められている．ここでは，作業の対象となる教材を原動機に限定した．本来なら，機械の発達を規定したものは，作業機であり織機や，旋盤などを教材とすることが望ましいが，現在の中学校で扱うだけの台数が揃っているところはないと思われる．また熱機関を取り上げれば，それはエネルギーの技術の典型であり，前項「テーマ3　原動機と動力」の学習の発展，深化になると考えたからである．

　熱機関において，その効率の向上にとって動作流体（燃焼ガスや水蒸気等）の漏れを防ぐことは重要であり，これは実物や精密な模型を通して作業をしてみなければ納得できない．金属の滑らかさ，肌ざわり，金属における摩擦の減少対策，流体の漏れを防ぐパッキング等々，作業者の手の感触を通して実感することが大切であり，この経験は機械の見方を変革するモーメントとなると思われる．

　さて，機械・原動機における作業の基本，すなわち生徒が獲得する技能を前述の「到達目標」では，スパナ，ねじ回し等の工具の使用と，分解・組立・修理の作業とした．それは，ここで獲得した技能が，他の機械における作業にも共通する一般的なものであろうとの見通しによるものである．ただし，授業では技能の習熟をめざしているわけではないため，要素作業を系統的，繰り返し教授するというオペレーション法としての授業展開ではなく，エンジンという教材を通して経験し，経験の中で獲得するという方法の授業展開とした．

　したがって授業では，各要素作業のポイントを丁寧に指導し，一人ひとりの生徒が作業に関わる機会を多くする配慮が大切となる．また，作業の対象となる教材の関連知識は，前項のテーマ3を深化させるものと，作業の基本にとって必要になるものに限定して取り上げることとした．

2. 授業の展開

　授業としては，二つの課題を用意する．一つは，内燃機関の分解・組立・操作であり，廃棄されてないかぎりエンジンは各学校に，必要数台保管されていると思われるし，もしなければ，実践2のスチームエンジン（模型キット）の製作がよいと思う．ただし製作にはかなりの時間を要することを予想し，「総合的な学習の時間」の利用を見込まなければ実施は難しいといえる．

〈実践1〉内燃機関の分解・組立・操作

　ここでの学習は，従来機械領域で実施していた題材としての内燃機関の学習ではなく，作業の基本の学習における教材として内燃機関を取り上げている．したがって，関連知識は絞り込む必要がある．そこでその内容は，テーマ3の「内燃機関の原理と機関本体しくみ」で取り上げたものに限定し，気化器や電気系統などは省略する．

　①　まず運転．できるだけ動く，または整備すれば動くエンジンを班数分用意し，始動についての説明や注意をした後，全員が始動・停止作業を経験する．始動するかしないかを確認したら終了とする．

　②　エンジン各行程と機関本体のしくみを，エンジンシミュレータ「バルブっ子」を使い，遊びながら各行程やそれぞれの部品名称を覚える．コンピュータ室に移動し，1時間遊ぶとほとんどの生徒が覚えてしまう．ただし，2行程サイクルエンジンを教材として使用する場合は，カットエンジンなどでそれぞれの行程を確かめておく必要があろう．

　（※「バルブっ子」の入手方法．ホームページの「技術のおもしろ教材集」よりダウンロードできる．また，教材会社より「プレイングエンジン」の商品名で発売されている．）

　③　分解・組立・整備の技能の獲得

　工具の種類と分類，使用目的を工具を手にとって確認した後，スパナ（レンチ），ねじ回しにより六角ボルト，ナット，小ネジの締結のポイントを教

授する．特にエンジンは材料がアルミ合金のため，機関本体に刻まれたメネジをつぶしてしまうこと，また小ネジで頭部の溝をつぶすため，溝にあったねじ回しの選択が必要なことと回転力のみでなく押す力が大切なこと，部品の取り付けには何本かのボルトを交互に均等に締め付けていくことを，練習教材を用意して確かめさせておくことが大切である．また，分解・組立・整備の作業段取りをわかりやすく提示し，作業表や点検表などを用意し指導する．

④　内燃機関本体の分解・組立・整備・運転……省略

（※授業の準備をするには，以前の教科書やその解説書等に詳しく掲載されているので，それらを参考に必要なものを取り入れることがよいと思う．）

〈実践２〉スチームエンジン（模型）の製作

　この模型は，動く模型類の題材と違い，金属で構成されボイラ，ピストン，シリンダ等重要な部品が使われており，それらの部品のすり合わせが製作のポイントとなり加工精度が要求される．また，ねじ回し等の工具も頻繁に使い，分解・組立・整備の作業も試行錯誤の製作の中で繰り返し行われる．そのため，生徒にとっては機械の技能と加工の技能の獲得教材としての意味をもつものとなろう．

　子どもにとって原材料からの加工は，時間的にも物理的にも無理があるため，キットの利用ということになるが，それは致し方ない．現在２社から販売されているが，ミニゴールドスチームカーの名で歴史があるものを紹介しておく（写真

写真１　ミニゴールドスチームカー

1）．実践の詳細は省略する．
（※入手方法　教材会社トップマン（旧岡田金属）　兵庫県）

テーマ５．流体エネルギー変換

1．指導の重点

　エネルギー変換技術という視点で技術・労働手段の体系と技術に関する科学を見てみると，流体の移動に伴う流体現象―ベルヌーイの定理の学習が位置づいてくると思える．ベルヌーイの定理は，流体力学の中の重要な定理であり，エネルギー変換工学の中では，第１の原理としての地位を占めているといわれている．

　技術・労働の世界でベルヌーイの定理は，コンビナートに代表される石油化学工業等の装置だけでなく，車の空気抵抗等幅広く応用されている．また，学習の視点から見ても，位置，圧力，運動エネルギー等との相互エネルギー変換がわかりやすく，それは，科学の基本概念であるエネルギー保存則と密接に関連しているから，価値ある内容であると考えられる．

　こうしたことから学習展開は，他のテーマとは異なりベルヌーイの定理の理解から入り，それを駆使してよく飛ぶ紙飛行機やブーメランをつくり，さらに装置工業や流体諸現象を眺めようと計画することとする．

2．授業の展開

〈実践１〉予想実験授業によるベルヌーイの定理の発見

　エネルギー変換を定性的に認識することをねらいとするため，数式を用いない現象面での理解を目途とした．また，ベルヌーイの定理を理解しやすくするため，位置，圧力，運動の各エネルギーのうち，位置エネルギーを一定として考え，運動⇄圧力エネルギー変換と単純化して取り上げた．

　授業では，以下のように「授業書」を作成し，問題→予想→討論→実験を

繰り返し，認識を深めていくという予想実験授業で展開した．

問題 1　右図のように、斜面の上をやや軽い紙円筒が
ころがり落ちています。紙円筒が斜面を離れ、
床に着くまでに、紙円筒はどんな軌跡をたどるでしょうか。

予　想
　　ア，図のアのように内側に寄って落下する。
　　イ，図のイのように、放物線を描いて落下する。
　　ウ，図のウのように、直進してから放物線を描
　　　　いて落下する。
討　論　どうしてそう考えますか。みんなの考え
　　　　を出しあって討論しましょう。
実　験　紙円筒を落下させてみましょう。
結　果　＿＿＿＿＿＿＿＿＿＿＿＿＿＿＿

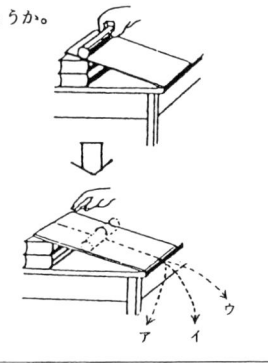

予想はアとイが多く，討論ではウが優勢となり，実験ではアが正解となる．

問題 2　右図のようなろうとの中にピンポンボ
ールを入れて、強く吹くと中のボールは
どんな運動をするでしょうか。空気は机とろうと
底面のすきまを通って外へ抜けます。

予　想
　　ア，ろうと上部へ舞い上がる。
　　イ，固定されて動かない。
　　ウ，ろうとの底面に沿って回転する。
討　論　どうしてそう考えますか。みんなの考えを
　　　　出しあって討議しましょう。
実　験　ゴム管を通して息を吹いてみましょう。
結　果　＿＿＿＿＿＿＿＿＿＿（空気の流れを図に書いて確かめて下さい。）

予想は３分の１に分れ，討論で空気の流れの速さの違いによって，ろうと
の上と下に空気の圧力差が生じたことに気づき，実験ではアが正解となる．

| 問題 3 | 右図のように折り曲げられた紙の中へ息を強く吹きこむと紙はどのようになるでしょうか。 |

予　想
　　　ア，内側に吸い寄せられて閉じる。
　　　イ，外側に開く。
　　　ウ，特に変化は起きない。
討　論　どうしてそう考えますか。みんなの考えを出しあって討論しましょう。
実　験　各自でわら半紙を半分に折って息を強く吹いてみて下さい。
結　果

　予想は，アを支持する生徒が圧倒的に多く，討論でも紙の中と外との空気の流れの速さの違いにより，空気圧に差が生じることを説明できる生徒が多くなる．正解は，アである．

　授業において生徒の選ぶ予想は，問題を追うごとに正解が増え，ベルヌーイの定理が理解されていく様子がわかる．最後に，口頭で「野球のボールでなぜカーブが起きるか説明しよう」と問い考えた．「わからない人は，ボールの回転と空気の流れをスケッチしてみなさい」と助言したことにより，多数の生徒が正解することができた．

〈実践2〉紙飛行機の製作……飛行機の揚力はなぜ生じるか

ここでも引き続いて，問題を考える．

> **問題 4** 飛行機は空気中を飛ぶので空気の流れ、流体力学に基づいて飛行しているわけです。飛行機の前進力はプロペラ機ならプロペラの回転、ジェット機ならジェットエンジンの排気による噴出の反作用により推進力を得ています。しかし、前進力だけでは飛行機の重さで落ちてしまいますので、飛行機を空中で浮かせる力、揚力をつくらねばなりません。そのため、飛行機には、大きな翼が着いているわけです。では、揚力を生み出す翼の形はどうなっているでしょうか。翼の断面図（横から見た図）の形状で考えてみましょう。
>
> 予 想
> ア．図アのように翼の上面が曲線である。
> イ．図イのように翼の上、下はほぼ平行である。
> ウ．図ウのように翼の両面とも同じような曲線である。
>
> 討 論　どうしてそう考えますか。みんなの考えを出しあって討論しましょう。
> 実 験　正解は先生が発表します。
> 結 果
>
> （図に空気の流れを入れてみましょう。）

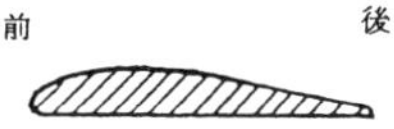

予想は，アとウが多く，討論で翼の上と下の空気の流れの速さに違いが生じてくることに気づき，実験で正解は，アとなる．ここでは，実験装置がないため，図1を用いて説明する（説明省略）．

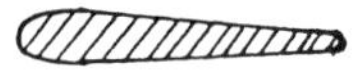

そして，20 t もある飛行機でも 2/100 気圧の圧力差を与えてやれば，20 t の揚力が得られることを話す．

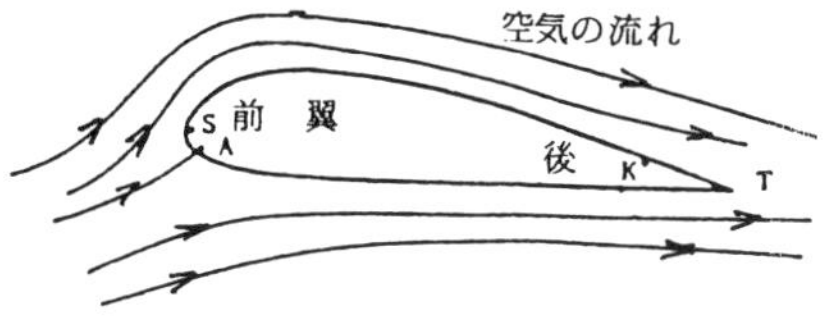

図1　揚力の発生

その後，『よく飛ぶ紙飛行機集』（二宮健明著，誠文堂新光社）などを参考に，型紙を配り，主翼のキャンバーと上反角をポイントに製作させ競技会をもつ．

また，ブーメランでもよいが，揚力の説明が難しい面がある．しかし，短時間で製作でき教室内で飛ばすことができるので，実施しやすいかもしれない．

〈参考文献〉
- 大谷良光「流体におけるエネルギー変換の授業」『技術科教育実践講座機械5』ニチブン，1990年，pp.136〜141
- ブーメランの作り方　名倉弘『楽しい授業』編集委員会編『ものづくりハンドブック2』「とべ！紙ブーメラン」仮説社，1994年，p.201 など

テーマ6．電気回路の構成

1．指導の重点

原動機の動力などに比べて，電気は目に見えず理解が難しい．電気に対する実体的イメージをもたない生徒たちにとって，いきなりオームの法則などの計算問題から学習を展開しては，電気は難しいと思いこませることになってしまう．電気の実体的イメージをしっかりともたせることは，生徒たちの課題解決への意欲を沸き立たせることにつながる．その後の電気の学習への取り組みにも影響を与えるに違いない．

正しい電気のイメージをもつことによって，はじめて，電圧，電流といった概念も正確に把握できると考える．これまでの実践では，単なる説明に終始しがちであったこれらの概念について，数々の実験や実習を通して実感をもって体得させたい．ここでは，指導計画の「5．電気を起こす」「6．発電力競争」「7．11円電池とノンスメル電池」の実践を紹介する．

2．授業の展開

電圧，電流といった言葉に触れながらも，それを説明するだけではなく，一つひとつ実験を通して生徒たちに体得させるように展開したい．まずは，

電圧の学習から展開する．それは電圧からの把握が直感的に電気をイメージしやすいと考えるからである．発電力競争や電池のしくみを学習しながら，その電圧測定を行う．また，電池のしくみを考えるところから電流についても把握させたい．

〈実践1〉 電池の電圧測定と発電力競争（0.5時間）

　乾電池は約1.5Vの起電力があることを知っている生徒は意外に多い．しかし，実際に電池の電圧を測定したことがある生徒はほとんどいない．そこで，まずは使い慣れた乾電池を使って電圧の測定に取り組む．

　多数の単一の乾電池と，糸はんだを10cmぐらいに切ったものを多数用意しておく．糸はんだを導線の代わりにして，班で協力しながら，電池を直列に並べたり，並列に並べたり，それらを組み合わせたりしながら，それぞれの電圧を測定させる．1.5Vと3.0Vのものだけでなく，4.5Vや6.0Vのものも課題として設定しておくと，測定レンジを変えなければ測定できないことを生徒たちに気づかせることができる．そして，実際にはできないが，電池を直列に100個並べた時の電圧と，並列に100個並べた時の電圧の値を質問してみる．150V，1.5Vと答えはすぐにかえってくる．

　次に，モータに羽根車を取り付けたミニ扇風機を取り出し，風力発電に取り組む．「フー」と息で羽根車を回すと，回路計の針が振れ出す．DCVのどのレンジで測ればよいのかは自分たちでみつけさせる．最初からいきなりDC60Vレンジで試していっこうに針が振れない班もあれば，DC0.3Vレンジで針が振り切れてしまうところも出てくる．班の間で情報交換しながら，次第にどの班でもしっかりと測定ができるようになっていく．

写真1　風力発電

ここで，どの班が最大電圧をめざすことができるか発電力競争に取り組む．「昨年のクラスでは，最高3Vだった」と伝えると，それを超えようと頭がくらくらするくらい必死に息をふきかける生徒も出てくる．電圧は多少高めにいっておくとより頑張るようである．

　続けて，手回し発電機を取り出す．この発電機ならさらに高電圧を発生させることができる．班に配ると生徒たちはすぐに回路計をつなぎ，レンジを操作しながら壊れるんじゃないかと思うほど勢いよく発電機を回しはじめる．

　手回し発電機に，ミニ扇風機をつなげれば，扇風機を勢いよく回すことができる．モータや電球など，いろいろつなげて試させたい．そして，最後に，手回し発電機と手回し発電機をつなげ，片方を回すと，もう一方も回ることと，逆に回せば，もう一方も逆に回ることを確認させる．これでモータと発電機が基本的に同じしくみであることがわかる．これらの実験を通して発電機が電圧を発生させ，それがもう一方のモータなどを動かしているというイメージをつかむことができる．

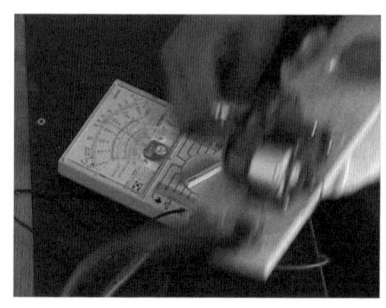

写真2　手回し発電

〈実践2〉11円電池で電圧測定（1時間）

　次に授業で電池を作る．といっても身の回りにあるものでできる．10円玉は銅，1円玉はアルミで作られていることを生徒は知っている．その間に10円玉の大きさに切り抜き，飽和食塩水をよくしみこませた藁半紙を挟むと，それだけで電池になってしまう．起電力は約0.5

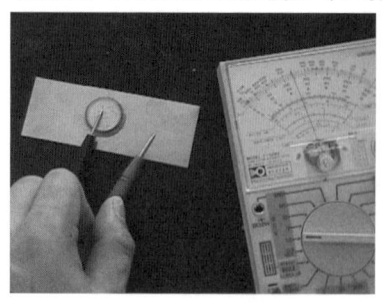

写真3　11円電池

V．何段か積み重ねて，数ボルトにすると高輝度発光ダイオードを光らせることができる．名付けて11円電池．10円玉と1円玉は事前に銀行などにいって多量に入手しておくとよいだろう．

授業では，この11円電池を次々に作り，次から次に積み重ね，積み重ねるたびに電圧を測定していく．積み重ねると直列接続になるので，0.5 V，1.0 V，1.5 V……とどんどん電圧を上げていくことがきる．もちろん，電圧が高くなれば，レンジを変えなくてはならない．何段か積み上がってきた時点で，「これまでの班で最高記録は12 Vだ」と伝えると，生徒たちはその記録を乗り越えようとがんばる．

写真4　11円電池でLED点灯

写真5　11円電池のタワー

しかし，これで終わりではない．隣の班と協力してさらに高電圧をめざす．隣の班の11円電池のタワーをそのままもってきて上に重ねるとそれだけで，電圧はいっきに倍になる．さらにもう一つの班の11円電池のタワーを重ねれば3倍になる．

これまでの最高記録は36 Vにもなった．恐ろしいほどの電圧だが，微量な電流しか流れないので危険性は低い．そしてなにより，この電圧は，生徒同士の協力がないと実現できないものだ．考えてみると11円電池は，一組で0.5 Vである．36 Vを実現するためには，36÷0.5＝72であるから，72枚の1円玉と，72枚の10円玉の間に藁半紙がはさんであることになる．11円電池のタワーの高さは30 cmを軽く超える．3〜4人の生徒が11円電池を手で支えながら，他の生徒が回路計で電圧を測定する．まわりは黒山の人だ

かりになる．11円電池のタワーを押さえている生徒は，手にビリッと電気を感じることもある．ただの10円玉と1円玉と食塩水で，これほどの電圧が発生したことに生徒たちは驚く．

〈実践3〉ノンスメル電池から電圧と電流を考える（0.5時間）

　ノンスメル電池は，アルミ箔と活性炭の間に飽和食塩水をたっぷりしみこませたティシューペーパーを1枚挟んだ電池である．活性炭は市販の冷蔵庫脱臭剤（ノンスメルなど）から取り出すことができる．

　実験では写真6のように活性炭の上に電極代わりにもう一枚アルミ箔を置く．アルミ箔とアルミ箔が触らないようにティシューペーパーよりも少し小さめにするとよい．これをモータに羽根車をつけたミニ扇風機につなぎ，写真7のようにアルミ箔を上から手で強く押しつけると，ミニ扇風機が回り出す．動くはずがないと思っていた生徒はびっくりする．教師の実演の後は，生徒たちが実際に取り組む．どれくらいの電圧が出るのかをしっかりと計測させる．直列につなぎ，協力して電圧を上げるのもおもしろい．

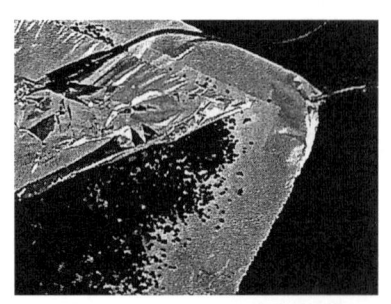

写真6　ノンスメル電池のしくみ

　実験後，11円電池でも同じ程度の電圧を出すことができたのに，なぜモータは回せなかったのか．しかしノンスメル電池では，なぜ回すことができたのかを考えさせ，電気が流れる量，電流が違うことに気づかせ，11円電池ではモータを回すだけの電流は得られなかったことを理解する．それは

写真7　ノンスメル電池でモータ回転

11円玉に比べて，ノンスメル電池の電極の面積が広く，また電極の物質が違うことがその電流の量の違いになっている．市販の電池でも，電極の面積を広くとる工夫と，電解質の物質の工夫がされているので，マンガン電池などの図を見せながら，11円電池やノンスメル電池と比較しながら考えさせ深めることにする．

最後に，2種類の金属の間に食塩水などの電解質水溶液を挟むと電池になること，すなわち電池の原理は2種類の金属と電解溶液で構成されていることを伝える．そのような構成でなぜ電気が発生するのかは，高校でイオン化傾向を学習しないと理解できないため深入りは避ける．

最後に電池を発明した人の名前を当てさせるのもおもしろい．ボルトの語源は1800年に電池を発明したボルタからきているといわれる．自分たちの身の回りに使われているさまざまな電池のことを思い描かせた上で，「もし，ボルタさんがこの発明をしなかったらどうなっていただろう」と，問いを投げかけ技術史を振り返ってみてはどうだろう．

テーマ7．回路図と回路の配線・測定

1．指導の重点

いろいろな電気機器は，いくつかの回路要素が配線されてできている．一見複雑そうにみえる電気回路も回路図で表せば容易に理解できるし，回路の配線も簡単にできる．また回路設計や，回路そのものを他人に正しく伝えるためにも回路図の学習は重要である．回路図を正しくよんだり，正しくかくことができるということは電気学習での最も基本となるところである．

この学習を経て，スイッチおよびいくつかの回路要素をつないだ簡単な回路の設計ができるように指導し，設計した回路の正しい配線ができ，その回路が正しく作動するか確認する．

さらに可変抵抗器を含む抵抗器を電動機等につなぎ，電気エネルギーの制

御の基本を学習する．この学習と併せて抵抗器のはたらきを理解し，いくつかの抵抗器をつないだときの合成抵抗や，回路の電圧，電流を回路計によって正しく測定でき，回路計の正しい使い方に慣れるとともに，電気そのものをできるだけ定量的に扱うことができるような学習を編成することが大切である．

2．授業の展開
〈実践1〉回路図を正しくよむ・かくことができる授業

　生徒たちにいきなり回路図（記号配線図）を与えて，各回路要素がどのように結線されているかと問いかけてもなかなか正解は出てこない．つまり生徒にとって初めて眼にする回路図はいかにも抽象的な概念なのである．

　ここでは1時間の授業のなかで，初めは授業に乗ってこない生徒たちも，次第に眼を輝かせて回路の配線に取り組み，一人残らずの生徒が回路図を理解でき，続く1時間の授業では，この回路図をもとにして，実際に回路の配線ができるようになる．

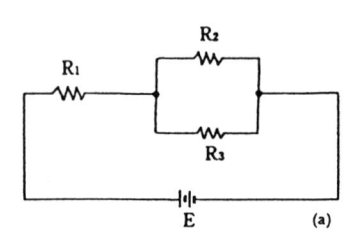

図1(a)　教師が与える回路図

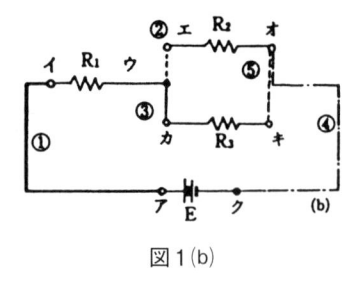

図1(b)

（第1時）

　この授業では回路図（記号配線図）をよみとることが主眼である．実体配線図は本来"頭の中でかく"ものではあるが，中学生にとって初めてみる回路図は多くの生徒にとって何が何だかわからないのが普通である．

　そこでまず図1(a)と図1(c)を板書し，何人かの生徒を指名してチョークで線を結ばせてみる．しかし正しい解答はこの段階では期待できない．

　正答が出ない理由は大きく分けて二点あ

る．一つは電流の流れる筋道を全く無視して，どこからでも結線しようとすることにある．もう一つは，抵抗器の"並列つなぎ"の部分で，線の途中（真ん中といった方がわかりやすい）から線を出すこと，つまり端子を全く無視していることにある．

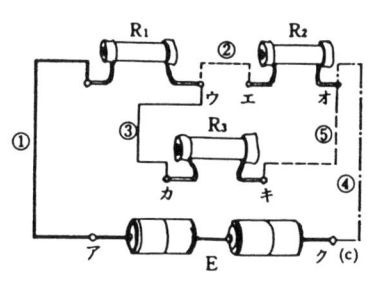

図1(c)　回路図を実体配線図に直す

これらに留意させ，電気回路に用いられる抵抗器等の回路要素は，原則として二つの端子（入力側と出力側）から成り立っていることを確かめる．次に電流の流れる順路で，これらの抵抗器類の，左右どちらの端子に電気が入り，どちらの端子から出ていくかを考えれば，容易に正しい回路の配線ができることに気がつく．

練習課題例を図3に示した．また理解が早く，作業の進んでいる生徒には，例えば「抵抗器を5個以上電源につないだ回路図をかき，その実体配線図をかけ」といったような課題や，生徒が自由に考えた回路についての作業を進める．生徒たちは嬉々としてこの学習に打ち込む．

（第2時）

この時間は前時の学習から

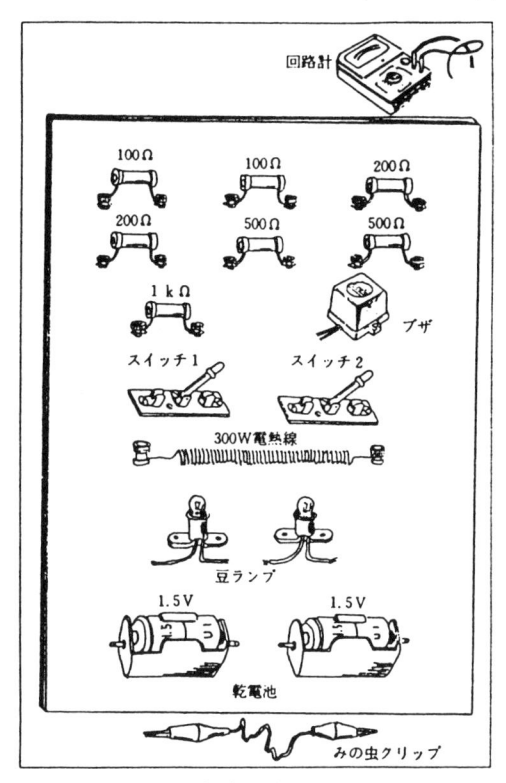

図2　配線（測定）練習盤の例

figure 3 練習問題

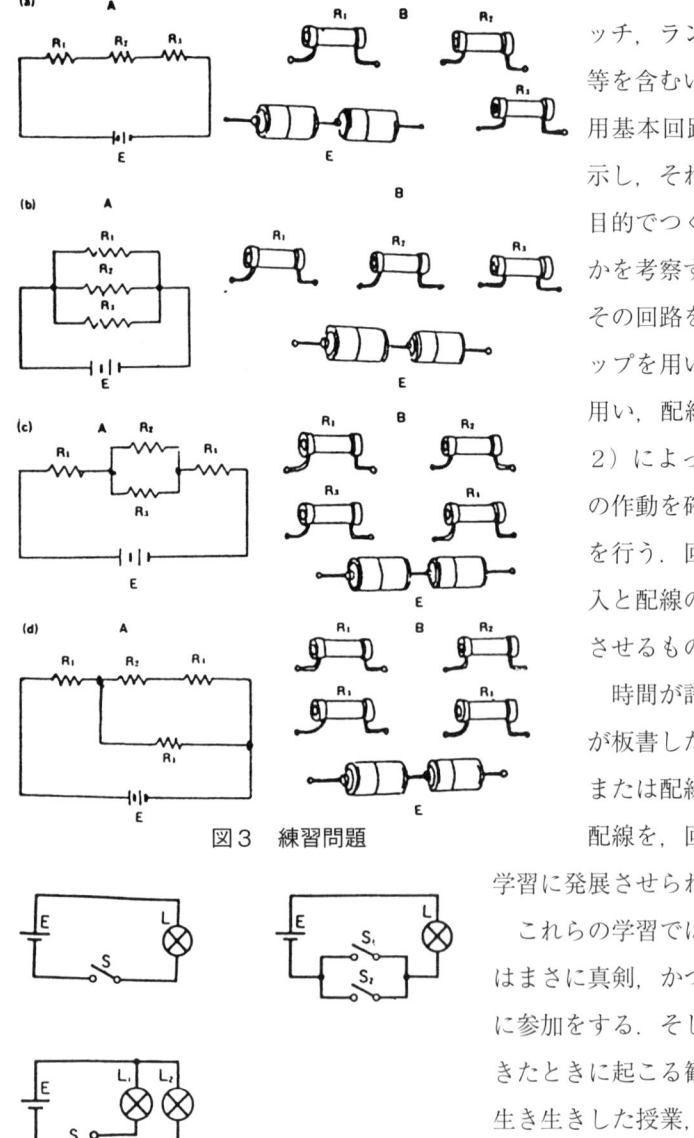

図4 スイッチ・ランプを用いた基本回路

さらに発展させ，スイッチ，ランプ，ブザー等を含むいくつかの実用基本回路（図4）を示し，それらがどんな目的でつくられた回路かを考察する．そして，その回路をみの虫クリップを用いたコードを用い，配線練習板（図2）によって実際にその作動を確かめる実習を行う．回路設計の導入と配線の実際を並行させるものである．

時間が許せば，教師が板書した実体配線図，または配線練習板での配線を，回路図に表す学習に発展させられる．

これらの学習では，生徒たちはまさに真剣，かつ楽しく授業に参加をする．そして課題ができたときに起こる歓声は本当に生き生きした授業，という実感が教師にひしひしと伝わってくる．

なおこの「配線（測定）練習板」は，名の如く，以後の授業に発展する測定実習でも十分使える教具である（穴あき合板に各種回路要素をクロムめっきされたボルト・ナットで固定したもので，1枚500円くらいで製作可能である）．

　このようにして，2，3の例題を系統的に練習し，練習課題に入ると，かなり複雑な回路の配線も，楽しみながら生徒たち全員ができるようになる．若干の回路要素についての指導を加えれば，簡単な電気機器・装置の配線は誰でも簡単にできる．この学習は次の「回路設計」「回路の測定」へと発展させていく．

　この授業では「電気回路の配線」という，多くの生徒にとって未知の学習を，きわめて短時間で"できる"自信を持たすことができる．生徒の感想を聞いても，「楽しくておもしろかった」「電気回路をつくる希望が湧く」「もっと複雑な回路図をよんでみたい」「はやく電気の作品をつくりたい」等々前向きな意見が多い．

〈実践2〉ボリューム遊び（可変抵抗器の働き）

　この実践は「指導計画表」のなかの〔4．ボリューム遊び〕に位置する．

　電気回路や電子回路では多くの抵抗器が使われる．抵抗器は電流や電圧を降下させたり，電圧をつくり出すために用いられる回路要素であるが，ここではそのはたらきや，電気エネルギーの制御を眼でみて確かめる実験の授業を編成する．

　この回路は，図5のように100Ω以下の可変抵抗器（低抵抗なので専門のパーツ店等で購入）とプロペラモータ（一般に市販されている小型模型電動機にプロペラをとりつけたもの＝ミニ扇風機）を，乾電池2本（3ボルト）の電源にみの虫クリップで接続したものである．配

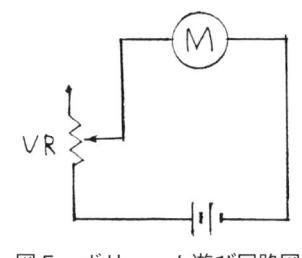

図5　ボリューム遊び回路図

線後，可変抵抗器の回転軸を静かに回していく（抵抗値を変える）と，回転数（回転速度）が円滑に変化する．このとき扇風機の回転速度と，可変抵抗器の軸にとりつけたつまみの位置を確かめてみる．

　可変抵抗器は家庭にある電気機器，とりわけ通信機器に多く用いられているが，生徒たちにとって実物を見るのははじめての場合が多い．こんな小さなもので電気エネルギーが簡単に制御できることを知り，生徒の間からは歓声が沸くし，このような簡単な実験でも，飽きずにつまみを回し，扇風機の回転速度の変化を楽しんでいる．

　このことから可変抵抗器のしくみを考えてみる．ここで可変抵抗器のみならず，固定抵抗器のはたらきにも触れておく．

　この実験はこの程度で終わらせてもよいが，時間の余裕があれば，この回路に回路計をつないで電流を測定させると，授業ではさらに次の到達目標が設定され，深められる．

① 電流計の接続
② 扇風機に流れる電流の測定
③ 抵抗器の大きさと電流の強さの関係

　最後に家庭で使っている電気機器のどこにこの種の可変抵抗器が使われているかを調べてみる．テレビジョンの輝度調整にも使われていること等を話すと生徒たちは改めて驚く．

《実験のポイントと発展》

＊可変抵抗器の抵抗値が低いほどモータの回転する範囲が広くなるのでわかりやすい．

＊最近多く用いられているスライド式可変抵抗器を使っても結果は同じである．

＊もし学校にすべり抵抗器があれば，教室のコンセントにつなぎ，60ワット電球の明るさや，本物の扇風機の回転速度の制御も可能で，よりダイナミックな実験ができる．

テーマ8．電気の作業の基本（電気工作）

1．指導の重点

テーマ8では，電気における技能の教授を取り上げる．とりたてて，技能の教授といわなくても，電気工作としてそれらの作業の基本は知られている．そこでここでは，到達目標を3点用意した．はんだづけ作業ができる，ニッパ，ねじ回し等の工具を使用した作業ができる，簡単な電気機器の製作において作業段取りを考えた作業ができる，である．ここでは，前二つの実践を紹介する．

2．授業の展開
〈実践1〉コードによる鎖づくり
① ニッパによるビニールコードのストリップ練習

各種の電気作業用工具の名称と利用目的を実物に照らして確認した後，50芯のビニールコードを1人に50cm位配り，それをニッパで5等分に切断させる．切断された各コードの両端からそれぞれ1cm位をニッパでストリップし，切れた銅線が3本以内ならOK，それ以上ならやり直しという課題を提示する．ニッパの使い方は，全体に図と示範で説明し，その後各班を回り再示範する．机上には切れ端が散乱しないよう，各人にトレイを配りその上で作業をするよう注意する．途中でワイヤーストリッパーを各班に1台配り，使い方を説明し2回位試してみることを勧める．

② はんだごてによるはんだづけの練習

はんだごて，こてクリーナー，作業補助用板，はんだを配り，はんだづけ作業の安全等の指導をした後，はんだづけのポイントを図で説明する．そして，先ほどの両端がストリップされたコードを，図1のように結び，そのコードを作業補助用板の上において，はんだづけの練習に入る．作業中は，各班を回り，上手にできたコードの輪の見本を見せながら個別指導をする．出

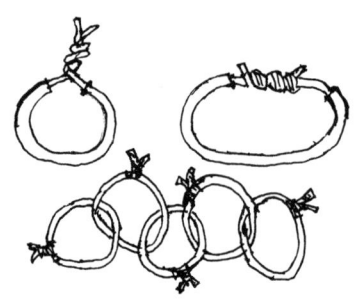

図1　練習用コード作品

来上がると五輪となり完成である．

③　コードによる鎖つくりと実技テスト

ここまでの作業で生徒たちは，3回歓声をあげる．1回目は初めてはんだを溶かしたとき．「ウォー」という感動の声と，「くせえ」という苦情の声である．2回目は専用工具であるワイヤーストリッパーによる試みのときである．「便利」という感嘆の声である．3回目は五輪が完成した「できた」という喜びの声である．そこで，獲得した技能をより高め感動を深めるためと，教師としては技能の評定をするために，コードによる鎖づくりコンテストを行う．条件は，20分間で40cmのビニールコードからいくつの輪をつくり鎖にすることができるかである．これには生徒たちが夢中で取り組む．

④　発　展

これらの作業の基本は，その後延長コードのコードの両端の処理に，センサーライトの基板への部品の取り付けにと受けつがれる．そして，電子回路をもつ電気機器は，基板による部品のはんだづけであり，その多くはロボットによる作業に移行したが，複雑な部品の取り付けは人間の手によって行われていることを写真などのプリント物で説明すると，生徒たちは電気製品がこのような労働によって成り立っていることを実感をもって理解することができる．

テーマ9．電気エネルギーから機械エネルギーへの変換

1．指導の重点

現代社会を成り立たせているエネルギー面での技術の基幹は，その主要部分が，発電機により電気エネルギーとして輸送・供給され，電動機により動

力に変えられている.ゆえに電動機・発電機の授業がこの単元では重要な内容となる.そこで,このエネルギー変換機の授業では,電動機の原理としての自然科学的側面(電磁力,フレーミングの法則等)を理科で学習して有る無しに関わらずとり上げ,また現代技術のなかでなぜ電動機が主要な動力なのかという社会科学的側面(現代の電動機とその利用など),そして効率という技術的側面を,合わせ持って教えることが必要になる.特に授業では,効率の概念を,実物や模型のモータを通して,実感を伴って理解することが大切であると思う.

2.授業の展開
〈実践1〉発電機・電動機と効率
① 発電機と電動機は同じもの

テーマ6の電圧の測定で利用し,好評であった手回し発電機を再び取り出し,「発電機に電池をつなぐとどうなるだろうか」の予想をたてた後,実験で確かめた.電池の極性を変えると,手回し発電機のハンドルが逆に回りだし,電流の流れる方向が変われば,回転方向も変わるのだという当たり前の事実に,生徒たちは感心する.

「では,手回し発電機を2台つなげ,片方を回すともう片方はどうなるだろうか」と問いかけ,予想をたてた後,班ごとに実験する.発電機側のハンドルを回すと,電動機側のハンドルが回りだし,それを机上に置くとハンドルが足となり机の上をカタカタと動き回り,教室中が歓声のるつぼとなる.

② 効率の概念をイメージする

上記の実験を発展させ,手で回す側を入力,回される側を出力とし,回す回転数を入・出力の数値とし「入力側を20回転させれば,出力側は何回転するであろうか」と問いかけ,班ごとに実験して求める.予想選択では,同じ,多くなる,少なくなると選択肢が分かれたが,討論では,「同じになる」が優位を占めた.実験中「少なくなる」が正解とわかると「オー」と歓声が,

写真1　発電⇄モータ実験

班ごとにあがる.「手回し発電機を二つつないで，片方を回したらもう片方が回るとは思っていたけど，回数が違うのはびっくりした.」(女子),「ぼくは変わらないと予想を立てたが，実験では少なくなってしまった．その時には，なぜかわからなかったが，モータの製作やその後の実験で，摩擦などの損失というものがあることがわかり納得した.」(男子) とその後の感想文に記している.

図1　勘定図

実験後，効率＝出力／入力×100％と効率の意味をまとめ，勘定図で概念をイメージさせる．「どこかにいってしまったエネルギー」を損失とし，どこにいったか考えさせる．しかしこの時点では，損失のイメージは抽象的である.

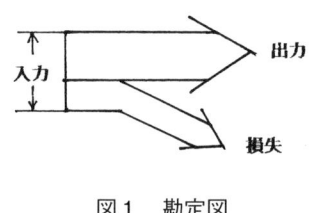

〈実践2〉 3極モータとミニ扇風機の製作

この授業でのモータの製作は，作らせること自体が教育目標でなく製作を通して，モータの原理やしくみ，効率や損失という概念を形成させることが目標となり，モータはそのための教材である．しかし，完成の喜びと充足感を得るため，羽根をつけてミニ扇風機に仕上げることにする.

① モータの組立

モータは図2の大和科学教材研究所のキットを利用する．キットの箱には8歳以上と書かれているが，製作経験の少ない生徒たちには結構たいへんな作業のようである.

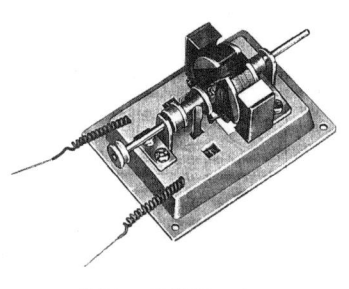

図2　3極モータ

特に電機子の鉄芯にコイルを巻く作業において，巻く方向が同じでなければならず，その意味を電磁石の実験などで事前に理解させておき，さらに組立時に注意を促さないと失敗するところである．

② 作業中の指導と生徒との会話

作業では，途中何回か点検を入れ，組み立てが終了した時点で，教師の前で回す．そこで，生徒たちと「損失」のイメージを持たせられる会話をする．生徒たちも自分自身と，また友達と会話し，考えながら作業を進めていく．「製作の時，モータが回らなくてイライラしていたが，先生に『線がどこかでつながっていないよ』といわれ，調べたらブラシのところに線がはんだづけしてなかった．なおしたら回った．回ったときはうれしかった．」(男子)，「製作の時，先生に『油ってなんであるんだろう』といわれ，油をさしたとたんに回りだした．少しびっくりした．」(女子)，「最初のうちは速かったが，ブラシをいじっていたら回転が悪くなった．なぜなんだ．ブラシが強く整流子を押さえ付けているのでまさつが多くなったのだろうか．」(男子)，「動かないときは，なぜだろう？　と思っていろいろ調べて，わかったときはすごくうれしかったし，わからなくて友達に聞いたりして，友達とも仲良くなれてよかった．」(女子)，「コイルに線を巻くとき回数を間違えたらしく，回り方が悪かった．先生にコイルだけもらいつくりなおしたら超ばっちり回った．」「回るには回ったがゴトゴトいうのでK君に見てもらったらコイルが飛び出して枠にあたっていた．なおしたら静かに速く回った．」(女子)．製作の過程において生徒たちは，このように教材と格闘し，疑問を抱いては納得し，また試行錯誤しながらよりよいものを求め，友達と関わりながら学んでいる．

③ ミニ扇風機と風力発電

3極モータが完成した生徒から，板と羽根（玩具の扇風機の羽根を購入）を配り，板にミニ扇風機と電池ケースを取り付け，モータの軸に羽根をはめ込み完成となる．しばらく扇風機として遊んでから，「風力発電の実験をし

よう」と呼びかけ，電池ケースの電池を外し，その端子にみの虫クリップコードを接続し回路計につなぐ．そして，羽根に息を吹きかけ何ボルトの電圧が生じるかの測定をする．次に，友達の扇風機から風を受け，風力発電機として電圧を調べる．結果は残念ながら 0.1 V 位しか起こせない．(マブチ 140 モータでは 6 V 位発電できる．)

〈実践3〉 技術の改良～効率の向上

図3のように製作した3極モータを二つ使い，入力側のモータがつくるミニ扇風機の風で，出力側の羽根を回し電気をつくり，省力用豆電球を光らせる（風力発電）実験である．入・出力とも回路計を用いて電圧，電流を測定し，電力と効率を計算で求めようという設定である．

授業では，効率の予想を 90％, 70％, 50％, 30％, 10％, 1％ の中から選択し，討論し，教師実験で，入力の電力と出力の電力を求め効率を計算で算出し，どうしてこんなに効率（0.0006％）が悪いか，損失は何かを考えさせる．

さらに，市販されているマブチモータを分解し，3極モータとの類似性とともに構造の改良を知り，効率の向上と損失を少なくする技術改良・開発を理解する．「効率の予想問題はみんなはずれてしまった．私のつくったモータは，ときどき火花がでていたし，油をつけたらよく回った．これが損失な

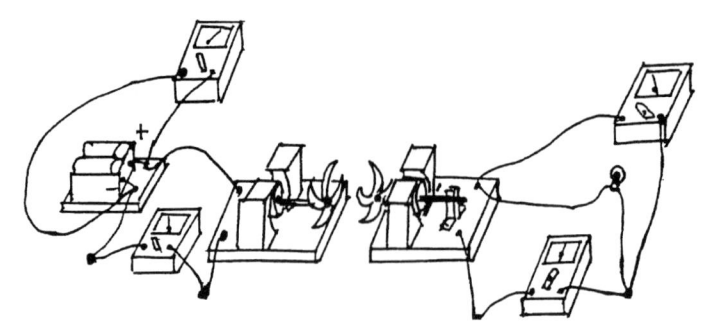

図3　効率測定実体配線図

んだ．風力実験では損失がほとんどだった．」（女子），「実験では効率が悪すぎた．班で風力発電ごっこをした時，扇風機のつくった風が自分の顔にもあたっていた．これが風の漏れ損失というのでしょうか．」（女子），「マブチモータを分解したらベトベトした油みたいなものが手についた．これが自転車などにも使われているグリスという油だと聞いて勉強になった．」「マブチモータのコイルには，青い細い線がきれいに巻かれていた．80回（一つの極に巻いた線の回数）巻くだけでイライラしたんだから巻いた人はたいへんだったろう．」と，生徒たちは自分たちの製作したモータと，風力実験による効率とを比較して考えている．

次は，現代のモータの効率と各種モータの観察と利用，役割を知る展開である．ここでは，同機種2台の直流整流子モータの軸を直結し，入力側を電池（12 V）によりモータを回転させ，出力側のモータで発電し豆電球（6 V定格）を負荷とし電力を測定する設定である．授業では，まず，効率の予想を立て，討論し，教師実験で確かめる．効率が桁違いに向上していることに驚嘆する．

その後，現在の生産現場や，生活で使われている電気機器内のモータの話をプリント類を利用しながら行い，モータが「産業の米として，塩として」活躍している様子を理解する．

テーマ10．電気エネルギーから熱・光エネルギーへの変換

1．指導の重点

電気エネルギーが生産技術として大きな役割を果たしたのは電動機による機械エネルギーへの変換技術であるが，我々の生活とも深く関わり，電気技術の発展の上でも欠くことのできないものに熱・光エネルギーへの変換技術がある．特に光エネルギーへの変換技術はエジソンの炭素球の開発など電気技術の歴史を振り返る上でも重要であり，生徒にとっても馴染み深いもので

ある.そこでここでは光エネルギーへの変換技術を取り上げ,興味深く,実感をもって学べるようにしていく.

光エネルギーへの変換技術は数多くあるが,身近なものは白熱電球の発熱による発光と蛍光管による放電による発光であろう.この代表的な二つの変換技術の原理を生徒の興味・関心を引きつける教材を用い,実験することをとおして,生徒が理解できるようにする.そして電球,蛍光管といった身近な物に多くの先人達の努力の積み重ねがあり,多くの優れた技術や工夫が詰め込まれていることに気づくことができることをねらいとする.ここでは,指導計画の「4.光をつくってみる」と「5.蛍光灯の発光」を紹介する.

2.授業の展開

〈実践1〉炎と光のパフォーマンス
シャープペンの芯の発熱体実験の授業(1時間)

白熱電球の発光と蛍光管の発光は原理的にまったく違うが,それぞれの原理を図などで解説してもなかなか理解しがたい.そこでそれぞれの発光原理を単純化して示せるような演示実験を中心に授業を展開していく.

白熱電球の発光は電気抵抗による発熱である.まず生徒に「電球はなぜ光るのだろうか調べよう」と課題を示し,中が見えるクリヤー電球を班ごとに渡し,観察させる.光る様子が見えることで,フィラメントの部分だけが光っていること,同時にすごく熱が出ることなどに気がつく.そこで「そのフィラメントの部分がどうなっているか見よう」ということで演示実験としてシャープペンの芯

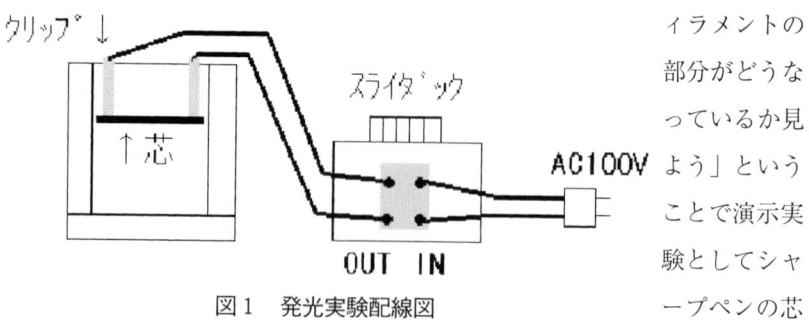

図1 発光実験配線図

の発光実験を行う．

実験はシャープペンの芯をスライダックに接続し，電圧を徐々に上げていくことでフィラメントのようにきれいに発光できる．芯も最初に近くの生徒から2，3本もらい，それをそのまま実験に使うとより興味を増す．

《発光実験のポイント》

- 一気に上げていくと芯が飛び散り危険である．数ボルトで焼き固めること．

写真1　発光の様子

- 芯を支える部分は高温となるのでクリップのビニールはとっておく．
- スライダックをショートさせないように気をつける．ショートすると変圧器が焼き切れてしまう．
- シャープペンの芯に金属コーティングをしてあるものもあるのでよく調べてから使用しないとショートを起こす場合も生じる．

《展開の様子》

T：「シャープペンの芯もらえる」近くの生徒から芯をもらいセット

T：「じゃあいくよ」

- 焼き固めてから徐々に電圧をあげる
- 煙が出た後に少しずつオレンジ色に発光し始める

S：「うわぁー」「きれい〜」歓声が上がる

- さらに電圧を上げていく（20V以上）
- 眩しく光り輝く

S：「すごい」「まぶしいよ〜」

- 燃え尽きて焼き切れる

S：「おー」「先生，もう1回やって！！」

芯のような抵抗体に電気を流すとすごい熱と光が出る．これが白熱電球による発光原理であり，実験をとおし原理を体感で認識できる．

写真2　比較実験

「ここで抵抗体の中には，さらに発光しやすいものがあり，そこに一定以上の電気を流すと高熱とともに発光が始まる．それを用いて，抵抗体が焼き切れないように工夫し，改良されたのが今の白熱電球である」というまとめを行う．

次に「電球を発明したのは誰だろうか」という問いを出すと「エジソン」ということを知っている生徒がいる．そこでエジソン電球の復元球を見せる．炭素フィラメントがボワーッと光る様子はなかなかきれいである．生徒たちからも「きれい」という声が起きる．その電球を前に電球開発の歴史をエジソンの伝記を元に次のような話をする．小学校を退学してしまったこと，さまざまな発明を生みだしていったこと，電球の開発では多くの試行錯誤をした．そして，発熱体で最後にたどり着いたのが京都の竹であった等々である．生徒は興味深く聞いている．炭素球とその話を通して，自分たちが何気なく使っている電球には先人達の苦労が積み重ねられていることに気がついていく．そして現在の同W数の白熱電球と並べて発光し比較させると，炭素球に比べ現在の電球が大変明るく発光していることから，技術の進歩を炭素電球と白熱球を比較して実感できる．

（※炭素球の入手先　HISATOMI　tel 0849-55-6889/fax 0849-55-1551）

最後に，班に配った白熱電球を資料にある電球解説図を元に観察し，二重コイルが日本人の発明であることなどつけ加えながらまとめる．

〈実践2〉蛍光灯はどうして光るか——蛍光灯発光実験の授業（1時間）

前時の白熱電球の抵抗による発光を振り返りながら，蛍光管に目を向けさせる．白熱電球と蛍光管を比較させると，熱くならない，光が柔らかい，形

が違う等々の意見が出る．それらを確認しながら，電子レンジを提示しそこに蛍光管を入れるとどうなるだろうか，と問いかける．「熱くなる」「どうにもならない」「光る」「爆発する」などの予想を元に演示実験を行う．

《実験のポイント》
- 必ず過熱防止用に水入りのコップを入れる
- 過熱を押さえるために動作時間は1分以内にする

写真3　電子レンジに蛍光管を入れての実験

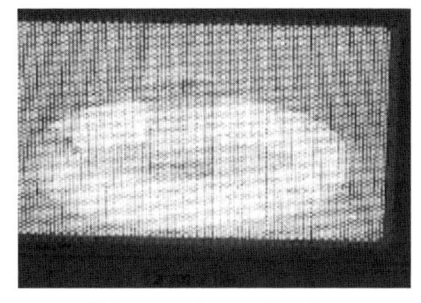

写真4　きれいに発光する

《展開の様子》

T：「じゃあ入れるよ」「中には線も何もないね」
- 丸形の蛍光管と過熱防止の水入りコップを入れる

S：「そのコップは？」

T：「これでお湯わかすの（笑）」「うそうそ，熱くなりすぎないようにね」

T：「じゃあ時間をセット．1分くらい」
- スイッチを入れると同時に光り輝く

S：「おーきれい」「天使の輪みたい」驚きの声が上がる
- スイッチが切れると発光も止まる

ここで，中には何も線がなかったことから強い電波が出て蛍光管が光ったこと，その原理は雷のように放電（ミニ雷と説明）が蛍光管の中で起きていることを説明する．雷はものすごい電流と電圧が一度に流れているが，それと同じような放電をガラス管の中で安全に行っている工夫を演示実験で紹介

する.

次に教室で使っている古く交換した蛍光管を用いて水槽に紅などで着色した水を入れ,その中に蛍光管を入れる.金工用の先の細いハンマーでガラス管の端に小さな穴を開けると水が上昇していく.生徒からも驚きの声があがる.

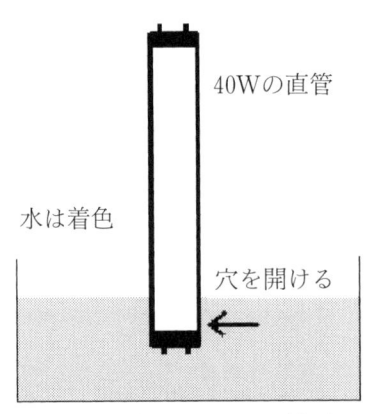

図2 蛍光管の水吸い上げ実験

《実験のポイント》
・ハンマーで一気に割ると水が急上昇し,蛍光管を割ってしまうことがあるので注意する

水が上がったのはなぜだろうかと問いかけると「空気が入ってない」という答えが返ってくる.そこで最後に上の10mmほどの隙間ができることにも着目させ,蛍光管の中はほとんど真空であること,しかしわずかにガスが入っており,そのおかげで発光できることを伝える.管を割ってガラス部分を少しふくと蛍光塗料が流れ落ち,ガラス部分が透ける.それを見せながら,蛍光管は放電により,紫外線が発生し,その結果蛍光塗料が光っていることを伝える.

最後のまとめとして,蛍光灯の配線板を使用して,片側が透明で放電の様子が観察できる蛍光管を用い,班ごとに放電の観察を行う.

写真5 放電の様子

半透明の管を用いることでフ

ィラメントが光り，青白く放電する様子が観察できる．ボワーっと青白く放電が始まると生徒は「きれい〜」と見とれている．さらに磁石を蛍光管のフィラメントに近づけると放電がわずかながら吸い寄せられ，動くことが観察できる．その様子を記録させ，蛍光管の説明図や蛍光灯の配線図を参考にしながら，高い電圧を発生させるしくみを簡単に説明する．

(※半透明蛍光管の入手先　HISATOMI　連絡先　前述)

　時間に余裕が有れば，生徒自身に蛍光灯の配線板の配線を行わせ，回路図に直したり，蛍光灯開発の歴史なども話をするとより学習が深まっていくであろう．

　蛍光管から紫外線が発光されているので，長時間見せないことが必要であるし，またそのことを取り上げ，なぜ白色になっているかを考えさせることも教材として大切である．

〈参考文献〉
- 愛知・岐阜物理サークル編著『いきいきわくわく実験』新生出版，1993年
- 「さーてお立ち会いこれが電磁波だよ」国立教育研究所より『朝日新聞』1991年4月10日朝刊

テーマ11．発電と送・配電

1．指導の重点

　これまでは直流の電気技術の学習が中心であった．しかしわれわれをとりまく生活や生産の場では，交流機器が圧倒的に多い．この現実を見据えれば，中学校段階の技術科のなかに，交流機器について学ぶ場を設けることも必要である．ここで交流機器を代表する交流電動機を扱うのが自然であるが，そのなかで科学的認識の学習を編成するには，位相や回転磁界の成り立ち等に立ち入らなければならない．この学習は非常に奥行きの深いものであるが，中学校段階ではやや無理と思われ，われわれが先に発表した『小・中・高校

を一貫した技術教育課程試案』ではこの部分については高校段階で扱うことにした.

ここでは現在の生活や生産の場での主流である,交流による発電や送電技術の発明や,その技術的改善のための技術を概観し,技術史をもとり上げるような方向での学習を編成したい.

交流機器でこれまで教科書でも,その中身についてはほとんどとり上げられなかった変圧器を中心に指導したい.その理由は,今日の送電・配電技術の最も基本となる機器であり,エネルギー変換と制御という電気学習ほんらいのねらいを含む教材であり,「テーマ9」での電動機づくりとも,基本的な電磁気現象や磁気材料・絶縁材料等,学習内容が系統的につながる部分を多く所有し,そのうえ中学生にも,そのしくみや利用法が割合容易に理解できるからである.

この学習から出発して,送電技術の基本,電気を安全に使うためのアース(接地)の役割や,許容電流,屋内配線の基本の学習へと発展させたい.

2. 授業の展開——〔変圧器の授業〕

この学習では,ほんらい本格的,実用的な変圧器を製作させることがよいと思うが,今日材料の入手と,製作段階での絶縁技術の困難さから中学生にこれを求めるのは無理である.そこでこの授業では,変圧器のしくみと役割について理解させることができれば,前述した発展目標に向かっての学習は大いに期待できる.

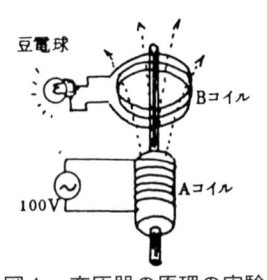

図1 変圧器の原理の実験

〈実践1〉 変圧器の原理実験（トランス遊び1）

図1のように,鉄心（筆者は不要になった内鉄型トランスの鉄心の一部を利用した）の上に,綿巻き銅線（エナメル線を用いる場合は一層ごとに絶縁テープで絶縁する必要がある）を約

200回巻いたAコイルと，綿巻き銅線を約20回巻き，豆電球をつないだBコイルを用意し，スライダックを用いてAコイルに交流40ボルトをかけてみる．Bコイルを徐々に鉄心のなかに入れると豆電球がどうなるかという実験を行う．実験の前に次のなかから予想を選ばせる．

予　想
ア．豆電球は点灯する
イ．豆電球は点灯しない
ウ．豆電球はAコイルに近づけると明るく点灯する
エ．豆電球はAコイルに近づけると暗く点灯する

　学習班ごとに相談し予想を選ばせたうえでこの実験を行い，その結果を確かめ，さらにその原理を追求する，いわゆる「予想実験授業」を導入し，授業を展開するとおもしろいし，生徒たちはのってくる．なおこの実験では短い時間でコイルが熱くなるので，結果が確かめられた時点で電流を断つことに留意する必要がある．

　この実験では，AコイルとBコイルとは絶縁されているのに，Bコイルの豆電球が点灯する．つまりBコイルに電圧が生じていることがわかる．実用的な変圧器をつくり出したゴーラールとギッブス（1882年）のものは，ハンドルで鉄心を上げ下げして電圧を変えていたという．この実験装置そのものの形であったこと等，電気の技術史について発展させるとさらに深まる．

〈実践2〉変圧の実際〔電圧制御〕を確かめる（トランス遊び2）

　次に実際に使われている変圧器について調べる．不要になった変圧器を分解してみる．その構造はきわめて簡単で，鉄心と一次コイル，二次コイルとから成り立っていることを確かめ，この変圧器で二次電圧が変えられていることを交流電圧計（回路計）で測定させる（図2）．

　アナログ式の回路計では交流低電圧レンジ（多くの回路計では「AC10V」）があるが，測定の機会があまりない．そのため，ここで二次電圧に10

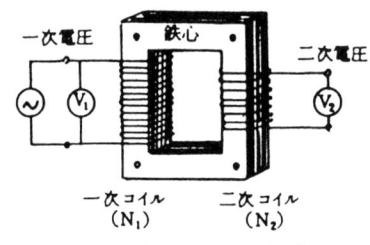

V以下の変圧器を用意すると，その目盛りの読み方の実際を行うことができる．

また時間が許せば，実験的には不可能であるがコイルの巻数と電圧との間，コイルの巻数と電流との間に次の実験的法則が成り立っていることを指導すると，変圧器のおもしろさも倍加しよう．

$$V_1 : V_2 = I_2 : I_1 = N_1 : N_2$$

図2 変圧器の電圧測定

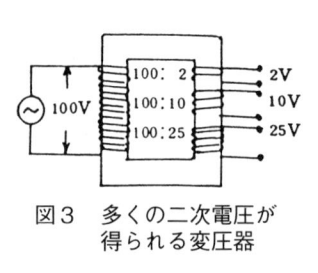

図3 多くの二次電圧が得られる変圧器

このことと併せて一次電力と二次電力がほぼ等しい関係にある（$V_1 \times I_1 = V_2 \times I_2$）ことをも教えておくと，送配電技術における原則「送電は高電圧・弱電流，配電は低電圧・強電流」ということを理解することが容易である．

なお，ここでは回路計による交流電圧測定も授業内容に組み込まれているので，図3のような変圧器を用意するか，スライダックを用いて交流電圧を変化させた出力電圧を測定させるのもおもしろい．

最後に，変圧器はどこで使われているのかを考えさせることも大切である．

ここまで学習を深めれば，変圧器がどこで使われているかは生徒たちはある程度答えられよう．しかし発電所や一次変電所にあるような想像もできないような大出力のもの等，視覚教材で訴えるのも良い．また深い山間等での発電所を建設する人々の労苦の話や（山根一眞『メタルカラーの時代2』小学館文庫），落雷等の事故がおこったときにこれを修復する過酷な労働を伴った，働く人たちに思いを馳せるような授業展開も必要である．

テーマ12．エネルギーの技術と環境問題

1．指導の重点

　製品をつくるためには，機械や機械体系を使って生産を行うが，それら（機械など）を動かすにはエネルギーが必ず必要である．そのために，自然にあるエネルギー資源（一次エネルギー）（例えば，太陽エネルギーや石油などの化石燃料，原子核燃料など）がどのように変換されて，生産の現場で利用できる形のエネルギーになるのかを理解することが大切である．

　ところで，今日おもに使われている化石燃料などの資源エネルギーは有限であり，いずれ枯渇することは避けられない．一方，太陽エネルギーをはじめとする環境エネルギーは無限と考えられるため，これをどのように有効利用するかが将来非常に重要になると考えられる．

　さらに，エネルギーの変換と利用によって，環境に負荷がかかることも避けられない．その負荷がかかることをまずしっかり認識し，その上でその負荷を少しでも軽減する手だてを考え，学習する必要がある．なお，これらの課題を考えるためには，自然界におけるエネルギーの循環を全体として把握することが望まれる．

2．授業の展開

〈実践1〉自然にあるエネルギー源からものをつくる現場までのエネルギーの道筋を辿ってみよう

　例えば，下のようにエネルギーの流れと変換を追うことによって具体的なイメージをもたせたい．

　1．原油を探し，採掘する．2．原油を精製する．3．精製された重油が発電所に運ばれる．4．重油は発電所のタンクで出番を待つ．5．ついに出番がきた．長く回りくねったパイプを通り，大きなバーナーのノズルから猛烈に熱い燃焼室に勢い良く吹き込まれ，燃え尽きてしまった．そして，水と

二酸化炭素と亜硫酸ガスなどができ，空高く排出されている．6．気がつくと，高温高圧の蒸気に乗り移り，蒸気タービンのブレード（翼）をブンブン押し回している．7．そのタービンブレードの軸は，外で発電機の軸としっかりと繋がり，発電機の大きなコイルをブンブン回している．8．すると，電子に乗って猛スピードで太い電線の中を長旅をしている．9．変圧器に着くと，その中を通って細い電線に乗り換えさせられ，何か騒々しい工場までたどり着いた．その中で，いろいろと分かれ道を通る．10．その中の一つを選ぶと，旋盤という工作機械に着いた．その機械にはモータが備えられ，その極細い電線を高速で回ると，今度は歯車の回転となって速くなったり，遅くなったり，方向を変えられたりして，チャックが材料をくわえて回っている．11．すると，その材料に向かってとても頑丈なバイトという刃物が押し込まれ，みるみる切り屑が飛び散り，材料が形の良い製品に加工されている．12．この間に，電線を熱くしたり，潤滑油に移ってそれを暖めたり，非常に熱い切り屑に飛び移ったりして，熱という小さな分子に担われた形とな

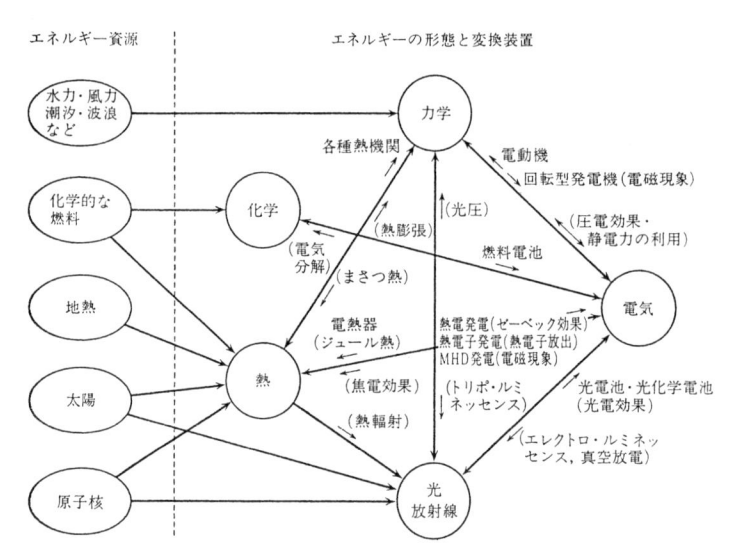

図1　エネルギー変換の相互関係

る．そして，いずれは地球を取り巻く空気や水の温度を上げ，宇宙へと旅立っていく．

この後，図1のようなエネルギーの資源と変換の全体像を示し，上の例をこの図の中で実際に追うことによって，エネルギーの循環と利用の位置づけを明らかにする．

〈実践2〉太陽エネルギーと一緒に旅をしよう

前の時間に学習したエネルギー資源の中で，特に太陽エネルギーが地球上のほとんどのエネルギー源と考えられる．このため，太陽からきたエネルギーがどのような経路を通って，人間に有用なエネルギーを提供しているかをいくつかの実例をもって理解させたい．

(1) 太陽熱：太陽熱を集める装置（中華鍋の太陽炉）をつくろう

用意するもの：中華鍋（できるだけ大きいもの）1個，アルミ箔（裏にのりの付いたもの）1箱，その他

作り方：・鍋の内側をきれいにする．・アルミ箔を細長い三角形に切り，鍋の内側に放射状に全面を貼る．・焦点に水を入れた器（ビーカーなど）を置き，温度計で温度変化を測る．・うまく温度が上がる位置を見つけたら，その位置に肉などの食材を置き，調理をしてみよう．

考えよう：このような簡単な装置でも相当の熱エネルギーを得ることができ，太陽エネルギーの膨大さについて考えさせる．また，不安定性などの問題点についても考えさせたい．

(2) 太陽光：ソーラーカーまたはソーラーボートをつくろう

例えば，ソーラーカー模型キットを使用して太陽電池の機能を実感させ，太陽光エネルギーから電気エネルギーへの変換を把握させる．さらにモータによる電気エネルギーから力学（機械）エネルギーへの変換で，

車が運動することを認識させる（図1でそれらのルートを辿ってみる）．
(3) 太陽光による光合成：稲を育てよう

第5節，「食糧生産の技術」のバケツ稲の栽培を参照．その中で，稲の栽培は太陽のエネルギーを稲という植物（作物）の光合成の力を使って，澱粉の小さな固まりの形にして貯蔵させる作業だということを確認したい．たんぼは自然の恵みを受けとめる太陽電池のようなものであることを連想させたい．

(4) 化石燃料のできた過程を調べてみよう

石炭や石油などの化石燃料がどのようにできたか，その概要を調べる．調べた結果をもとに以下のことを検討しよう．

考えよう：化石燃料は大昔に地球上に降り注いだ太陽エネルギーが光合成によって蓄えられた植物やそれらを食べて育った動物が地中に埋まり，変質してできたものである．産業革命以後それらを地中から取り出して，燃料としていろいろな熱機関で利用している．つまり，大昔に蓄えられた太陽エネルギーを現代に時期をシフトして利用していることを考察したい．

以上のような学習を通して，太陽エネルギーが熱エネルギーや電気エネルギー，あるいは化学エネルギー（米の栄養分）に変換され，蓄えられることを理解させたい．さらに，化石燃料も非常に長い年月遡った大昔に太陽エネルギーが植物の光合成により蓄えられ，形を変えたエネルギーであること，そしてそれらが有限であることを認識させたい．これらを総合的に考え合わせることにより，現代および将来のエネルギー問題にどう対応したら良いか，その方向性を探る手がかりが得られるであろう．

〈実践3〉環境を守るにはどうしたらよいか考えよう

(1) 排気ガスの観察実験

最初に，簡単な実験を行う．エンジン（自動車）の排気管の出口に，使い

古した布をゴムで覆って取り付ける．そしてエンジンを2，3分間アイドリング運転する．その後エンジンを止め，布を取り外す．その布の出口にあたった部分を観察する．このようにすると，目に見えない排気ガスにも汚染物質が出ていることが鮮烈に検証される．

(2) 今日の環境問題

　この観察の後，環境問題として指摘されていることをあげさせてみよう．すると，a．地球温暖化，b．酸性雨，c．放射性物質，d．オゾン層破壊，e．海洋汚染等々が出てくるであろう．これらの問題に深く関係し，現代人の日常生活に広く利用されている自動車を取り上げたい．自動車の何が問題か，改善しなければならないか生徒たちの意見を募り，討論を組織しよう．

(3) 今日の環境対策——自動車を例にして——

　最近の自動車の環境対策（低燃費車）について掘り下げよう．
- 電気エネルギーを積極的に利用する：電気自動車，燃料電池車
- 燃料を変えて，工夫する：天然ガス車，メタノール車
- エンジンを原理的に改良した：直噴エンジン車
- ガソリン自動車と電気自動車を組み合わせた：ハイブリッド車

　などの対策の中で，特にハイブリッド車について詳しく調べてみよう．T自動車会社の販売店にある「ハイブリッド車」のカタログやビデオカタログあるいは1997年11月にNHKテレビ「サイエンスアイ」の「低燃費車」の録画ビデオなどを参照．今後の自動車が，環境対策やリサイクルのしやすさを重要な要素として設計されることの大切さと自らが自動車を利用する際の使い方について討議しよう．この他，自分たちで今すぐできる環境への負荷を軽減することをあげ，それらを自分で，クラスで，学校で，地域で実行しよう．

第4章 制御と通信の技術

(1) 「制御と通信の技術」の教育目的と到達目標
① 「制御と通信の技術」の位置づけ

　近年のコンピュータ関連技術の進歩は著しい．特にインターネットによって世界中のコンピュータが接続されるようになって，コンピュータはますます有用なものになった．世界中の情報をパソコンを操作するだけで入手することができる．そして，この劇的な変化に対応する必要があるとして，情報教育の必要性が強く叫ばれている．技術科の情報基礎領域も，こうした社会的な要求に応えるかたちで1989年度版学習指導要領から新設され，1998年版学習指導要領では，内容として「情報とコンピュータ」を設定し"情報教育"がさらに拡大された．

　情報基礎領域が新設された当時から，全国の大多数の学校ではアプリケーションソフトの操作技能を習得させようとする授業実践が熱心に続けられている．また近年は，インターネットの導入に伴って，ホームページの作成や電子メールによる他校などとの情報交換をもって，情報基礎の授業の大半を費やしている学校が数多く見受けられる．

　しかし，技術教育として現行の情報基礎領域を見直したとき，アプリケーションやインターネット利用を主な内容とした現在の授業はどのようにとらえられるのだろうか．この数年をみただけでもアプリケーションソフトの操作法はがらりと変わっている．操作法に慣れさせることにどれほどの意義があるか疑問である．また，文章を書かせたり，絵を描かせたり，ホームページで学校の紹介をしたり，他校の友達と電子メールを交換したりといった活動は，必ずしも技術科の授業で学習すべき内容ではないことは明らかである．情報教育の課題の多くを技術科が負う必要はないと考える．

　技術教育の立場から情報基礎の内容をとらえなおしてみると，技術科でな

ければどうしても教えることのできない学習内容の存在に気づく．それは，現代の機械や生産に欠かすことのできないコンピュータによる機器制御の技術である．そして，インターネットに代表される通信技術は，これら制御された機器を有機的に結びつけつつある．

　コンピュータによって制御された機器は，電子レンジ，エアコン，自動車などすでに身の回りにあふれている．また，すでに身の回りの数多くの製品が，コンピュータによって自動化された生産システムによって生み出されている．プログラマーなど，これらのシステムの開発に関わって働く人たちも年々増えており，コンピュータ化が進めば進むほど，さまざまな労働がコンピュータのプログラムを作成する労働に置き換えられている．これからますますコンピュータ化されていく社会を正しくとらえるためには，プログラミングや制御システムについての知識と技能が必要となる．

　他方インターネットには，今まさに世界中のコンピュータが接続されつつある．あらゆるコンピュータが接続されることで，世界中のコンピュータ同士が互いに情報を共有することができるようになった．そして，それは同時に世界中のコンピュータ利用者とのコミュニケーションが，安価にしかも瞬時にできるようになったことを意味する．インターネットはこれまでにない世界的なコミュニケーションツールである．

　しかし，インターネットに見られるような，デジタル通信や分散処理の技術も，電話や無線，光ファイバーなどといったアナログ通信技術のベースの上にはじめて確立された技術である．技術教育として通信技術をとらえる時，インターネットにまで発展したこれらの通信技術については，これまで以上に重点的に取り組むべきであろう．

　さらに，これら通信技術を扱うにあたっては，インターネットそのものを扱うのではなく，インターネットを可能にしたアナログ通信技術に焦点をあてたい．インターネットそのものを直接扱うだけでは，通信技術全体を捉えることは難しい．こうした基本的な通信技術の理解なしに，インターネット

のように音や映像を通信するしくみを理解することは不可能である．基本的な通信技術の正しい理解がなければ，現代の通信技術のすごさに気づくことはできないだろう．インターネット時代を生きる子どもたちには，アナログからデジタルまでこれからの通信技術全体のありようを思い描けるだけの力をぜひとも身につけさせたい．

近年のコンピュータ化された工場では，各工場や機器を制御しているコンピュータ同士がインターネットのような通信技術で結ばれ，連携して仕事をこなしている．これから通信技術が発展することによって，おそらく，こうしたコンピュータ化された生産は隅々にまでいきわたり，これまで以上に多種多様な製品が自動化された工場から生み出されていくであろう．身の回りのあらゆる機器も通信技術で結ばれ連携して私たちの生活を支えていくに違いない．

このように「制御と通信の技術」は，生徒たちがこれからの技術を見通すために欠かすことのできない学習内容を含有しているといえる．

② 「制御と通信の技術」の目的

日常生活の中で，電話などによる通信は当たり前のものになっている．しかし，生徒たちが自分から電話などの通信のしくみを考えるようなことはまずないだろう．考えても難しすぎてわからないと考えていることも多いように思われる．しかし，通信のしくみは意外に簡単である．スピーカーとスピーカーをただつなげただけでも，音声を電気信号に変換しその電気信号を音声に変換するといった電気信号で音声を伝えるしくみを実現できる．スピーカーを自作したり，さまざまな通信実験で試行錯誤を繰り返しながら，アナログ通信技術を学習し，その技術革新によって我々のコミュニケーションの能力が飛躍的に高められてきたことを理解させたい．その理解のもとに，インターネットなどのデジタル通信技術をとらえ，これからの通信技術を思い描かせたい．

他方，制御技術については，身の回りや生産の現場にこれだけコンピュータによって制御・自動化された機器があふれている．しかしその制御を実現するため，プログラマーなどの開発者たちがどれほどの労力を積み重ねているかを多くの子どもたちは全く知らない．自分で実際に制御プログラムを作成し，苦労してなんとか目的の制御を実現する経験を踏むことで，身の回りのコンピュータ化された機器に込められたプログラムやその制御装置の開発に関わる人々の労働がとらえられる．制御プログラムづくりの経験を通して，現代の労働の世界を見通す力をつけさせたい．

③ 「制御と通信の技術」の到達目標
1 技術の関する科学の基本
　　　（科学的認識……わかる，知る）
　　《ⅰ．通信の技術》
　1）電気信号（入力と出力）
　2）スピーカとマイクロホンのしくみ
　3）音の周波数と波形
　4）増幅器の働きと入力と出力の違い
　5）光ファイバとレーザ光線による通信のしくみ
　6）無線通信のしくみ
　7）文字や画像を電気信号に変えるしくみ
　　《ⅱ．制御の技術》
　8）プログラム
　9）プログラムの可変性
　10）センサの働き
　11）プログラムの基本構造（順次，反復，分岐）
　12）身近な機器の制御
　13）プログラム開発に関わる労働

14）コンピュータ化された生産

2 作業の基本

(技能……できる)

《ⅰ．通信の技術》

1）増幅器や光ファイバなどを用いた通信実験の結線

《ⅱ．制御の技術》

2）プログラミング

3）LED の点灯制御

4）モータ制御

5）センサーからの入力に応じた制御

6）身近な制御のプログラミング

(2) 「制御と通信の技術」学習の指導計画　　授業時数　30時間

学習項目（時間）	到達目標＝教育内容	主な教材・教具	教育目的
テーマ1　スピーカ通信実験（6時間） 1．通信実験 2．発電実験 3．電圧の変化と音声 4．音声波形 5．スピーカを作る 6．音声と周波数 7．音声の編集	①スピーカとスピーカをそのままつないで通信実験をする．なぜ音が伝わるのかに疑問をもたせる ②スピーカ（マイク代わり）が音を電気に変えていることがわかる ③スピーカは，電圧の変化を音に変えることがわかる ④エナメル線でコイルをつくり，紙コップと永久磁石の間にはさみ自分なりの工夫を加えスピーカを作成することができる ⑤スピーカが音を出すしくみがわかる ⑥フリーソフト「Hz」で音を鳴らすことで，音と周波数の関係が直感的にわかる ⑦コンピュータを使って音声を編集することで，波形と音との関係が直感的にわかる	・スピーカ ・回路計 ・オシロスコープ ・エナメル線 ・紙コップ等 ・永久磁石多数 ・フリーソフト「Hz」[*1] ・サウンドレコーダ（Windowsに付属）	現代は，電話など当たり前の世の中であるが，そのしくみについて考えるようなことは少ない．考えても難しすぎてわからないと考えていることも多いように思われる． 　しかし，意外に通信のしくみは簡単である．スピーカとスピーカをただつないだだけで，音声を電気信号に変換し，電気信号で伝え，その電気信号を音声に再生するしくみを実現することができる． 　自分でスピーカを作ったりする実習を通して試行錯誤を繰り返しながら，通信技術の基礎を学習し，その技術革新によって人間のコミュニケーション能力が飛躍的に高められてきたことを理解し，これからの通信技術を思い描かせたい．
テーマ2　いろいろな通信技術（5時間） 1．増幅器を使った通信実験 2．光通信実験 3．光ファイバによる通信実験 4．電波による通信実験	①増幅器を用いた場合と用いない場合を比較しながら，入力と出力の違いと，増幅器のはたらきを説明できる ②レーザや光ファイバなどを用いた通信を見て，光でも信号を伝達できることを知る ③電波による信号伝達をFMワイヤレスラジオを使って実験で確かめ，電波と光が同じ電磁	・増幅器 ・ラジカセ ・豆電球 ・太陽電池 ・スピーカ ・レーザ発信機 ・光ファイバ ・光センサ受信部 ・FMワイヤレス発信機	

	波であることを知る ④文字や画像を確実に転送するために必要な決まり事や装置について説明できる.	・パソコンによる通信	
テーマ3　コンピュータによるプログラム制御（14時間）			身の回りや生産の現場にこれだけコンピュータによってプログラム制御された機器があふれている. しかしその制御を実現するために開発者たちがどれほどの苦労を積み重ねているかをほとんどの子どもたちは知らない. 　自分で実際に制御プログラムを作成し, 苦労してなんとか目的の制御を実現するという経験を踏ませることで, 身の回りのコンピュータ化された機械に込められた制御装置やプログラムの開発に関わる人々の労働をとらえさせ, 将来のコンピュータ社会を見通す力をつけさせたい.
1．LEDの点灯制御 2．モータの制御 3．入力信号による制御 4．プログラムの分析	①オートマ君[*2]の操作に慣れ, LEDを点灯させるプログラムを作ることができる ②指定された通りにLEDを点灯させるプログラムを作成することができる ③コンピュータによって点灯制御されたLEDの点灯をみて, プログラムを予想し再現することができる ④指定された通りにオート三輪車[*4]の左右の車輪のモータを制御するプログラムをつくることができる ⑤オート三輪車[*4]をコースからはみ出ることなく, クランクコースや車庫入れするプログラムをつくることができる ⑥指定された通りに, 光センサからの入力信号に応じてミニ扇風機[*5]を動かすプログラムをつくることができる ⑦空き缶がある場合と, ない場合を光センサで関知し, その入力信号に応じて空き缶を運ぶ作業を自動的に行うプログラムをつくることができる ⑧工場で活躍する自動搬送車などのプログラムを考え, 再現することができる ⑨プログラムを, 順次, 反復,	・フリーソフト『オートマ君』[*2] ・入出力ボード[*3]（LEDとリレーがついている） ・オート三輪車[*4] ・光センサ（CdS） ・懐中電灯 ・ミニ扇風機[*5] ・運ぶ君[*6]	

		分岐処理に分析して捉えることができる	
テーマ4　コンピュータによるプログラム制御の実際（5時間）			
1．交差点信号機のプログラム 2．プログラム開発と労働	①身近な機器の制御に、順次、反復、分岐処理を見いだすことができる ②事故が発生しにくい安全な交差点信号機のプログラムを作成することができる ③炊飯器の開発に関わる人たちのビデオを見て、プログラム開発にかかる人たちの労働に触れることができる ⑤工場でのコンピュータ制御について考え、そこに働く人々のことを思い描くことができる	•交差点を撮影したビデオ*7 •炊飯器のプログラム開発のビデオ*8 •工場のコンピュータ制御のビデオ*9	

＊1：周波数発生ソフト『Hz』（フリーソフト）打ち込んだ数字の周波数の音を発生させるソフト
　　入手先：「技術のおもしろ教材集」http://www.gijyutu.com
＊2：自動化簡易言語『オートマ君』（フリーソフト）　プログラム制御学習のための簡易言語
　　入手先：「技術のおもしろ教材集」http://www.gijyutu.com
＊3：入出力ボード　オートマ君からの指令に応じて八つのLEDとリレースイッチを動かすためのボード
＊4：オート三輪車　左右の車輪を別々のモータで駆動し、減速比の大きいギヤにより細かな制御が可能
＊5：ミニ扇風機　モータに羽根車をつけて、台に固定したもの
＊6：運ぶ君　オート三輪車の先に角をつけ、角の間に障害物が入ると入力信号が変化するようにしたもの
＊7：交差点を撮影したビデオ　50分間信号機の様子がわかるようにビデオカメラで固定撮影したもの
＊8：炊飯器のプログラム開発のビデオ　NHK新電子立国「マイコンマシン」1995年11月26日放映
＊9：工場のコンピュータ制御のビデオ　NHK新電子立国「驚異の巨大システム」1996年5月26日放映
＊10：通信実験教材セット　テーマ1とテーマ2の教材・教具がセットになっているもの
（＊＊3～＊6それに＊10の入手先　桜井技術教材社　TEL&FAX03-3696-7185　東京都葛飾区立石8-44-30）

(3)「制御と通信の技術」学習の授業実践

> テーマ1．スピーカ通信実験

1．指導の重点

　通信の授業の最初になる本テーマでは，通信技術のイメージをつかませたい．スピーカとスピーカの接続実験やオシロスコープでの波形の観察，自作のスピーカづくり，コンピュータでの音の編集などを意外性や遊び心のある実験を通して，音を電気信号に変えて伝えるしくみを体感しながら学習させる．

　現代はすでにデジタル通信の時代であるが，それはアナログ通信技術の上に構築されたものだ．また，生徒たちにとってデジタル通信をそのまま見せるよりも，アナログなどの基本的な通信技術による通信からイメージを膨らませることは，理解しやすいだけでなく，技術の歴史から考えても適切であると考える．

2．授業の展開

　まず，音を電気信号に変え，電気信号を音に変えるしくみをスピーカ同士を接続することで実際に体験する．オシロスコープで波形を観察して電気信号のイメージを膨らまし，さらに身近な材料を利用しスピーカを製作することで，電気信号を音に変えるしくみを体感する．そして，フリーソフト「Hz」を用いて周波数と音との関係を体感し，最後にコンピュータで音の編集に取り組む．こうした展開を通して，通信技術のイメージをつかませたい．

〈実践1〉スピーカとスピーカの接続実験

　生徒たちの多くは，スピーカとスピーカを接続しただけで，音が伝えられることを知らない．実際大きな音で伝えることはできないが，スピーカに覆

いをつけたり，距離を離すなど工夫することで音が伝わることを十分に確認することができる．

この実験の中で，片方のスピーカがマイクロホンの働きを，もう一方がスピーカの働きをしていることをとらえさせる．子どもたちは糸電話が振動で音を伝えていることを知っている．その糸電話と比較しながら，この実験で何が音を伝えたのか考えさせるとよいだろう．「何か振動が伝わった」「電線だから電気だ」そうした発言が出てきたら，電気信号という言葉を提示する．

そして，マイクロホンが音を電気信号に変える働きをしていること，スピーカが電気信号を音に変える働きをしていることをとらえさせたい．できるならば数多くのスピーカを用意して，全員が体験できるようにしたい．スピーカそのままでも聞こえないこともないが，周囲の音を気にせずに実験するためには，覆いが必要である．ラジオなどに使う小型スピーカならば，写真

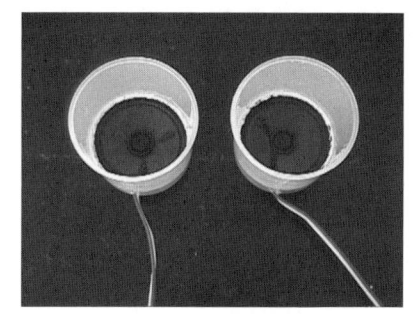

計量カップスピーカ

のような計量カップが最適である．覆いをつけることでコーン紙が破れるようなこともなくなる．実験の時には，計量カップに口や耳を密着させて音がもれないようにして実験する．

先端は，みの虫クリップにしておくとよいだろう．間に導線を入れれば，教室の外とも通信可能である．また，1：2といった通信を試してみるのもおもしろい．生徒たちに自由に試させながら取り組ませたい．

通信実験の様子

〈実践2〉スピーカで発電

回路計のモードを交流で一番微弱な電流を測定できるモード（AC 1 mA

が測定できるレンジを使用，なければDC 1 mA程度が測定できるレンジを使用し，間に極性に注意してゲルマニウムダイオードをはさむと回路計の指針を動かすことができる）にして，覆いをしたスピーカに口を密着させ「ア～」と大声で叫ぶとわずかではあるが針が動き，電流が発生していることを確認することができる．音を伝えている電気信号は非常に微弱な電流であることを実感としてつかませることができる．

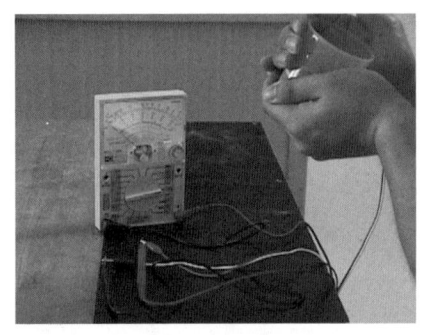

本当に本気になって声を出さないと，針は振れないので，まずは教師が顔が赤くなるぐらい声を出し，それを観察させるとよいだろう．クラスで一番の大声の持ち主は誰か競争させながら取り組むのもおもしろい．

スピーカで発電

〈実践3〉電池で音を鳴らす

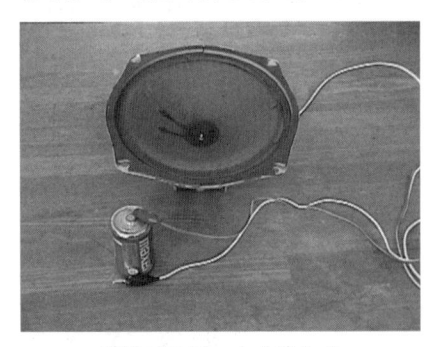

続けて，スピーカを電池に接続したり離したりする瞬間に音が鳴ることを確認する．粗大ゴミなどに出されているコンポなどから大型のスピーカを入手し，そのスピーカでコーン紙が電池（単一電池など）をつなぐとその極性に応じて上がったり下がったりする．「どうやったら音を

電池でスピーカを鳴らす

鳴らし続けることができるの？」という疑問には，手を細かく振るわせて電池との接続ON，OFFを繰り返せばよい．断続音だが，それなりの音がなる．電圧の連続的な変化が音になることをつかませるために有効な教材である．

〈実践4〉オシロスコープで音の波形を観察

　覆いをつけたスピーカをマイクロホン代わりにして，オシロスコープにつなげ大声で叫ぶと，電気信号に変換された波形が観察できる．大きい音と小さい音，高い音と低い音，A君とBさん，などの波形の違いを比較しながら体感することができる．

　流行している曲のCDを何種類か用意しておき，最初にオシロスコープで波形だけを見せて曲名を当てるクイズなどもおもしろい．ドラムやベースの音がしっかりした曲ならば，いろいろな音が一つの波にのって伝えられていることを確かめることができる．

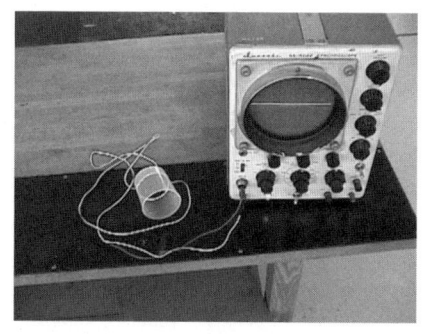

オシロスコープによる波形観察

〈実践5〉スピーカをつくる

　スピーカは永久磁石，コイル，コーン紙の組み合わせでできている．そこで，黒板に貼る丸い磁石と，φ0.3のエナメル線，紙コップを用意して，エナメル線で5～10巻程度のコイルをつくり，セロハンテープで張り付けて，スピーカが出来上

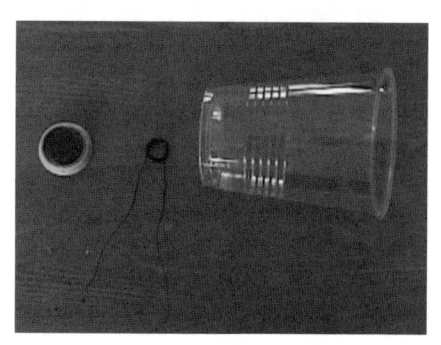

紙コップスピーカ

る．後は，ラジカセに接続するのだが，そのラジカセはできればスピーカをはずしておくとよい．はずしたスピーカーの代わりに作ったスピーカを接続すると，音が聞こえてくる．かすかな音ではあるが，ヒットソングが聞こえてくると生徒たちはスピーカの改良に夢中になっていく．

　使用するラジカセは，廃品として処分されるようなもので十分である．今

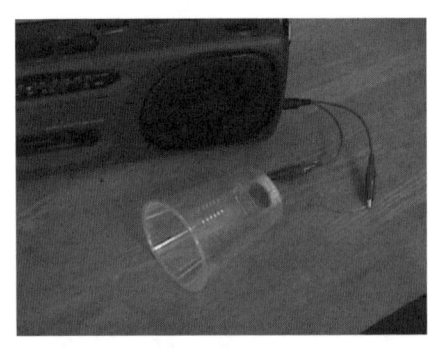

では新品でも千円台でモノラルのラジカセを購入できる．

紙コップの代わりに空き缶やカンペンケースなど，教室中のあらゆるものをコーン紙の代わりに使うとさらにおもしろさが倍増する．また，コイルと永久磁石の代わりに模型用のモータを用いても音を鳴らすことができる．

一般的なスピーカは，永久磁石，コイル，コーン紙の組み合わせでできている．自分たちでつくったスピーカと本物のスピーカを比べながら，電気信号を音に変えるしくみをとらえさせたい．S極とN極同士は反発しあい，異極同士は引き合うことを

改造ラジカセに接続

モータとドラム缶でもOK！

生徒たちは理科ですでに学習している．その知識を生かしながら，電気信号がコーン紙を振動させ音に変えられていくしくみを把握させたい．

〈実践6〉ソフト「Hz」で周波数を調べる

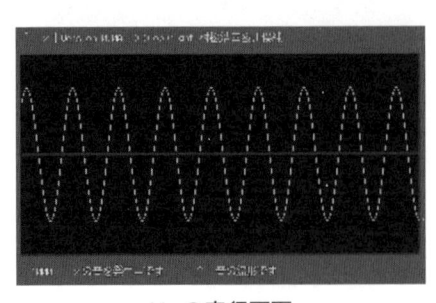

「Hz」は，指定した周波数の音を発生させるフリーソフトである．100と打って，リターンキーを押せば，100 Hzの音をパソコンが鳴らしてくれる．そこで，ドレミファソラシドの周波数を見つけださせる．最初のドが262 Hzであることを教

Hzの実行画面

えておいて，一音ずつ確かめていく．最後にパートごとにわ

ド	レ	ミ	ファ	ソ	ラ	シ	ド
262	294	330	349	392	440	494	524

単位は Hz

かれてドミソやドファラの和音を奏でるのもおもしろい．音が高いほど周波数が高くなることを，体感することができる．また，人間が聞くことができる周波数を調べることもできる．この内容は，低周波発振装置を用いても実現可能である．低周波発振装置の出力をアンプにつなぎ増幅して教室全員で確認するのもおもしろいだろう．

低周波発振装置とアンプ

　人間は 16 Hz 〜 20000 Hz までの音を聞き取ることができるといわれているが，人によってその範囲もかなり違い驚かされる．

〈実践7〉 コンピュータで音を編集する

　Windows にはサウンドレコーダというソフトが付属している．もちろんこれ以外のソフトを用いてもかまわないが，サウンドレコーダを使うと，比較的簡単に自分の声にエコーをかけたり，声を高くしたり，低くしたりすることができる．電気信号の波形もごく簡単にではあるが画面に表示されるので，音の編集を楽しみながら行うことができる．コンピュータに付属のマイクでもかまわないが，これまで学習に使ってきた覆いつきのスピーカで音声を入力させるのもいいだろう．

　生徒たちは実にさまざまな音をつくり出す．もし時間があれば，「○○中学校オリジナル音源集」とでも題して，課題を設けてみてはどうだろう．また Windows 起動時や終了

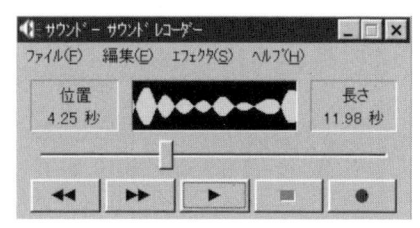

サウンドレコーダ実行画面

時などに使えるような音を作成させてみてはいかがだろうか．さらにパソコン室にネットワークが組まれているならば，サーバーの特定の場所に保存するように指示しておいて，お互いの作品を呼び出して聞いてみたりと，相互に録音データをやりとりすることもできる．

サウンドレコーダで音の編集

> テーマ2．いろいろな通信技術

1．指導の重点

　テーマ1で，スピーカの接続実験や，スピーカを自作する経験を通して電気信号で音を伝達するしくみを生徒たちにイメージさせた後には，通信技術を飛躍的に進歩させた数々の技術について取り上げる．

　一つは遠距離での通信を可能にした増幅の技術である．増幅の技術の発達は電話を実用のものとした．二つ目は電波による通信の技術である．電波の発見と電波を利用した通信の技術は，ラジオやテレビ，アマチュア無線，最近では携帯電話といった形で現代の生活に欠かせないものになっている．三つ目は光ファイバによる大容量の通信の技術である．こうした通信技術の進歩はインターネットに代表されるような文字や画像の通信にまで発達してきている．こうした現実の通信技術の概要を実習を通して生徒たちがつかむことができるようにしたい．

2．授業の展開

　テーマ1において音の変化を電気信号の変化に変えることで，電気で音を伝えることができることを学んだ．そこでコードで接続する以外にも電気信

号を伝達するいろいろな方法を試すことで，現実の通信技術で行われていることがイメージできるようにしていく．

〈実践1〉増幅器を使った通信実験

テーマ1でスピーカの接続実験を行い，声を伝えあったが，大変小さな音で実用的とはいいがたい．そこで実際に使えるようにするにはどうしたらよいだろうか，と投げかけると「アンプを使う」といった声が上がる．そこで実験としてスピーカ同士の間に2石の簡単な増幅回路（教科書の指導書等にも出ており，キット等でも市販されている）を入れて，班ごとに通信実験を行う．

明瞭に聞こえるので電話代わりに遊んだりして盛り上がる．生徒たちは音がすごく大きくなるのにビックリしている．送信，受信と2系統使えるようにすると隣の班と電話遊びができ，より生徒たちも乗ってくる．

ここでもう一度スピーカ同士の接続実験の説明図（音声電流の波形が伝わる様子）を思い出させる．トランジスタなどの詳しい学習はしていないので，概念的になるが，入力側の波形の変化を増幅器が電池のエネルギーを使って大きな変化の波形に再現していることを説明する（生徒は増幅器が直接波形を大きくしていると思いがちである）．ここでは増幅の詳しいしくみでなく，増幅回路で行われていることのイメージができればよいと考える．

まとめとしてラジカセ，テレビ，インターホン等々音声や音楽を伝える電気機器にはこうした増幅回路が必ず使われていることを伝える．そして電話が同じ原理で電気信号を遠くまで届けていることを伝える．ここで実際にラジカセ等の中身を見せて自分たちが使った増幅器と同じような部品があるこ

使用したアンプ

とを確認することも有効である．

〈実践2〉豆電球と太陽電池で通信実験

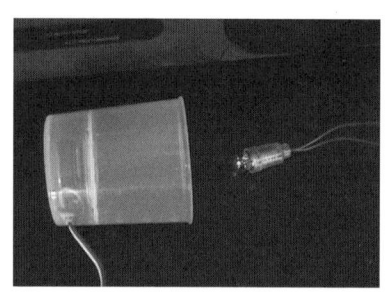

増幅器のイメージができたところで，今度はラジカセにスピーカの代わりに豆電球をつないだらどうなるだろうか？と投げかける．モータのイメージがある生徒たちは「音がする」また「光る」といった予想を立てる．そこでコイルスピーカの時に使ったラジカセを用いて，その端子に豆電球（レンズ付きの集光タイプが良い）を接続する．教室をやや暗めにして出力をあげていくと音楽に合わせ，豆電球が光り始める．生徒たちからは「オー」という歓声がおきる．よくわかるようにスピーカも並列して接続すると音楽と光る具合がよくわかる．早送りなどで大きな音を連続して出すと豆電球はきれいに光り輝く．

豆電球で音を伝える

ここで音楽の変化が電気信号の変化として伝わっていることを確認し，さらに DC 250 mA レンジで回路計を接続すると音楽に合わせて針が振れ，電流の変化がより実感できる．そして電気信号が強い時は豆電球も明るく，弱い時は暗くなることを押さえておく．

次に「この光から逆に音は再現できないだろうか」という質問をする．「できないよ～」「わからない」という声とともに，光と電気は関係があるので「太陽電池を使

音に合わせて針が動く

う？」という声が上がる．そこで
太陽電池を使ってみる実験に入る．
太陽電池で音が伝わるとは半信半
疑の生徒が多い．前時の実験に使
った増幅器の入力側に太陽電池を
つなぎ，出力にスピーカを接続し
ておく．豆電球の近くにその太陽
電池をおいて太陽電池に光が当た
るように調整すると雑音がありな

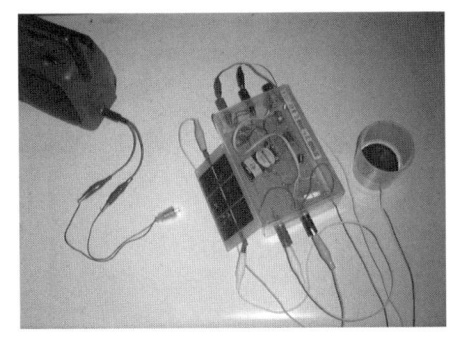

電球の光が音になる

がらも音楽が聞こえてくる．生徒たちはかなり驚く．

　　　　　　　　ラジカセ側（送信側）　　　　　　　　太陽電池（受信側）
　　　音声の変化 → 電気の変化 → 光の変化 〜〜 光の変化 → 電気の変化 → 音声の変化

　最後に身近でもこの通信が利用されている例としてテレビやビデオのリモ
コンを取り上げる．リモコンは赤外線を利用して信号を出すことで機器側を
動作させている．赤外線なので目にはふれないが，光が使われていることに
間違いはない．そこでリモコンを太陽電池に向けるとリモコンのボタンを押
すたびに「ピピピィー」という信号
音を拾うことができる．しかも押す
ボタンごとに音の違いが感じられる
のである．「リモコンの音が聞こえ
る」ことに生徒たちは感動する．そ
してそれが先に実験した原理と同じ
であることを押さえる．

リモコンの音が聞こえる

〈実践3〉光ファイバを使った通信実験
　前時で光による通信を行ったが，豆電球，太陽電池では遠距離による通信

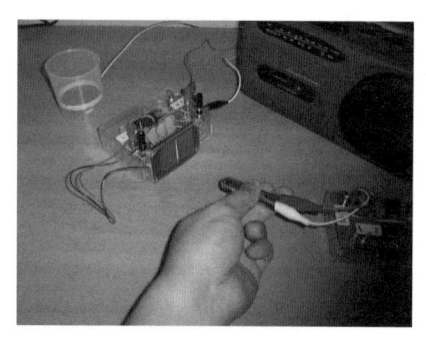

レーザによる通信の実験

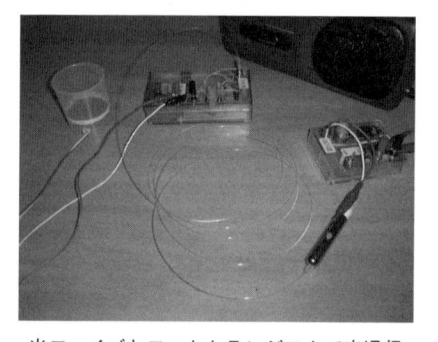

光ファイバとフォトトランジスタで光通信

は難しい．そこでもっと光を使って遠距離の通信はできないだろうか，と考えさせる．「光を強くする」という送信方法の改良と「筒などで確実に光が届くようにする」という伝達方法の改良が主であろう．送信方法の改良ということではレーザ光線の利用がある．教材用のレーザで音声入力が可能なものもあるのでそれを使用すればm単位で離れた所へも確実に音声が届く．さらに安価に試すには，レーザポインターなどに使われている半導体レーザを使用すると可能である．受信側に太陽電池でなく，フォトトランジスタを使用し，増幅回路をつけるとより鮮明に音声が拾える．教室内を暗くしてレーザ光線が走ると大変感動的である．

　伝達方法の改良としては光ファイバである．これは光ファイバを利用したファッションライトなどを見せるとすぐにわかる．ビニール性のファイバは教材会社でも入手可能である．この光ファイバを用いることで室内が明るくても確実に光を届けることが可能であることが体感できる．送信側にはレーザまたは発光ダイオードを用い，受信側にはフォトトランジスタを用いる．

　この光ファイバがコンピュータまで含めた現在の多くの通信を支えていること，電線に比べ軽くて丈夫であり，多くの信号を伝えられることなどを押さえながら，光ファイバの歴史にもふれたい．半導体レーザや光ファイバの開発，次世代の光通信の基本原理が日本人の手によって創り出されてきた経過なども伝えることにより実験と実際の技術の関わりも感じ取れるであろう．

〈参考文献〉
- 大越孝敬『光ファイバ通信』1993年, 岩波書店

〈実践4〉電波を使った通信実験

　光の通信による基本的なイメージができたところで，その発展として電波による通信実験を行う．光通信のイメージをもとに光の変化が電波の変化で伝えられたら電波による通信もできることをおさえてから実験を行う．

　実験としてはAMワイヤレス回路を使ってゲルマニウムラジオで受信するという方法がより原理的でよいが，回路も難しいので，入手が簡単なFMワイヤレスを使用する．キット等で安価に入手可能である．回路がそのまま見える方がよい．送信周波数を全部そろえておけば，各班ごとにFMラジオを用意することで一斉に話をすることが可能である（同時に送信すれば同じ周波数を用いているので混信が起きる．注意が必要．）．

　ここで光通信と対比する形で電波による通信をまとめる．

　　　　FMワイヤレス（送信側）　　　　FMワイヤレス（受信側）
　音声の変化 → 電気の変化 → 電波の変化 〜〜〜 電波の変化 → 電気の変化 → 音声の変化

　ここで電波とはいかなるものかイメージをもたせる．第3章「エネルギーの技術」単元のテーマ10　電気エネルギー→光エネルギー変換の学習で使用した電子レンジによる蛍光管の発光実験を思い出しながら，「空中を飛ぶ電気の波」というイメージをもたせる．ここでも電磁波の詳しい説明は難しいのでイメージだけにしておく．そして2W程度のアマチュア無線機のトランシーバーを用いて電球の発光実験を行うこと

電波を電球でキャッチ

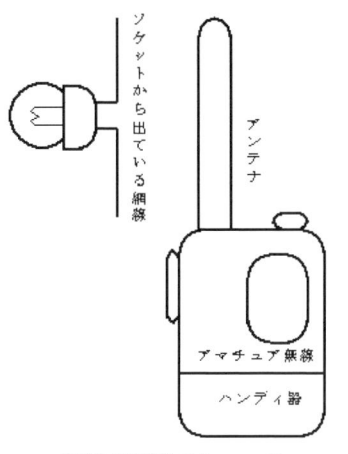

で，"電気の波"が伝わっていることを実感させる．

電球には，釣りのウキ用の微弱な電流で点灯するものを使い，アンテナに平行に豆電球ソケットから出ている電線を約20cmぐらいのばし，アマチュア無線の送信ボタンを押すと，豆電球が点灯する（電線の長さについてはその無線機の波長の長さの何分の1かにするとよいだろう）．

（※ナショナル電気ウキ用豆球（M-2・M-3・M-4）形用）

上記の内容は最近よく使われている携帯電話（800 MHz）で実験することもできる．電球の代わりに高輝度のLEDを使い，検波用のゲルマニウムダイオード（ゲルマニウムダイオードと高輝度LEDは，極性をそろえてはんだづけする）と，0.4mm程度のエナメル線を2mmの直径に3巻きしたコイルを写真のように接続し，7cmのアンテナ線をつけると，電池をつないでいないのに，電話が着信したり，電話をかけた時にLEDが明るく輝く．写真のように，伸ばしたアンテナの中央部のあたりが一番明るく光輝く．

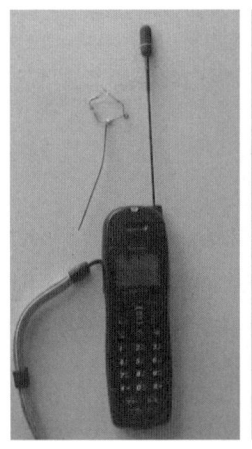

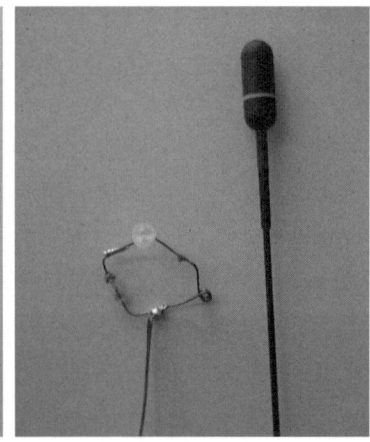

携帯電話の電波で光輝く高照度LED

最後にソフト「Hz」での周波数の学習を振り返りながら，周波数帯による利用図を示し，電波，光ともに周波数が違うだけで同じ電磁波という波であること，周波数によってさまざまな形で通信に利用されていることをおさえる．

周波数	名称	代表的な用途
3,000 Hz（3kHz）〜	VLF 超長波	（潜水艦の無線）
30,000 Hz（30kHz）〜	LF 長波	
300,000 Hz（300kHz）〜	MF 中波	AM ラジオ
3,000,000 Hz（3MHz）〜	HF 短波	航空機無線、短波放送
30,000,000 Hz（30MHz）〜	VHF 超短波	テレビ、航空機無線
300,000,000 Hz（300MHz）〜	UHF 極超短波	テレビ、FMラジオ、携帯電話、PHS
3,000,000,000 Hz（3GHz）〜	SHF マイクロ波	BS衛星放送、衛星中継、レーダー
30,000,000,000 Hz（30GHz）〜	EHF ミリ波	レーダー、簡易無線
300,000,000,000 Hz（300GHz）〜	サブミリ波	
3,000,000,000,000 Hz（3THz）〜	光	（光通信）

周波数帯による利用

〈実践5〉文字を転送する技術

　テーマ2では，音を伝えるしくみについて，増幅器を使った通信実験や光通信の実験，電波による通信実験など，さまざまな実験を通して学習してきた．しかし，通信技術で伝えられるものは，音だけではない．

　以前，遠距離の通信には，モールス信号が用いられていた．例えば，緊急救助信号として有名な「SOS」の信号は，「・・・ ー ー ー ・・・」で表された．これを送信側の通信士が手で打って電波で伝え，受信側の通信士がこれを耳で聞いて文字に直していた．右の表のようにアルファベットや数字などについて，送信側と受信側であらかじめ信号を決めておくことで，遠く離れた人に確実にメッセージを伝えることができる．（※モールス信号は1999年をもって国際的に使われることはなくなる．）

A	・ー	S	・・・
B	ー・・・	T	ー
C	ー・ー・	U	・・ー
D	ー・・	V	・・・ー
E	・	W	・ーー
F	・・ー・	X	ー・・ー
G	ーー・	Y	ー・ーー
H	・・・・	Z	ーー・・
I	・・	1	・ーーーー
J	・ーーー	2	・・ーーー
K	ー・ー	3	・・・ーー
L	・ー・・	4	・・・・ー
M	ーー	5	・・・・・
N	ー・	6	ー・・・・
O	ーーー	7	ーー・・・
P	・ーー・	8	ーーー・・
Q	ーー・ー	9	ーーーー・
R	・ー・	0	ーーーーー

モールス信号

　実はこの考え方が電子メールを送る時に生かされている．今では通信士の

A	1000001
B	1000010
C	1000011
D	1000100
E	1000101
F	1000110
G	1000111
H	1001000
I	1001001
J	1001010
K	1001011
L	1001100
M	1001101
N	1001110
O	1001111
P	1010000
Q	1010001
R	1010010
S	1010011
T	1010100
U	1010101
V	1010110
W	1010111
X	1011000
Y	1011001
Z	1011010

代わりに，送信側のコンピュータが文字を信号に変換し，受信側のコンピュータがその信号を文字に変換している．次の表は，ASCIIコードと呼ばれる．コンピュータでアルファベットと数字を表す基本的な決まりである．もし，コンピュータで「SOS」を送ったならば，「1010011100111111010011」ということになる．

モールス信号や，「1」「0」の信号を解読するような問題を用意したり，離れた場所からライトでメッセージを伝えるような実験をしてもおもしろいだろう．コンピュータで扱える文字は，必ずコードとして定義されている．漢字などを表示する場合，パソコンではシフトJISコードが使われることが多いが，全世界の文字を定義したユニコードが使われることも多くなってきた．

ASCIIコードの一部　文字コード表の中から，自分の名前の漢字を探してみると，コンピュータがどうやって文字を取り扱っているのかが実感できる．

〈実践6〉画像を転送する技術

画像はどのように送信することができるだろうか．

写真は，インターネットからダウンロードしてきた1枚の立体の写真の円錐の先端を拡大していったものである．細かく見ていくと，白，灰色，黒な

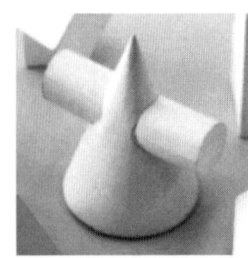

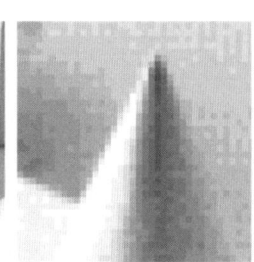

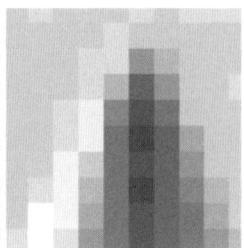

立体画像の拡大図

どの正方形のタイルが集まってできていると考えればよいだろう．

　これはカラー写真でも同じだ．赤青黄などさまざまな色のタイルが組み合わされて1枚の写真ができている．1枚1枚のタイルの色や明るさは，それぞれに数字に置きかえることができるので，これを集めて1枚の写真のデータが作られているのだ．画像を遠くまで確実に電送するためには，こうした処理が欠かせない．

　1枚の写真を送るためには，どのくらいのデータが必要なのだろうか．例えば先ほどの写真の一番左の場合は，「1」と「0」の組み合わせで，542832桁（67854バイト）のデータになる．現代の通信技術では，これを瞬時に電送することが可能だ．これからは動画を送る技術もどんどん進歩していくに違いない．さまざまな具体的な数字を写真などとともに提示するだけではなく，自分たちでデータ量を計算したりしながら，現代の通信技術のすごさを実感させたい．

　こうした画像データの特性を利用して，巨大な掲示物をつくるのもおもしろいのではないだろうか．大きく表示したい写真をパソコンに取り込み，フォトレタッチソフトなどを利用して，減サイズや減色をしたデータの通りに指定の色を並べていくと，巨大な壁画でも比較的簡単に作り上げることができる．

〈実践7〉 インターネットの通信技術

　インターネットというと，今までの通信技術とまったく別のものというような印象が強くないだろうか．しかし，インターネットの通信技術も，これまでに学習してきた電気信号や光通信，無線通信をつなぎ合わせたものにすぎない．インターネットはコンピュータ同士が互いに通信することで実現されているのだ．まるで「インターネット」という巨大なコンピュータがどこかにあるかのように想像してしまいがちだが，実際はいくつものサーバーと呼ばれるコンピュータがそれぞれに通信しあいながら電子メールなどは配信

されている．これまでの通信実験を想起させながら，インターネットの通信技術についても思い描かせたい．

　パソコンをインターネットに接続した状態でWindowsのDOSプロンプトから下記のようにtracertというコマンドを使うと，通信間にどのようなサーバーが入っているのかを確認することができる．通信に必要な時間も表示される．下記の例では8台のサーバーを介して通信が行われていたことがわかる．

```
C:¥WINDOWS>tracert   hp.vector.co.jp
Tracing route to hp.vector.co.jp [202.224.54.16]
over a maximum of 30 hops:
  1   115 ms  110 ms  118 ms  NtsuchiuraDS 7.iba.mesh.ad.jp [210.147.31.251]
  2   109 ms  117 ms  121 ms  210.147.31.254
  3   132 ms  139 ms  155 ms  133.205.59.126
  4   122 ms  146 ms  135 ms  133.205.48.5
  5   133 ms  140 ms  137 ms  133.205.0.13
  6   131 ms  119 ms  139 ms  nspixp 2.asahi-net.or.jp [202.249.2.21]
  7   180 ms  192 ms  222 ms  kddbg 4.asahi-net.or.jp [202.224.39.68]
  8   130 ms  139 ms  138 ms  hp.vector.co.jp [202.224.54.16]
Trace complete.
```

インターネットによる通信間の確認画面

テーマ3．コンピュータによるプログラム制御

1．指導の重点

　身の回りを見渡すと，エアコン，洗濯機，炊飯器……ほとんどの電化製品にマイコンが組み込まれ，すでに制御が身の回りに行き渡っていることに気づく．さらに，そうした製品は，コンピュータによって自動化された工場で生み出されている．現代の主要な生産手段はオートメーションが担っている．

　そして，こうしたコンピュータ制御に欠かせないのが，プログラムである．今まさにさまざまな労働が，コンピュータ化されることによってプログラムを作成する労働に置き換えられつつある．

　コンピュータ制御のためのプログラムを作成する経験を通して，その裏側に隠れている働く人たちの姿を思い描くことができる素地を養わせたい．

2．授業の展開

LEDの点灯制御，モータの制御，光センサからの入力情報に応じて動きを変更する制御などを実現していく中で，プログラムの3基本構造（順次，反復，分岐）処理について学習し，プログラムの変更で自由に働きを変えることができることを体感させたい．

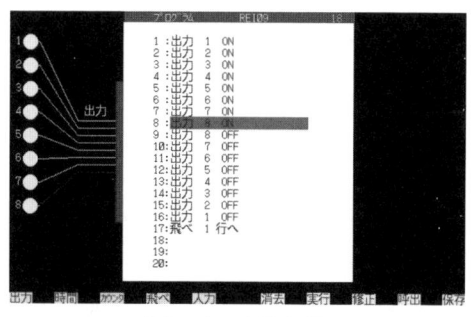

「オートマ君」画面

授業には，自動化簡易言語「オートマ君」を使用する．「オートマ君」は，制御学習のための簡易言語である．命令が日本語で記述され読みやすいだけでなく，わずか5種類の命令だけで，順次，反復，分岐，の3基本構造をもったプログラムを記述することができる．さらに，プログラミングもあらかじめ用意された一覧の中から選んでいくことができるので，生徒たちは1時間もあれば自由に制御プログラムをつくることができるようになる．さらに，「オートマ君」にはシミュレーション機能がついているので，交差点信号機や自動ドアなど，実際に制御プログラムをつくることが難しいものについても実習で取り組ませることもできる．

「オートマ君」は，「技術のおもしろ教材集」http://www.gijyutu.com から入手可能である．ここで紹介するのはDOS版であるが，Windows版も開発中なので，1999年秋以後は入手可能である．「オートマ君」は自由にコピー配布できるフリーソフトであるが，授業での利用では，情報基礎テキスト『自動化からはじめるコンピュータ学習』技術教育研究会編を使用することが著者へのモラルとして要請したい．

（※入手方法　技術教育研究会テキスト部　大谷方　TEL・FAX0426-76-7405）

〈実践1〉LED の点灯を制御する

授業に必要な教具

パソコンからケーブルをインターフェースに接続する．このインターフェースには8個のLEDと8個の接点式のリレーがつけられている．「オートマ君」であらかじめ用意しておいたサンプルプログラムを呼び出して実行すると，そのプログラムに応じてLEDとリレーが動き出す．LEDの点灯だけでなくリレーからも音が出ることにより実感をもたせることができる．さらに，画面のプログラムの今どの行を実行しているのか，コンピュータ上に表示されるので，プログラムの命令とLEDの点灯の関係を把握することもできる．

サンプルプログラムを呼び出していろいろと試しているうちに，プログラムを変更することでさまざまに点灯させることができることを実感をもって理解することができる．この時点で使われている命令は，わずか三つだけである．

そこで，早速自分でプログラムを作成してみる．「オートマ君」を使えばプログラムもウインドウ形式で作成できる．キーの配列を覚える必要も，日本語変換をする必要もない．BASIC などのように，シンタックスエラーに悩まされることがまったくない．自分で作ったプログラムで点灯が制御できるためには，あらかじめ用意しておいた課題に取り組み，一つひとつ確認していくことがよいだろう．

そして，最後の課題として，教師のLEDの点灯を見て，そのプログラムを予

インターフェース入・出力ボード

想し再現するのもおもしろい．二つの命令が上下逆になっただけでも点灯は同じになるとは限らない．生徒たちには達成感をしっかりともたせたい．

〈実践2〉車（モータ）を制御する

　インターフェースに，左右の車輪を別々のモータで駆動する模型の車（オート三輪車）をつなぎ，プログラムでこの車を走行させる．モータはそれぞれに正転と反転が可能である．これによって例えば，左の車輪だけを前進させれば右ターンするとか，左右の車輪を同時に前進させれば直進するといったことをプログラムすることができる．走る距離については何秒間動かすのか「オートマ君」の時間命令で指定していく．使うギヤによって左右のモータの回転に差が出ることを最小限にとどめるために，ウォームギヤを使って速度をかなり落として使用している．

　生徒たちは「オートマ君」の命令を自在に組み合わせてプログラムを練り

第2部　各単元の位置づけ・教育目的・到達目標・指導計画表・授業実践例

上げていく．最初は前進からはじまり，後進，ジグザグ運転，90度ターン，180度ターンと課題をこなしていく．そして，これらの応用として，クランクコースを走り抜けるプログラムや，車庫入れをするプログラムとどんどん複雑な制御を実現していく．時間に余裕がある生徒たちには，模造紙にオリジナルコースを描かせ，そのコースを走り抜けるプログラムを作成させるのもおもしろい．

〈実践3〉入力信号をもとに制御する

インターフェースに光センサ（CdS）をつなぎ，光を当てたときと，暗くしたときで，CdSの抵抗が変化することを利用して入力信号をコンピュータに送る．その信号を利用して，例えば，LEDをネオンサインに見立て，夜だけLEDを点灯させるような分岐構造のプログラムを作成する．あらかじめプログラム例をいくつも示しておき，入力命令の使い方に慣れさせておくことが必要がある．

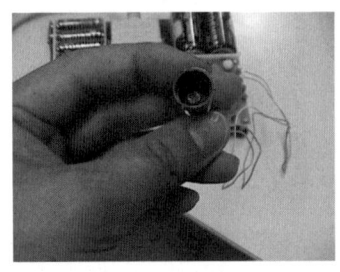

光センサ（CdS）

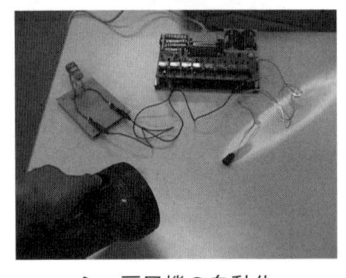

ミニ扇風機の自動化

実習では懐中電灯を用意し，光センサに遠くから光りをあてると扇風機が回りだすようなプログラムをつくる．入力に応じてどのような出力をさせるかは，プログラムに記述する．1度目に光をあてた時と，2度目に光をあてた時で出力が変化するようなプログラムや，光があてられている時だけ回り続けるようなプログラムなどさまざまな制御を実現させることが可能である．

さらに，「運ぶ君」と名付けた模型の車の先端にとりつけた角の先に豆電球と光センサをとりつけ，その間を遮ると入力信号が変化するようにしておく．この模型の車

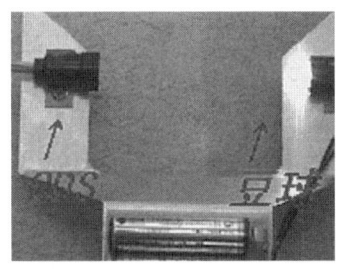

を使うと，遠くにおかれた空き缶を感知してもって帰ってくるような動きを実現することができる．生徒たちは，それまでに身につけた力を精一杯発揮してプログラミングに取り組む．他にも，空き缶を避けて進むプログラムや，発見した空き缶を机の下に落とし続けるようなプログラムをつくることができる．

光センサと豆電球

授業に入力信号を取り入れることではじめて，入力信号に応じて出力するという実際の身の回りにある機器や工場などでの自動化をイメージすることができると思われる．また「運ぶ君」の制御からは，オート

模型の車で空き缶運び

メーション化された工場における自動搬送車をイメージすることを可能にした．

〈実践4〉プログラムを分析する

ここまでの授業ではいっさいプログラムの構造に触れていない．十分に「オートマ君」でプログラミングの経験を経た後に，プログラムの3基本構造について学習する．

紙に書かれたプログラムに，実行される順番に矢印を書かせていき，全体の流れをつかませたあと，これらを，順次，反復，分岐に分類させ，最後には，一つのプログラムでこの三つの構造をもつものを例にあげて解説していく．

「オートマ君」のプログラムに限らず，ゲームのプログラムから，ワープロ，身の回りの電気機器の制御，工場のオートメーションまで，他の全てのプログラムにこの3基本構造が当てはまることをしっかりと伝えたい．

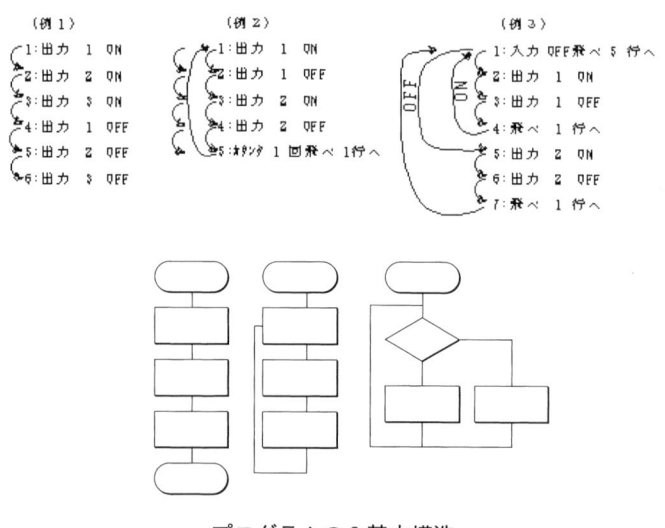

（例1）
1:出力 1 ON
2:出力 2 ON
3:出力 3 ON
4:出力 1 OFF
5:出力 2 OFF
6:出力 3 OFF

（例2）
1:出力 1 ON
2:出力 1 OFF
3:出力 2 ON
4:出力 2 OFF
5:オシタタ 1 回飛べ 1行へ

（例3）
1:入力 OFF飛べ 5 行へ
2:出力 1 ON
3:出力 1 OFF
4:飛べ 1 行へ
5:出力 2 ON
6:出力 2 OFF
7:飛べ 1 行へ

プログラムの3基本構造

テーマ４．コンピュータによるプログラム制御の実際

1．指導の重点

　これまでの学習の中で，プログラムの変更でさまざまな制御を実現することが可能であること，プログラムにミスがあれば正常に動作しないことなどを生徒たちは体得している．この経験をふまえて，こうしたプログラム作成に携わっている人たちのことを思い描くことがこのテーマの重点である．

2．授業の展開

　ただプログラムを作っただけでは，プログラム作成に携わる人々のことまで思い描かせることは難しいだろう．そこで，交差点信号機や自動ドアのプログラムをつくり，シミュレーションで実際に動かしてみて，コンピュータに関わって働く人々の姿を思い描かせたい．そのため，こうした労働に関わ

る人々のビデオなどを見せることも有効である．

〈実践１〉安全なプログラムを開発しよう

交差点信号機は誰もが毎日のように目にしている．しかし，これがプログラムによって制御されていることにはなかなか気づかない生徒が多い．簡単そうに見えるが実はとても奥が深い．けっして止まってはいけないし，両方向とも青信号が出るようなことはけっしてあってはならない．そして，片方の信号が赤になって数秒してからはじめてもう一方の信号が青になるといったような安全上の配慮もされている．さらに最新の信号機は，センターと情報をやりとりしながら渋滞に応じて点灯の間隔を変更することも行っているようである．

交差点での信号機の点灯

シミュレーションではあるが，「オートマ君」を使うと，交差点信号機のプログラムを作成することができる．授業では，近くの交差点信号機の様子をビデオに撮ったものを用意しておいて，実際に見ながら考えることができるように設定する．少しの間違いでも横から車が突っ込み事故になってしまう．もう一度ビデオを見ながら考える．そうしてはじめて事故の起こらない安全なプログラムが完成する．こうした仕事に携わる人たちは，重い責任を負っていることがここで生徒たちに認識される．

「オートマ君」の中では，事

交差点信号のシミュレーション

第２部　各単元の位置づけ・教育目的・到達目標・指導計画表・授業実践例　223

故が起こったと表示されるだけだが，もしこれが実際の信号機だったらと授業の最後に必ず投げかけることにしている．

同様に，自動ドアのプログラムも安全に配慮しながら作成する．現実に実現が難しいこうした大がかりな制御については，シミュレーションによってその開発を疑似体験することで，身の回りや工場などでの実際の制御とその開発に関わる人たちの姿のイメージをより豊かに膨らますこともできるのではないだろうか．

〈実践２〉働く人たちのことを考える

「オートマ君」の授業も一段落したところで，「新電子立国　マイコンマシン」(NHK 1995/11/26放映)という番組のビデオを見せる．これはコンピュータで制御された炊飯器などの開発に携わっている人たちの話である．

画面には，炊飯器の開発の様子が映し出される．プログラムをつくってはご飯を炊き，炊け具合を調べて，またプログラムを修正してはご飯を炊く．このようなプログラムを作成している様子は，「オートマ君」でプログラムを試行錯誤しながら作り上げた経験を生徒に思い起こさせる．

女性研究員たちは，炊飯器のふたと底に温度センサをとりつけ，これを生徒たちが授業でやったのとまったく同じようにインターフェースを介してパソコンに接続する．パソコンでプログラムを変更しながら1000パターンもの炊き方を見極めていく．新機種をつくるたびに，約３トンのお米を炊いて，プログラムを仕上げていくとのことである．

そして，ビデオの女性研究員が「みんなお母さんがご飯を炊いていると思っているでし

女性研究員（VTRから）

ょうが，実は私が火加減したんです.」というと，生徒たちがざわついた．
以下はその時の生徒たちの感想の抜粋である．

- 「プログラムや機械を作っている人は，かなりの努力をしているというのを聞いた時，ハッとした．今まで気軽に使っていた物にこれほどのことがとと驚いてしまった.」
- 「多くの時間をかけ，実験をして，私たちの食生活をよりよいものにしてくれる人たちに感謝しなければいけないと感じた.」
- 「小さなミスでも売り物にはならないし，いろいろな試みを日々続けて努力している結果なのだなぁと思いました.」
- 「私たちは授業でコンピュータをやっているけど，コンピュータの仕事をしている人たちは，これ以上に頭を使うことをやっていて，生活に便利なものをつくっている．すごい.」

ビデオを見たあと，どの生徒も真剣に感想を書き，書かれてきた感想を見てみると，どの感想にも働く人への「感謝」の言葉がみられた．こうした生徒たちの反応を見ていると，今の学校では，こうして働く人の姿まで思い描かせる活動をしてこなかったのではないかという思いを強くさせられる．

さらに時間があれば，「新電子立国 コンピュータ製鉄・驚異の巨大システム」（NHK 1996/5/26 放映）も見せたい．この番組では，製鉄所の巨大な圧延機のプログラムを作る人たちの姿が紹介されている．世界をまたにかけて，圧延のプログラムを作り続けている専門のプログラマーの人たちが，慎重に設定を変更しながら，正確に圧延ができるプログラムを仕上げて，プログラムを作り込んでいくことで世界一級の高性能が引き出されていくのである．「材料と加工の技術」単元でドライバーや小刀などを赤熱させてたたいた経験があると感動をもって理解し，生産の現場でどのようにコンピュータが生かされているのかを把握することができる．

巨大圧延機（VTR から）

コンピュータの登場によって働く人の姿はますます見えにくくなっている．プログラムを作る人やデータを作る人，そうしたコンピュータに関わっていく人たちの人数はどんどん増えている．しかし，私たちはそうした人たちがどんな仕事をして，その仕事にどんな意義があり，どんな責任をもった仕事なのか分からないまま過ごしていないだろうか．これからますます増えてくるこうした仕事の大切さを生徒たちに伝えていく義務を，私たちは負っていると考える．

第5章 食糧生産の技術

(1) 「食糧生産の技術」の教育目的と到達目標
① 「食糧生産の技術」の位置づけ

　人間は自然の生態系を利用して生きるエネルギーを獲得し，社会生活を営んできた．農業の発展は農産物の余剰を生み，工業や他の産業に従事する人々の食糧を保障している．現代では，工業と農業が均衡のとれた発展をすることは，国の独立を保障する経済的条件として不可欠である．

　しかし，戦後日本の農業が，食糧増産・自給力増大のかたちでともかくも積極的に推進されたのは「経済自立」政策の一環とされた敗戦後の8年間だけであった．朝鮮戦争特需により基盤を強化した日本の重化学工業が国際競争力を獲得し，世界市場に依存しはじめると，日本は対米従属を深め，1952年からはムギの生産にブレーキをかけ始めた．1954年のMSA協定の締結以降，日本の農業はアメリカの世界戦略に組み込まれ，日本はアメリカの余剰農産物の主要で安定的な受入れ国となった．

　こうした日米軍事同盟のもとでの独占資本主導の政策は，50年間にわたり国内農業を衰退させ続けてきた．1960年の所得倍増計画・高度経済成長政策の発表以後，日本の耕地面積は翌61年の608万6000ヘクタールを最高に，年に数万ヘクタール規模で減少し続けている．食糧の自給率も大きく下降し，現在では熱量で40％となり，100％自給のアメリカ，フランス，イギリスとは対照的である．なかでもイギリスは，自由貿易政策の結果，20世紀初頭には食糧自給率を50％以下に下げたが，2度の大戦の教訓や，EUの共通農業政策から食糧自給率の向上をめざし，量的な目標は達成した．しかし，増産に伴う環境や生態系の破壊，農村人口の減少が問題となり，現在では家族農業を基本とした農村の持続的発展や農業景観，農業環境負荷の問題に取り組んでいる．

このように，発達した資本主義国が将来の自国の農業の発展を独自に模索するなかにあっても，日本の農業政策は，輸入規制緩和や米作における単年度レベルの政策に終始してきたが，新たに日本の農業経営を一層困難にすると見られるTPP（環太平洋戦略的経済連携協定）について関係各国との協議を閣議決定するなど，農家が将来にわたって安定した農業生産を続けられるものになっていないばかりか農業経営を圧迫している．国の主権に関わる食糧生産についてさえ経済合理主義の土俵にのせ，農家に「内部努力」とか「国際競争力」を求め，国内の農業を圧迫している．農業は他国と競って行うものではない．国民が食糧で困らないように，責任をもって保障するのが国の仕事である．政府は，1995年に食糧法を施行したが，1997年には農水相が米政策見直しを宣言し，「新たな米政策大綱」を出した．これらは農家に展望を与えるどころか，政府による主食用国産米の需給調整を最優先の政策としており，大規模経営農家の規模拡大意欲を失わせ，税制上の優遇措置も受けられない高齢化した中小規模の農家には稲作離れや離農を迫る結果となっている．

　農林水産省の「2010年世界農林業センサス結果の概要（暫定値）」によれば，農業就業人口は260万人で，2005年に比べて75万人減少した．一方では，集落営農経営体の設立や企業体の参入で5ヘクタール以上の経営体が増加した．こうした政策のなかでは中山間部の過疎化はさらに進み，耕作放棄地面積が増加することになる（図1，図2参照）．

　一方，日本の消費者は，現在の水準の食生活が将来もこのまま維持されると信じている．しかし，外国から安い農産物を輸入できる時代は終ろうとしている．人間の諸活動が自然の再生能力を無視した資源消費や自然の浄化能力以上の廃棄物汚染をもたらしたため，地球の温暖化や生態系の破壊など，食糧生産の基盤が崩れ始めているからである．

　食糧の生産と環境破壊の問題は深刻である．2009年の世界の人口は，68.3億人であり，毎日25万人の人口が増加している．世界の人口は2030年には

(万人) (歳)

農業就業人口の平均年齢
(右軸)

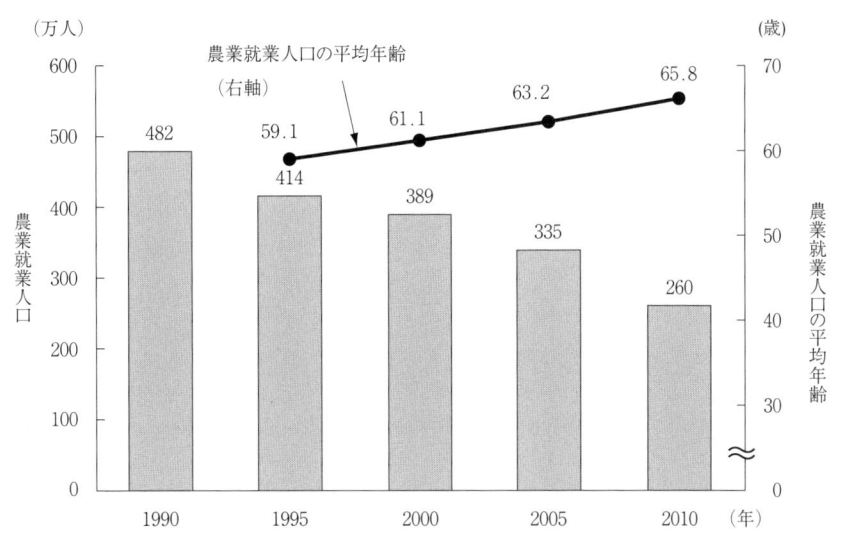

年	農業就業人口	平均年齢
1990	482	
1995	414	59.1
2000	389	61.1
2005	335	63.2
2010	260	65.8

出所）農林水産省大臣官房統計部「2010年世界農林業センサス結果の概要（暫定値）（平成22年2月1日現在）」2010年9月

図1　農業就業人口の推移（全国）

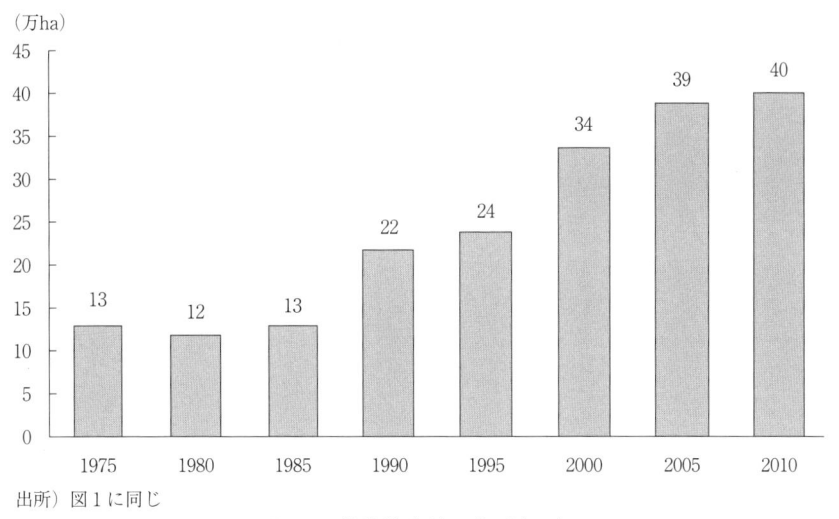

(万ha)

年	面積
1975	13
1980	12
1985	13
1990	22
1995	24
2000	34
2005	39
2010	40

出所）図1に同じ

図2　農作放棄地面積（全国）

89億人となり，1980年代の2倍になる．しかし，世界の穀物作付け面積は，1981年の7億3500万ヘクタールを最高に減少を続け，以後，毎年，日本の耕作面積と同等の規模で減少している．このなかには土壌浸食や塩類集積，地下帯水層の枯渇による潅漑農地の砂漠化などにより，放棄されるのは時間の問題という土地も含まれている．現在の人口爆発によるさらなる人口増と耕地減少による絶対的な食糧不足で，今世紀中に全ての国の政府は，国民を飢餓から守るために，自国の食糧確保を最優先の課題としなければならなくなる．今のところ人口増加を抑制し，人口相応の食糧が確保できる条件は見当たらない．各国の巨大資本の多くは，今後，食糧が確実に不足することに着目し，異業種の会社が遺伝子工学や新品種の開発で成果を上げるなど，本来の業種にとらわれず，食糧生産の分野に積極的に資本を投下している．

　これからの人類は，地球規模で進んでいる深刻な環境汚染問題や，食糧危機・飢餓の問題に直面することが予想される．30年後には働き盛りとなる現代の日本の子どもたちは，食生活の中身についてまったく他人まかせの状態である．ここには日本の政府の農業軽視の姿勢がそのまま投影されている．これまでは，子どもたちの食糧生産についての認識を実際に作物栽培をさせながら育てる学習の機会は，義務教育段階で確保されてこなかった．義務教育のなかで唯一残されていた技術・家庭科での栽培学習は，学習指導要領の改定のたびに内容や学習の機会を削減されてきた．人間は，命あるものを育て，食べることによってのみ種を維持できる．にもかかわらず，日本人は食糧生産に無知なまま親となってきた．しかし，2008年版学習指導要領では初めて「生物育成」として従来の「栽培」にとどまらない範囲の食糧生産に関する学習を必修とした．また，同時に従来の栽培学習や勤労体験学習でよく唱えられてきた道徳的な内容を授業に織り込むことの強制が一段と強くなった．私たちの授業は，人格の完成をめざして総合的な教育活動の一環として行うものであるから，教科の指導内容に特定の「精神」に関わる指導は位置づかない．食糧生産の授業は，その社会性を背景としつつ，食糧生産の科

学にかかわる理論と実習によって構成される．

② 「食糧生産の技術」の教育目的

　生徒は誰でも，種をまいて作物を育てることに興味を示す．特に自分が育てた作物を収穫し，家に持ち帰り，食卓の素材となって家族から評価されることほど嬉しいことはない．また，生徒たちは地球の生態系をおびやかす温暖化やオゾン層の破壊など，自然環境の悪化にも漠然とした不安をもっている．このような思いがあるにもかかわらず，栽培学習がまともに保障されていないために，生徒たちは，将来の食糧不足や環境破壊の個々の問題を関連づけて考えることができなかった．私たちは，生徒たちがこれからの時代に生きて働く健康な暮らしと，これを支える地球の自然環境のこれからのありようを総合的に思い描く力をつけさせたい．生物育成の学習の目的を作物の収穫とそのために必要な知識の範囲に留めるなら，生徒の学習への要求に背を向けることになる．

　しかし，何か植物を栽培すれば栽培学習になるのではない．栽培学習は，冒頭で述べた位置づけと，生徒たちの意識や関心の領域の双方向から，食糧となる作物を中心に展開するのが適切であると思われる．授業展開の柱は二つある．一つは命を支える食糧生産の方法であり，もう一つはこれからの食糧生産の問題点である．したがって，食糧生産の技術にかかわる「生物育成」の授業の教育目的は次のようになる．

(1) 食糧生産の科学を学び，「生物育成」の一般像を見通すことができるようになる

　たとえば，作物栽培において，収穫の量と質は，環境，栽培技術，遺伝性の三要素によって規定される．これらは，それぞれ自然，人間，作物に対応する．さらに環境は，気象要素，土壌要素，生物要素で構成される．気象要素には，気温，光，水湿などがある．これらの要素に含まれる内容は並列的に扱うと一般的な知識で終わってしまう．栽培の主人公は作物である．動物

とは違い，作物は短期間に目まぐるしく姿を変える．そこで，栽培する作物に即して，生育の各段階ごとに，それぞれの環境要素の相互の関係を動的にとらえさせることが大切である．

(2) 食糧生産の技能を身につけ，個別の作物の特殊性についての視野をひらく

ダイズに窒素肥料を与えれば蔓になり，豆は得られない．またダイコン栽培で，トウモロコシのような肥料のやり方をすればまた根ダイコンになる．肥料の使い方や世話の仕方は，作物によっては正反対であることが多い．しかし，そこには必ず納得できる理由がある．それを読み解く鍵は，原産地の気象条件と土壌条件である．また，作物は，遠い過去に自然界の仲間から切り離され，人の手によって形態を操作された，特定の部位のみを収穫の目的とするために育てられる，自然界には存在しない特殊な植物である．植物の生育における一般的な知識をベースにしつつ，個別の作物における特殊性を理解し，作業が実行できることが必要である．

(3) 食糧生産の労働を体験する

栽培学習に泥はつきものである．また，学校での栽培では農薬もあまり使わないため，多様な動植物が見られる．生徒は特に土中の幼虫が怖くて肥料を手で混ぜるのを嫌がる．手のひらまでよごして作業ができる生徒は少ない．害虫が葉を食害しても何もできないし，初めのうちはしようともしない．しかし，現実の食糧生産は，作物の生育期間外でも昆虫や雑草との闘いなのだから，生育の段階に応じた管理作業を原則的に行うことが大切である．スコップや鍬の安全な使用，農具や資材の維持・管理など，教師の側でもいろいろな工夫が要るが，これを乗り越えてこそ収穫の喜びとなる．

(4) 食糧を生産する者の苦労と願いを知る

食糧生産の学習は現実の農業経営にかかわることができる．学校での栽培実習は人件費や必要経費を無視しているが，実際は収穫したものを売った粗利益から諸経費を差し引いた分が，数カ月にわたる労働の報酬になるのだか

ら，学校のように収穫＝収入にはならない．地力の維持のための有機物の投入，病害虫の防除，肥料の施用など，収穫をあげるための努力はすべて投資であり，収入から差し引かれる．さらに，努力が報われて豊作になれば値崩れをおこすので収穫物を廃棄することさえ珍しくない．こうしたジレンマのなかで食糧を生産している人々の気持ちや願いを授業に取り入れたい．

(5) 食糧を消費する者からの期待を知る

90年代にはいってから生鮮野菜の輸入が急増した．今や安い野菜は輸入物との見方が定着し，ポスト・ハーベストに一抹の不安を抱きながら購入するのが日常となった．一方，有機栽培や無農薬栽培の作物が歓迎されはじめた．安全でおいしい食糧を求めるのは消費者として当然のことである．学校で育てた作物は，有機栽培で無農薬栽培が可能なので家庭からも非常に喜ばれる．しかし，農業経営の面からいえばそれは理想で，このままでは受け入れがたい．生産者と消費者が結びつきを強めるような，よりよい方途を志向させたい．

(6) 環境問題と食糧生産の関係を考える

栽培の三要素のなかでも気象条件は収穫を決定的に左右する．地球規模の異常気象のため旱魃，洪水が世界の至る所で頻発している．また，湖や河川，地下水に頼ってきた灌漑農業は世界の食糧生産を支えてきたが，補給量を上回る過剰な水の汲み上げや高い地下水位による塩類集積により，収量減や耕地の放棄が始まり，食糧生産の状況は悪化している．日本は海に囲まれ，他国から見れば気象条件が比較的に安定しているし，風水害も地域限定的である．このように農業に適した日本だが，耕作可能な土地はきわめてわずかである．にもかかわらず，耕作放棄地が40万ヘクタールに達し，この他に毎年，全国の耕地面積の1％程度が減少している．

農業・食糧生産の視点から現在の環境問題を見ると21世紀のようすが想像できる．生徒たちはまさしく自分たちの問題として非常に敏感に受け止める．

③ 「食糧生産の技術」の到達目標

1 技術に関する科学の基本（科学的認識……わかる，知る）

- 1）イネ科の植物と主食の条件
- 2）イネ科の植物の種類と原産地および特徴
- 3）種子のつくり
- 4）休眠と発芽の条件
- 5）土壌の成り立ち
- 6）肥料と土壌酸度
- 7）生育環境と作物をとりまく生態系
- 8）雑草，病害虫の駆除
- 9）栄養生長と生殖生長
- 10）収穫物の保存，加工
- 11）食糧生産とエネルギー循環
- 12）日本の食糧生産の問題点
- 13）食糧自給と輸入食料の安全性
- 14）異常気象の下での食糧生産と「人口爆発」

2 作業の基本（技能……できる）

- 1）作物の特性に合わせた培土づくり
- 2）種子の選定と播種
- 3）生育段階に応じた作物管理
- 4）栽培用具，資材の使用と管理
- 5）収穫物の計量と評価

(2) 「食糧生産の技術」学習の指導計画

学習項目(時間)	到達目標＝学習内容	主な教材・教具	教育目的
テーマ1　主食の条件と栽培の三要素（2時間）			作物栽培は民族の歴史上重要な節目となってきたという地理的・歴史的性格を強く持つ面と、環境、栽培技術、遺伝性の三要素の進歩により、収穫の量と質が規定されてきたことを理解する。
1．主食の条件	●イネ科の植物の種子が主食になった必然性と、収穫をあげるための条件がわかる 1．食糧生産の始まりについて考える 2．イネ、ムギやトウモロコシを主食とする民族が多いわけを知る 3．栽培の目的は、収穫の量と質にあることを知る	●なるべく古いイネの穂と腐った果実、栗、くるみ ●NHKビデオ「生命」 ●食品分析表（イネ科とマメ科のタネの成分の違いを比較） ●三大穀物の原産地と分布	
2．栽培の三要素	4．収穫の量と質は、環境、栽培技術、遺伝性によって決まることを知る	●ムギとイネの生育環境の相違 ●ビニルハウス、稲の栽培暦（農業改良普及所発行）	
テーマ2　食糧生産			イネ、ムギ、トウモロコシは主食であるだけにその収量の変動は、そのまま国際社会情勢に反映する。主食となっている作物はみな生育途中では収穫できず、完熟した種子が得られてはじめて栽培が完了する。それだけに長期間に及ぶ栽培過程でのさまざまな異変は、どれ一つとっても決定的な障害を招き収量に影響する。ここではイネ、ムギ、そしてダイコンを栽培し、栽培技術の特徴と、その作物の社会的位置について理解する。また自分のつく
1．コムギの栽培（30時間）	●作物の生育の科学を知る ●作物の生育過程における個々の意味が体験的にわかる ●作業に用いる農具、農業機械を合理的に安全に使うことができる		
(1)土の種類となりたち (2)作物をとりまく生態系	1．土の種類を知り、作物栽培に適した土壌の性質がわかる 2．根のまわりの生物（ミミズや微生物）の作用がわかる	●ペットボトル土壌実験（砂、粘土、壌土） ●土の種類（畑土、腐葉土、赤玉土、鹿沼土、川砂、バーミキュライト） ●ビデオ「ガラスの地球を救え」「土」	
(3)発芽の三条件	3．発芽するには酸素、適温、水が必要であることがわかる	●イネとムギの発芽試験	
(4)畑づくり	4．耕起、畝づくりができる、施肥（元肥、追肥）ができる	●スコップ、クワ、クイ	
(5)苗づくり	5．播種や定植ができる	●油粕、鶏糞、骨粉、	

(6)生育の記録	6．草丈，葉数，分けつ，病害虫等を観察し，記録することができる．また観察記録から生育診断ができる	消石灰，複合肥料，草木灰，腐葉土 ●観察記録ノート	った作物と，農家が栽培した作物とを比較観察・計量することで，農家の技術の高さとその労働の偉大さを理解する．
(7)生育と結実	7．光合成のはたらきと，糖の移動	●テステープ	
(8)病害虫の駆除	8．病害虫の種類と症状を知り，適切な駆除ができる	●病害虫の被害写真 ●各種市販農薬，簡易農薬	
(9)収穫	9．収穫量を計算し，質を診断できる	●収量記入表	
(10)保存と調理	10.収穫物の保存法や加工法を知る		
2．イネの栽培 （バケツイネ） （33時間）	●日本農業の主要な作物であり，主食である米について栽培技術の基本を知り，主食の位置を占めてきた理由を考える	●資料（本章テーマ2　実践「イネの栽培」文末参照） ●プリント	
(1)イネづくり入門	1．イネのルーツを知り，個体的特徴，収穫率，水田（栽培装置）の優位性から，主食として発展してきた理由を考える		
(2)苗づくり	2．種子の塩水選から苗床の準備をとおして，発芽の条件と苗作りの基本を知る	●種籾，ルーペ，解剖顕微鏡，ビーカー，食塩，網杓子，生卵，バケツ	
(3)土と肥料	3．イネが育つのに必要な土壌の性質を知り，必要な肥料の施肥量を計量・施肥して移植床を準備できる	●培土（20kg），苗箱 ●田土（畑土），スコップ，篩，肥料（NPK単品），自動秤，バケツ	
(4)田植え（定植）	4．定植に適した苗の条件を知り移植床（バケツ）に適切に田植えができる	●資料，プリント	
(5)栄養成長と生殖成長	5．分けつによる茎葉の繁茂に続く幼穂形成から出穂までの観察をとおして，イネの生長の基本的過程を知る． ●植物の光合成の結果としての糖の存在を実験をとおして確かめ植物の生長に果たす光合成の役割を知る ●イネの生長における気温，日	●尿糖試験紙，ナイフ，野菜，果物	

		照時間の影響と冷害の関係を知る	
(6)開花と結実	6．イネの花，登熟した籾の観察をとおして花の構造，受精のしくみ，胚と胚乳の実体を知る	•ルーペ，解剖顕微鏡，柄付き針，ピンセット，ハサミ	
(7)収穫と保存	7．草丈と籾数を計測し，自分のバケツイネと農家の水田のイネとの比較から，農家の栽培技術の高さを知る	•物差し，パソコン，表計算ソフト	
	•イネを刈り取り，収量を測定しその結果から反当収量を推定できる．	•稲刈り鎌，自動秤，脱穀機，精米機，布袋	
	•収穫した籾の加工・種子保存の方法を知る		
(8)米飯加工	8．籾から加工した白米および同品種の市販の白米を使って米飯に加工・試食する	•白米，ボウル，炊飯器（副菜は各自工夫）	
3．ダイコンの袋栽培 (20時間)	•作物には固有の栽培法があることを知る		
	•作物の生育段階に応じた作物管理を知る		
	•目的に応じた品種を選ぶことができる		
(1)品種の決定	1．栽培時期や調理法に合わせ，多くの品種から適切な品種を選ぶことができる	•参考として播種期と用途ごとの多様なタネを用意する	
(2)ダイコンの生育の特徴 ①土壌環境	2．主根が変形する原因を知り，予防することができる		
(3)培土づくり	3．ダイコンの根の伸び方に合わせ，肥料を袋の縁に沿い，環状に2個に別けて与えることができる	•PP袋•黒土25kg•化成肥料NPK-888	
(4)播種	4．色，形，大きさが同様なタネを4個選び，直径の3倍の深さに蒔くことができる	•秋蒔き「青首・宮重・総太り」	
(5)ダイコンの生育の特徴 ②生育前半期	5．主根の初生皮層の開裂と著しい伸び，葉面積の増大等の栄養生長期の特徴が，以後の生育の基礎になることを知る		
(6)間引き	6．生育が同程度の株を2本決		

(7)追肥	め他の株を傷めずに間引くことができる 7．肥料を袋の縁に沿って環状に与えることができる	・化成肥料 NPK-888	
(8)黒ビニル袋かけ	8．袋の劣化防止，土の保温と乾燥防止のために，ビニル袋の底を切り開いてかぶせ，風に飛ばされないようにすることができる	・黒ゴミ袋（650×800） ・スズランテープ	
(9)ダイコンの生育の特徴 ③生育後半期	9．十分な葉面積と発達した根茎をもとに，ダイコンの肥大が進むことを知る		
(10)害虫の駆除	10．モンシロチョウの幼虫等による食害を防止できる		
(11)収穫と評価	11．秤量し，主根の生育と葉の繁茂のようすを培土の準備段階および生育中の管理と結びつけて考察できる	・秤，物差し ・観察記録	
テーマ3　食糧自給問題と安全性（3時間）			
(1)日本の食糧自給の割合と輸入状況	1．最近の代表的な食糧についての自給率と，外国からの輸入依存割合について知る	・日本の食糧自給率，食糧輸入割合がわかる資料	近年は需要の急速かつ持続的な伸びと生産の伸びの鈍化から，食糧の価格が上昇する傾向にある．将来にわたる食糧の安定した確保は，自国民が生存していくための不可欠な問題である． 　また輸入食糧の増加は，その生産地域における土地・水資源の圧迫を進めることにもつながる． 　食糧自給問題は自国の食糧確保の問題としてだけでなく世界的な食糧生産を視野にいれる必要のあることを理解する
(2)輸入食糧の残留農薬問題	2．輸入食糧の残留農薬問題とはどのようなものかを知る	・残留農薬にかかわる資料やビデオ	
(3)食糧確保と食糧自給問題	3．輸入食糧の残留農薬問題が指摘されているにもかかわらず輸入に頼っている実態や，最近の日本の食糧政策をあわせながら，これからの日本の食糧自給について考える	・日本政府の食糧政策がわかる資料 ・感想文用紙	
テーマ4　食糧生産をとりまく諸問題（3時間）			
	●これからの食糧生産は，自然		地球の気温はこの1

(1)食糧生産を支える諸条件	環境の破壊と人口増加による食糧不足という,重要な問題のなかで行われることを知る 1.食糧生産は,広い耕地面積,豊かな灌漑用水,安定した気象条件や自然の生態系等によって支えられてきたことを知る	●各国の特徴的な農業のようすの写真やビデオテープ,気象条件や物質循環の図	万年の間非常に安定していた.しかし,約250年前頃からの人類による急激な化石燃料の消費量増大に始まる加速度的な地球の自然環境の悪化により,近い将来の人類は存亡の危機にさらされている.
(2)食糧生産を困難にしているもの	2.無計画な土地利用による表土の流亡,無機肥料による土壌荒廃等をはじめとする諸問題が,将来の食糧生産を困難にする恐れがあることがわかる	●食糧生産にかかわる環境問題に関するキーワードのカードとその解説プリント ●自然破壊に関するビデオ	これらの事象を整理し,食糧生産の視点からその意味を関連づけ,耕地の減少,悪化する自然環境や世界の人口増加のなかで,日本人の食糧は今後どのように確保すればよいかを考える糸口をつかむ.
(3)食糧の消費と分配	3.アジア・アフリカの爆発的な人口増加と食糧生産力の低下は,深刻な食糧不足を招くことを知る	●食糧生産に関するデータ ●統計,表,グラフ写真等	
(4)日本の食糧生産	4.近い将来の世界的な食糧不足の時代を前に,日本の農業をめぐる問題を知り,打開の方向を考える	●日本の農業の問題に関する基本的データ ●感想文用紙	

＊テーマ2 食糧生産では,1～3の中から適切なものを選択して実施する.
＊栽培実習にあたっては,耕地の確保が問題になるが,学校園がなくてもバケツやプランター,米穀用のPP袋でも栽培はできる.なるべく多くの土を使い,根系の環境を安定化して増収をめざす.

(3) 「食糧生産の技術」学習の授業実践

  テーマ1.主食の条件と栽培の三要素

1.指導の重点

　環境破壊による大気や水の汚染,近い将来の食糧不足の問題など,現代人は地球規模の危機に直面している.子どもたちもまた,これから生きていく世界に漠然とした不安を抱いている.一方で現代の日本人の暮らしは,食糧生産が自分の生命の維持と結びついていることを実感していないため,子ど

もたちにも食糧不足についての緊迫感がない．食糧自給率がカロリーベースで40％の日本で，1カ月後まで計画された給食メニューが予定どおり素材が購入され配膳されるというのは，世界の食糧事情から考えれば異常ともいえる．

テーマ1は栽培学習全体の導入である．ここでは食糧生産の原点として，主食となった作物の特徴と，より多く収穫するための環境，栽培技術，遺伝性の三条件を明確にする．食糧を確かに確保するには，これらの条件が満たされなければならないことを示し，学習内容の方向づけをする．

2．授業の展開
〈実践1〉　主食との出会い——キーワードは「腐ったか」

気候の周年変化が大きい地域に住む人々は，厳しい冬を生き延びるために食糧を確実に貯蔵しなければならない．栽培学習の1時間目ではイネ，ムギ，トウモロコシ等，世界で主食になっている作物に共通することを考えさせる．他の野菜や果物が主食にならなかったわけは，貯蔵できるかどうか（＝種子なら発芽の三条件の一つを欠いておけばよい）でとりあえずは判定できる．しかしクリやクルミも種子だし，マメも種子である．これらはなぜ主食になれなかったのか．

青森の三内丸山遺跡の周囲では，クリやクルミが大量に栽培されていたという．クリやドングリはデンプン質であるがクルミは脂質であり，硬い殻や渋がある．そこにイネが伝えられ，その味を知った人々が稲作に労力を注ぐようになったことは容易に推察できる．麦は水で煮たのでは食べられない．現在ムギが主食と思われている中近東地域でも，本当は米が食べたくて，潅漑によりイネが栽培できるところでは米づくりに努力している．しかし価格は小麦の数倍高く，特定の人々の食べ物となっている．同じようにイタリア，スペイン，フランス等でも米作が行われている．マメは硬くて調理しにくいうえに，毒をもったものが多く，主成分は脂肪と蛋白質なので空気に触れて

変質しやすいという欠点をもつ．現代のマメは，品種改良の長い歴史の結果もたらされたものである．

一方イネ科の種子はみなデンプン質で，ススキでもエノコログサでも種子は食べても安全である．ところが同じデンプンのかたまりであるイモのなかには野生のタロイモのように，シュウ酸カルシウムという毒をもつものがある．熱帯地方でヤムイモ，タロイモを主食とする人々は，年間をとおして継続的な栽培ができるため，必要な分だけ収穫すればよく，そのため貯蔵の必要はない．しかし毒のあるタロイモを収穫して，あえて腐らせ，シュウ酸カルシウムが分解して無毒になるのを待って食べていた台湾のヤミ族のような人々もいる．ここでは主食は腐らなければならなかった．

これらのことを討論しながら話していくと生徒たちは大きな興味をもって授業に参加する．

〈実践２〉 栽培の三要素と収量

栽培の目的は収穫を得ることである．収穫の量と質は種子のもつ遺伝性，栽培技術，環境で決定される．これらを理解させる授業を授業記録で紹介する．

T：さて，米や麦なら長い間貯蔵しても腐る心配がないことがわかった．それでは，おいしいお米をたくさん収穫するにはどいうこと〔条件〕が必要だろうか．座席の順に１人１個答えてください．ただし前の人と同じことはいわないこと．
P：……？……
T：作物が育つためには，何が必要かということです．
P：水
P：光
P：温度……（順に横並びで板書する）……
T：いわれてしまっても大丈夫のように，２～３個考えておきましょう．
P：……（10人目位で詰まりだすからヒントを出す）

T：農家の倉庫や庭先にありそうなものをイメージしてごらん．

P：トラクタ

P：鍬

P：ビニルハウス

P：農薬……

T：そうそう，その調子．まだまだあるね．

P：種

P：愛

T：アイ……って love のこと？ （love……と板書）

P：そうです．愛も必要です．

T：いいかも知れない．愛ってのは，……わっかるかなー．でも人を作物に置き換えればわかるかも知れないね．

　　……（一通り出揃ったら）……

T：ずいぶん出たね．収穫を上げるには必要なものばかりです．ところでこれらは大きく三つに分類できるのです．その一つはこのなかに1個だけある．何だと思う．

P：……（P：いろいろいうからそのうち「タネ」と，正解する）……

T：そう，まずは作物そのものがよくないといけない．すると残りは全て二つに分類できる．例えば，水をAとすれば，他にAは？

P：光

P：酸素……

T：すると，Bは？

P：ビニルハウス

P：肥料

P：愛

T：うん，愛もBだ．するとAとかBって，まとめると何といえる？

P：Aは自然？

T：惜しい．いいところにいる．それによくくっつく漢字2文字．

P：自然環境？

T：そう．環境でいい．Bの方は？

P：？？
T：むずかしいかな．人間が作物にどんなことしたらよいのかという知恵のことです．……こういうのを栽培技術といいます．はじめの一つ「タネ」のことは，遺伝性といいます．作物のタネがもつ性質をいいます．これで環境，栽培技術，遺伝性と，三つ出揃いました．これらは自然のなかで，人間が作物を育てるというように当てはまります．

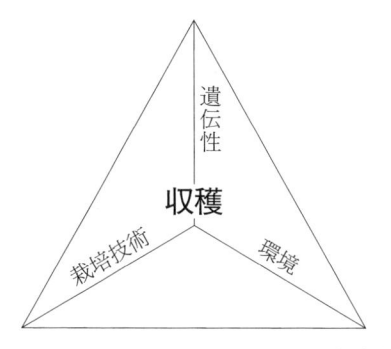

　　環境…………自然
　　栽培技術………人間
　　遺伝性…………作物

　この三つはバラバラではなく，図のように三角形を形作り，この面積が広い方が収穫が大きくなることを意味します．3本の矢印の長さは，それぞれの分野の発達の程度を表しているのです．だから，収穫を高めるには，各分野がバランスよく発達していることが大切なのです．次回からは主に環境について考えていきます．

テーマ2．食糧生産1　コムギの栽培

1．指導の重点

　冷涼で少雨な高緯度地方に住む人々にとって，ライムギやコムギはエネルギー源として貴重な作物である．ムギ栽培の歴史は1万年とみられ，いまでは世界で最も多く生産されている．

　我々人類に食糧を与えるのは農業であるが，現在の生徒は栽培経験がほとんどない．しかも作物に対する関心も薄い．主食の一つであるコムギを本物の農業により近い露地栽培により栽培する．

　現代は生産者と消費者との距離が広がり，食糧がどのようにつくられ，どのようにして私たちの手元に届くのかが見えづらい社会であるので，実際に

自分たちの手で作物の栽培を行うことで，自分たちの命を支える食糧が労働によって生産されていることを実感させたい．とりわけ食糧生産の実習では，より高収穫をねらうことを目標としたい．

しかし多収をねらうからといって，むやみに知識を押し詰め，強制的にやらされている作業にならないようにしたい．教師が先回りせずに，栽培作物と生徒が向き合い，自分でものを考えることを大切にし，その都度の作業をていねいに行えるように配慮したい．

はじめて栽培学習を経験する生徒にとって，最終的に「わかる」のは自分たちで収量を計算して結果が出たときといえる．栽培学習では単なる体験にとどまらず栽培作物そのものを教師としながら，生徒の内面的欲求に触れるような「自分で考え実践する」学習にしていきたい．

2．授業の展開

生育段階に応じた栽培技術を実習と理論学習とを合わせて行っていく．コムギの栽培（冬コムギ）は以下の期間で取り組む．

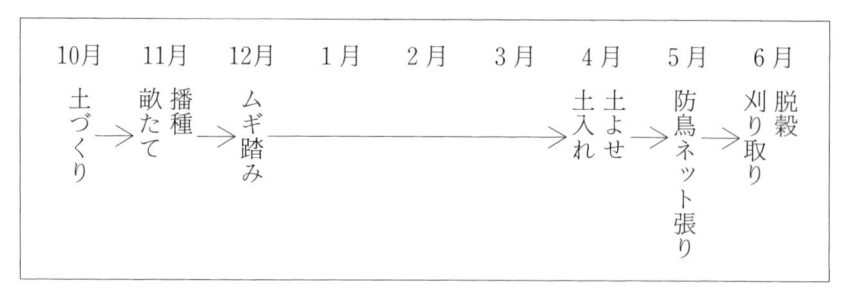

10月	11月	12月	1月	2月	3月	4月	5月	6月
土づくり	→ 畝たて 播種	→ ムギ踏み				土入れ	土よせ	→ 防鳥ネット張り	→ 刈り取り 脱穀

コムギが人類にとって重宝がられてきたのは，収穫面，栄養面，貯蔵面から人類の食糧確保の面で非常に都合の良い植物であったからである．そのことをおさえたうえで，栽培実習では収量を増やすことを最重要課題とする．多収を期待するためにはどういう生育環境であるか（環境），どんな特徴の種子か（遺伝性），どのような育て方をするか（栽培技術）の三条件を適度に満たす必要がある．生徒がコムギと関わるうえで栽培技術を十分に納得し

て，適切な作業ができるようにする．

(1) 食糧としてのコムギとの出会い

生徒は農業が人類の生存に関わる技術として，太古から発展させてきた素晴らしい技術であるということをあまり知らない．NHKスペシャル「生命」第9話では，人類とコムギとの出会いについてコンピュータグラフィックを使ってわかりやすく説明している．そこでは1万年前におきた地球規模の「寒の戻り」が，人類生存のための食糧生産としてコムギを栽培し始めたきっかけであったと語る．このビデオのポイントを30分程度視聴し，感想を交流する．コムギの原産地と現在の主要生産国についても確認し，ムギが低温で乾燥した気候に適していることを知る．

> （生徒の感想）昔の人は自然の変化に合わせて食べ物等，生活のすべてを変化させていった．今の私たちはいろいろ便利なものを発明しているけれど，反対に世界全体の森林とかを壊している．

(2) コムギの発芽について

まずコムギの種の観察し，各部名称とはたらきを知る．種子が発芽するためには酸素，温度，水の三条件が適度に必要となるが，イネとムギの発芽では違いがある．シャーレに水をはり，イネとムギの種子を同条件で比較実験をしてみる．ムギは水中では空気が少なくまったく芽を出さないが，イネは一斉に芽を出すことが観察できる．

(3) 土壌の条件について

栽培実習を行う土壌の条件として保水性があり，かつ適度な水はけ能力のある土が適している．砂場の砂

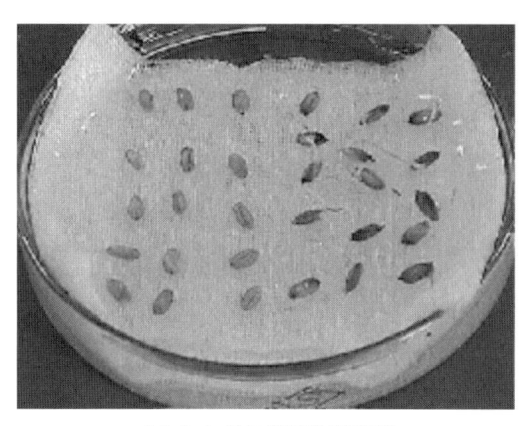

イネとムギの発芽比較実験

(写真左),グラウンドの土(筆者の学校のグラウンドの土は粘土質　写真中),畑から採取した土(写真右)をサンプルとし,ペットボトルを半分に切った上半分を使い,口の部分にティシューペーパーを詰め込み,上から水を落とす.砂場の土

砂場の砂　グラウンドの土　畑の土

では濁った水がすぐに落ち,グラウンドの土は水が落ちない.畑の土は水を落としてしばらくしてから,透明な水が落ちてくる.畑に適した土は適度な水分を保持し,過剰分は排水することがわかる.

この後ビデオ「ガラスの地球を救え:土」を視聴し,アメリカ合衆国の機械化大規模農法と,千葉県三芳村での有機農法との比較,土中の微生物の役割,化成肥料の比較実験をみる.またタイでの塩害など世界各地の農業実態についても考える.

(4) 実習:土づくり(耕起,砕土,施肥)

耕起は土を柔らかくし,通気性,排水性をよくし播種作業をやりやすくする.生徒の作業は鍬やスコップを使って土を十分に細かく砕く作業が主である.土壌改良のための堆肥や消石灰などを鋤きこむ.

(5) 実習:畝たて,播種

11月の中旬までに班ごとに農地を割り当てる.1m当たりの種麦数は150〜200粒(10g)であるので,自分たちの必要数を計算させて配布する.

その後班ごとに畝たてをさせておき播種を行う.ここでは農林61号を用いている.播き方には,ばらまき,点まき,すじまきがあり,どの播き方にしても班の土地を有効に使うように播くことを計画する.

(6) 実習:ムギ踏み

ムギ踏みは，根はりを深くして霜柱の害を防ぐために行う．また踏みつけられる刺激で分けつが盛んになる効果もある．ムギ踏みはムギをすりつぶすのでなく，上から押しつけるように行うことを注意する．最初はおそるおそる行うが，徐々に仲間と楽しむようになる．できれば3回程度行いたい．

(7) 実習：土入れ，土よせ

収量と最も関係が深いのは $1\,\mathrm{m}^2$ 当たりの穂数であり，多収を得るためにはそれを増やすことが必要になる．ムギは春先から目を見張るほど急激な生長を遂げる．倒伏しないように根元に土を寄せ，それぞれの株に日光が届くように株の間に土を入れて広げてやる．「しっかりと収穫ができるかもしれない」という生徒の期待が，日に日に膨らむのもこの頃である．

土よせ

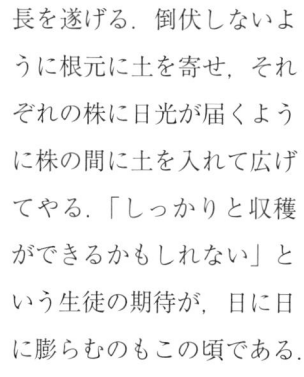

(8) 開花・結実について

4月に入ると幼穂が10 mmにもなり，5月にかけて穂が出揃う．出穂後から開花までは4～5日かかるが，開花時間はわずか30分程度である．ここでコムギの花はどこなのか観察させる．そして同じ花でもムギの花とチューリップなどの花の違いはどこからくるのか，観察により両者の花の形を比較し，花の役割の違いを考える．コムギは風により受粉するので鮮やかな色の花びらや，蜜で虫を呼んで花粉を運んでもらう必要がない，というしくみについて知る．花びらに見えるものは

開花・結実

「えい」といい，受粉した後閉じ，殻の役割をする．

　(9)　実習：刈り取り，脱穀，収量計量

　日本でのコムギの収穫は，梅雨の時期にあたる．昨年までは，2時間続きの授業で刈り取り後に，班ごとに脱穀を行う．ビニルシートの上で垂木で叩き，風でえいを飛ばす原始的な脱穀方法もあるが，ここではコンバインを使い（学校の付近の篤農家から借りた）脱穀し，その場で班ごとに脱穀収量の計算を行った．生徒は機械のまわりで脱穀され，種が入る袋を支えたり，脱穀後のわらを山積みにするなど，役割分担しながら作業をした．また自分たちの収穫したムギがその場で粒にされ，収量の結果をすぐさま確認できるので，さらに「収穫量を増やす」ための「落ち穂拾い」に取り組む．この年は200坪から150kgのコムギを収穫できた．

脱　穀

　(10)　実習：加工・調理

　乾燥を終えたコムギの粒は石臼を使って製粉する．上臼と下臼の間から出てくる粉をテーブルほうきで集める．集めた粉はきめの細かいふるいで表皮のふすまを選り分け，白いコムギ粉にしていく．ひいた粉を何回かひきなおし，単調であるが繰り返し作業を行っていくと，粉が白くなっていくのがわかるので夢中で取り組む．この粉を使い「手打ちうどんづくり」を行う．生地を発酵させる時間も必要なため，特別に3時間実習時間をとった．1人当たり100gのコムギ粉の分量を目安とし，製粉所に依頼しておくと，依頼時に30kgのコムギ粉が20kg程度のふすま（麦かす）のない，きめの細かいコムギ粉として得ることができる．

> テーマ２．食糧生産２　イネの栽培

１．指導の重点

　イネ科の植物は，人類の歴史が始まったころ，人々を食糧危機から救う存在として登場した．またイネ科植物は，単位面積当たりの収穫量が非常に大きく，種子は澱粉質のため長期間保存が可能であり，栄養価も高い．こうした特徴から人類の主食の地位を得たイネの栽培はぜひ教材化して欲しい．

　イネの栽培は，作物栽培の基本的な事項を多く含んでおり，種子の選別・播種から収穫・試食・加工までが一貫して学習できる．難点は栽培期間が６ヵ月の長期にわたることである．

　ここで紹介する「バケツ稲」の栽培は，その特徴として，①１人ずつ自分の苗を責任もって育てることができ，②管理がしやすく（植え付け，除草，施肥，水管理，温度管理等），③一株ごとの収量がはっきりわかる，④圃場の心配がない，⑤農具がなくてもスコップと移植ごてがあればできる，等の利点があり，都会の真ん中にある学校でも十分実施できる．

　ただしこの方法では収量の点でかなりの制約を受ける．できることなら近くに水田があり，そこで栽培されているものとの比較・観察ができれば，より質の高い授業が編成できるだろう．

２．授業の展開

〈実践１〉「バケツ稲」の栽培

　指導計画についてはこの単元の「指導計画表」による．

（授業１）"苗づくり"……種籾の選別「種籾の観察」

　イネを栽培するには，まず良質の種籾を選別することが重要である．そこで最初に生徒たちに種籾を観察させることにする．

　イネ種籾を観察するときは黒い紙の上に置くとはっきり形が見える．また

解剖顕微鏡で観察した方がスケッチしやすい．解剖顕微鏡を生徒数分用意することは大変であるから，スケッチ専用にして，虫めがねで観察して大体の色や形，大きさを摑ませる．

我々が「ご飯」として食べる部分は胚乳の部分であり，胚はこれから苗として生長する部分である．したがって胚乳にはイネが光合成で蓄積したデンプンなどがびっしり詰まっている．このデンプンを見るときは胚乳の部分を細かく砕いて水に溶いた状態で，顕微鏡（100倍位）で見る．

このような授業を展開すると，生徒たちはコメに対して大きな興味を示し，イネつくりの授業への期待を大いに膨らせることができる．

なお，この作業では，準備した種籾を袋から必要量だけ取り出すことと，湿気や水分を与えないこと，高温の場所に置かない等の注意が必要である．

（授業２）苗づくり——種籾の選別「種籾の塩水選」

準備した種籾は全て苗にすることができるが，中身の充実した種籾を選ぶのに古来から使われてきた「塩水選」（比重選）の実習を行う．

水を入れたポリバケツに食塩（または硫安）を少しずつ入れかき混ぜ，生卵を浮かし，卵が水に出ている部分が10円玉の大きさになったところで食塩（または硫安）を入れるのを止める．より科学的に行うには比重計を用いて正確に比重を計る．比重は水稲，うるち米で1.13が目安である．これに種籾を入れてかき混ぜ，しばらくして水面に浮いた籾を網杓子で掬いとり，底に沈んだ種籾を，別に用意したバケツに入れて十分水洗いし，食塩（硫安）の成分を洗い流す．水洗いの終わった種籾を布袋に入れ，バケツに袋ごと漬けておく．そして次の「浸種」につなげる．

もし近くに育苗している農家または農協などがない場合には，育苗に失敗したとき（立ち枯れ病など）のことを考慮して種子消毒をこの時点で行う．種子消毒の薬剤は農協などで販売しているから，その取り扱い方や使用法などをよく聞いて行うことが大切である．使用後の薬品の管理や消毒液の処理

は仕様書に従って厳密に行う．

　この授業をとおして生徒たちは次の作業の播種，育苗に大きな期待をもつ．

（授業３）定植（田植え）――「肥料試験」・「施肥量の計算と計量」

　イネの生育に肥料の三要素がどのような役割をもっているかを確かめるには，バケツ稲のような容器栽培の形で窒素・リン酸・カリを全部含むもの，その中の一つの要素を欠くもの，まったく肥料をやらないものなどを，それぞれ１〜２個のバケツ稲で試験してみるとわかりやすい．そうすると発育が進むにつれてそれぞれの生育の違いが明らかになってきて，生徒が見ても各種肥料の役割を理解することができる．ただし定植するイネ（苗）は生育の程度が同じものを用いることが必要である．このような試験的な栽培部分は全校で１セット用意すれば十分である．

　しかし実際に肥料がイネの生育にどのような影響を及ぼすかは，生徒には皆目見当がつかない．正しい施肥を行わないと生育の途中で枯れたり，葉や茎だけが異常に繁茂したり，伸び過ぎて倒伏したりする．自分が育ててきたものが途中でこのような栽培を継続できない状態になってしまうと，生徒の学習意欲は無になってしまうし，なかには他の生徒の栽培しているものに邪魔をする生徒も出てくる．このような意味からも正しい施肥が絶対に必要であり，そのためには肥料計算をきちんと行って，施肥量を正確に管理することが重要である．

　Ｔ「これから君達の栽培するイネの施肥量を計算します．この辺りの農家では元肥として10 a（1000 m^2）当たり成分量で窒素 5.0 kg，リン酸 20.0 kg，カリ 8.0 kg です．ところでバケツ稲では，バケツの口径は 25 cm ですが，土を入れた場合の土の面の口径は 23 cm なので

　　$(0.23 \div 2)^2 \times 3.14 = 0.042$（m^2）となり，これを 10 a と比較すると

　　$1000 \div 0.042 = 23810$ つまり 23810 分の１ということになります．

　ところで実際に使う窒素肥料の硫安は窒素分 20 %，リン酸肥料の BM 溶リンはリ

ン酸分 20 %，そしてカリ肥料の塩化カリではカリ分が 60 %ですから

　　　硫安……5.0(kg)÷0.20＝25.0(kg)

　　　BM 溶リン……20.0(kg)÷0.20＝100.0(kg)

　　　塩化カリ……8.0(kg)÷0.60＝13.3(kg)　　となります．

　　ここで諸君の使うバケツに換算してみましょう．上の二つの計算から

　　　硫安……25.0(kg)×1000÷23810＝1.05(g)

　　　BM 溶リン……100.0(kg)×1000÷23810＝4.20(g)

　　　塩化カリ……8.0(kg)×1000÷23810＝0.34(g)　　と求められます．

　　これをもとに追肥の施肥量を計算して下さい．」

　このような指導は生徒にとってやや難しいかも知れないが，この計算をする作業をとおして栽培学習では施肥量が重要であることを認識させる．

　なお実際に肥料を測定するときはバケツ 10 個分の施肥量を上皿天秤ではかり，これを 10 等分する．

(授業 4) 栄養生長と生殖生長——光合成——「光合成のしくみ」

　我々が食糧とする植物体は植物の光合成による生産物であるが，これを実際に果実や茎，葉，根から簡単に検出してテステープ（尿中に含まれるブドウ糖を検査する検査紙　30 枚約 1000 円）によって目で確かめることができる．

　授業では，テステープをデンプン，ブドウ糖の水溶液に浸して反応をみる．またジャガイモ，タマネギ，ネギ，リンゴ等の野菜，果物，作物の根，茎，葉をナイフで切り，その切り口にテステープをあててその反応をみる．さらにイネの籾から胚乳（液体状）を取り出したものにも同じことをする．そして白米を細かく砕いてすりつぶし，水を加えたものにテステープをあてて反応をみる．

　この実験ではテステープがブドウ糖に反応することがわかる．また野菜，果物や作物の根，茎，葉のいずれを切ってもそのブドウ糖が検出される．これは葉の部分で作られたブドウ糖が他の部位に転流し，蓄積されたものは分

子が連結してデンプンなどの多糖類に変化し，まだ連結しない分のブドウ糖の分子が反応するものと考えられる．白米の反応では，白米はすでにデンプン化した物質になっているため反応しない．しかしこれを米飯に炊いて口の中に入れて暫く噛んでいると，口中の消化酵素のはたらきによりデンプンが分解してブドウ糖ができ，口中にテステープを入れると反応することが確かめられる．

　光合成のしくみを生徒に眼で確かめるこのような授業を行えば一人残らずの生徒が興味を持って参加し，そのしくみを理解させることができる．

（授業５）収穫と保存――刈り取り――「草丈と籾数の相関を調べる」

　授業４と同じく作物の光合成能力と光合成産物である籾の数の相関を調べてみる．作物の光合成能力を植物体全体の大きさ（草丈）で，光合成産物を茎１本についた籾数でそれぞれの数値に還元してこれらの相関を調べる．

　収穫期が近くなった（登熟期に入った）時期に，自分の育てたバケツ稲から平均的に生長をしている10本の茎を選んで，草丈（cm）と籾数のデータをとる．また一般農家の水田のイネについて同様に10本のイネの草丈と籾数のデータをとる（この場合，調査に入る水田の所有者にあらかじめ承諾を得ておくことが必要）．ここで自分のバケツ稲，水田のイネそれぞれのデータをパソコンの表計算ソフトを用いて入力すると作業が能率的である．

　このような学習を編成すると生徒の栽培技術，およびバケツという制約された条件下での作物の生育状況や収量と，一般農家のそれとを比較することによって生徒は自分たちの技術のレベルを理解するとともに一般農家の稲作技術のレベルの高さ，さらには稲作に携わる人々の労働にも思いを馳せることができる．「米」を作る仕事の大切さ，厳しさを学ぶことができる教材である．

(この授業をとおしての生徒の作文より)

　　　稲を植えたことは今まで体験したことがなかった．だからこの稲について実際に植えたりしたことはとても興味があった．……（中略）……種を適当にまいたものが1本だけ発芽した．1本が5本，5本が17本，17本が20本と生長していく目安になって僕の興味を一層引き立てた．先日の授業のとき，大分穂が垂れ下がっているのにはとても驚いた．たった1粒の米が穂を12個もつけ，籾数も3桁にはなると思うほどだったからだ．このとき農家の人の気持ちがよく分かったような気がした．大事に育ててやれば，それだけ植えたものも応えてくれると何となく思ったからだ．さすがに農家の人が実際に植えているものは，倍近くも穂が垂れ下がっているし，1株の茎数もかなりあった．量を多く収穫する術を知っているのだなあと思った．貴重な体験とはこういうことをいっているのだと思った．　　　　　　　　　　（S. I）

　　　僕はバケツで水稲を栽培できるとは思っていませんでした．でも実際に栽培してみて結構おもしろかったです．

　　　……（中略）……水を入れるのも大変な作業で，夏の暑い日に水をやったときは稲を切りたくなったほど嫌だったこともありました．でも大事に育てていくうちに稲がかわいくなってきて，育てるのが楽しくなってきました．

　　　自分の稲と校舎の周りの稲をくらべると，籾数も茎数も水田の稲の方が多かったです．稲を育てることがどれだけ大変で，時間のかかるものかというのを初めて知りました．苦労をしてやっと米を食べられる時が楽しみです．

　　　　　　　　　　　　　　　　　　　　　　　　　　　　　（Y. M）

〈参考資料〉
- 中尾佐助『栽培植物と農耕の起源』岩波書店（岩波新書），1966年
- 持田恵三『日本の米―風土・歴史・生活』筑摩書房，1990年
- 星川清親『解剖図説　イネの生長』農村漁村文化協会，1975年
- 星川清親『みんなの農業教室』農村漁村文化協会，1986年
- ボナー・ゴールストン『植物の生理』岩波書店，1961年

- 角田重三郎『新みずほの国構想』農村漁村文化協会，1991年
- 高井康雄・三好洋『土壌通論』朝倉書店，1977年
- 井上ひさし選『お米を考える本』光文社（光文社文庫），1993年
- ビデオテープ「神々の詩—田んぼ・緑の小宇宙」TBS，1998年
- ビデオテープ「たけしの万物創世記—日本人の命・米」テレビ朝日，1998年
- 各地域JA（農協）出版物　技術指導書

テーマ２．食糧生産３　ダイコンの栽培

1．指導の重点

　日本人の食生活に欠かせないダイコンは，利用の仕方やその時代の消費者の好みにあわせて多様な品種が開発されてきた．ここでは現在，最も作付けされている「青首・宮重・総太り」の栽培実践を紹介する．この品種を特性どおりのダイコンにするには生育段階ごとのポイントをおさえる必要がある．作物固有の生育環境や栽培法を学ばせるうえで，ダイコンは教材性の高い作物である．生徒たちには，作物の生育過程は栄養器官の発達過程と同じに見えている．作物の生育過程は栄養生長期間と生殖生長期間からなり，この切り替え役は多くの作物では日長であること，さらに栄養生長期間においてもダイコンでは主根がまず細く深く伸びることなど，何を優先させて育っていくのかにも順次性がある．このように栽培技術は作物の生育の特徴を良く理解し，品種の特性をできる限り発揮させることであることを踏まえて，作物栽培の科学と作業の意味を学ばせたい．

　ダイコンを教材化する理由は多い．ダイコンの葉は栄養価が高く，慢性的凶作に悩む地方では準主食として重要であったように，その有用性と日本の伝統的な利用の知恵を知ることができる．栽培しやすい点として，栽培の目的や環境に応じて品種を選ぶことができること，タネの良否の判別が容易なこと，病害虫などによる異常を見つけやすいこと，生育段階の節目が顕著に現れるので確認しやすい等があげられる．これに対してやや注意が必要なこ

とは，培土は深く耕され，良く砕かれていることが必要である．固い土塊があると股根ダイコンになりやすい．また培土が過乾燥状態のときに大量の水を与えると主根に割れが入る．そして肥料や水分吸収の主役は側根であるから施肥する位置にも注意が必要である等，独特の栽培法を知る必要がある．

露地栽培するのが理想であるが，学校園がない場合を考え，ここでは米穀用の袋であるPP袋（ポリプロピレン平織り袋）に土を（20〜30 kg）入れ，1人1袋とし，2本のダイコンを収穫することをめざす．

2．授業の展開

作物の栽培は春からでなくても良い．学校全体が忙しい年度当初よりもむしろ2学期からの方が準備しやすい．病害虫の心配も少ない．ダイコンは寒さにも強いので，東北地方でも8月中にタネをまけば雪に閉ざされる前に収穫できる．

栽培の授業は毎回実習にはならないので座学と並行して進め，生育状況に応じて1単位時間のなかで，例えば座学35分・観察15分というのが合理的であろう．

まず栽培する品種を決定する．現在市場で多く出回っているのは青首・総太り系である．できることなら市販のダイコンと同じ品種を栽培して比較させたい．タネは信頼性の高いものを用意する．収穫の量と質は，遺伝性（タネのもつ特性，栽培技術（人間の知恵），環境（自然）で決まるから，これで3者のうちの一つはクリアしたことになる．

いよいよ作業の開始である．まず培土づくり．PP袋（1枚70円程度）を生徒1人1枚用意し，園芸店や農協から購入した黒土（40人当たり1.5〜2 m^3）を袋に入れる．このときpHが5以下では病害虫の発生が予想されるので消石灰を全体に混ぜ，pH 6に近づけておく．栽培用の土に初めて触れる生徒もいる．袋に土を入れる作業は力を要するが，男子生徒が一生懸命女子生徒の作業を手伝う．土に触ったのは幼児の頃の砂場遊び以来という生

徒もいる．

　なお，袋は地面の上に置く．根の先端は生長すると袋の底から出て地面にくい込み，地中の水分を吸収するからである．舗装面に置く時はじかに置かず袋の下に少しでも吸水性のあるものを敷いた方がよい．次ページの写真の袋は，下に古い袋を2回折って敷いている．

　次いで肥料を施す．肥料はN―P―K＝8―8―8のような化学肥料を使用する．側根は横に伸びて一部は袋の外に出てくるので肥料は袋の縁に沿って環状に二層に別けて施す．この肥料は，上からしみ込んできた水によって下の層に少しずつ拡散する．肥料はこれから側根が伸びてくるところにまくことを知らせる．袋栽培のダイコンは，肥料の筒のなかで育つことになる．

　2学期の栽培では袋を置く場所によっては次第に陽がささなくなり，肥大期には陽がまったく当たらないということがあるので袋の置き場所にも注意が必要である．

　播種は培土づくりの翌週に行う．タネは広い容器に出し，色，形，大小を判断の要点とし，平均的なものをひとり4粒選ばせる．黙って生徒にやらせると無造作にただタネを播くだけであるが，袋の地表面に親指と小指を伸ばした間隔で正方形を作り，その四隅にタネの3倍の深さの位置に1粒ずつ播くことを指導する．

　生育初期の管理としては特に病害虫に注意する．生徒は授業以外では生育のようすを見にこないから1週間後には全滅していることもある．多くはチョウの幼虫による食害である．幼虫が5mm以下のうちに駆除すれば致命的な被害にはならない．しかし生徒の多くは幼虫をピンセットではさむのでさえも大騒ぎするのでそう簡単にはいかない．

　本葉が増え，隣同士で接するようになったら順に間引き，2本だけ残す．4本とも良く育っているときは，間引くのをためらう生徒がいる．「間引き」の必要性をここで考えさせる．

　間引き，除草したら追肥を施す．化成肥料を袋の縁に沿って環状に与え，

軽く土をかける．潅水は地表面が乾いたら行う．潅水の意味は生徒も理解しているとはいえない．必要以上の潅水は地温を下げ生育を遅らせたり，根の呼吸を妨げること，過乾燥下での潅水は主根を突然膨張させ，割れが入ることを知らせる．収穫の日はこの授業のなかで生徒たちがいちばん嬉々とするときである．収穫の日にはカメラ，VTR，巻尺，秤，名簿等，記録できるものを用意し，喜びが盛り上がる演出をする．これまで手塩にかけて育ててきた作物が立派に実って，家に持ちかえることでこのときの作業はこれまでになく積極的である．しかしなかには葉を全部捨てたり，一度抜いたダイコンをまた穴に戻して「やっぱり来週にしよう」という生徒もいる．収穫前の指導も気が抜けない．

家庭に持ち帰り家族で試食した感想を聞いてみると，異口同音に「おいしかった」「こんな立派なダイコンが学校でできるのか」「もっといっぱい作りたい」等々の言葉が返ってくる．

生徒の感想文を紹介してみよう．

「……スーパーでいつも買って使っているダイコンですが，農家の人が一本一本こんなにも苦労して作っているとは思いませんでした．だけど小さな幼虫を取ったり，潰したりするのは気

味が悪くて本当にいやでした．でもこういういやな作業をしなければ，食べられるダイコンはできないのだ，ということがよくわかりました．」

「……最初先生からダイコンを作るといわれたが，「どうせ自分たちが栽培したって食べられるようなものはできるはずはない」と思っていた．普通は畑で作るのに，何とビニル袋みたいなやつを使うというのだからなおさらそう思った．しかし，だんだん大きくなってくると自分の予想と違って見事な葉っぱがでてきたのにはびっくりした．でも食べる根っこはひょろひょろとしているのではないか，と考えていたが袋の底の方から結構太いダイコンが出てきたのには驚いた．……」

「……家の人と食べてみたらスーパーで買ってきたダイコンよりみずみずしく，甘味もあって本当においしかったです．母も『どうしてこんなおいしいダイコンが作れるの』と不思議そうでした．実習のはじめの授業での『手軽で安い化学肥料にばかり頼って，土の消毒，連作障害，病害虫の発生などを防いでいる産地での栽培と違って，私たちのダイコンは，土の中の微生物やミミズなど，自然に近い土で育てられたから』ということを思い出しました．」

「……はじめはきたない作業があっていやだったけれど葉がだんだん大きくなって作物らしくなってくると，なぜかこのダイコンが可愛くなってきた．直径が8センチもあるでかいダイコンを引き抜いたときの感激は大きかった．今まで畑で農作業をしているところは何度も見たが，何も感じなかった．しかし今は違う．農家の人が汗水流して作物を作っている姿を見ると，何をしているのかな，暑くて大変だな，どんな作物ができるのかな，などいろいろ考えるようになった．」

> テーマ３．食糧自給問題と安全性

１．指導の重点

　現代日本は世界でもっとも豊富で恵まれた食糧を手にしている．しかし，食糧自給率が40％以下なのだから日本人は１日３食のうち，本当は１食しかできないことになる．日本の食生活は輸入食糧が支えているといえる．その一方で世界の何億もの人々が飢餓と貧困にあえいでいる．

　世界的な食糧危機に陥ったとき，日本を支える食糧が確保されるという保証はどこにもない．加えて，輸入食糧が保存のための農薬づけになっているという報告もあり，私たちの命を支える食糧が逆に健康を脅かす存在となっている危険性もある．食糧自給の問題は食糧の確保の面と，安全性の面からとらえていく必要がある．

　作物栽培をとおして働くことの大切さと苦労，収穫の喜びを体験した生徒には，実際の社会では自分たちが口にしている食糧が，どのようにして育てられ，収穫され，調理されているのか，食糧問題を子どもたち自身に関わる問題としてしっかりと考えさせたい．

　授業の展開では指導計画表の「(1)日本の食糧自給の割合と輸入状況」を紹介する．

２．授業の展開

　近年の食生活の変化に伴い，パン，パスタなど小麦の消費量は急激に増加している．ここでは小麦の生産を切り口に，日本の食糧自給の実態に切り込んでいく．

　(1)　日本での小麦の生産の実態
T：今の日本で消費されている小麦はどこでつくられているのか，考えてみよう．
Q１：小麦の輸入量はどのくらいか？　最新の朝日児童年鑑などで調べよう．

P：635万トン（13.48億ドル）

Q2：国内生産（取れ高）はどのくらいか？

P：44万トン

T：ということは日本でとれる小麦は輸入物に比べてどのくらいといえる？

P：15分の1

T：ちなみに日本政府の買い入れ価格はどのくらいになっている？

P：9110円……

T：じゃあ，みんなが6月に刈り取った小麦ってどのくらいで売れたことになる？

P：4クラスで14キロだったから，2万円ちょっと？

T：そのくらいだね．22471円だよ．一クラスでいえば5000円ちょい．どう思う？

P：超安すぎる．あれだけがんばったのに……．

Q3：日本で消費される小麦の輸入に頼る割合はどのくらいか？

T：Q1とQ2で計算できそうだね．電卓使っていいよ．

P：輸入に依存する割合は93.5％だ．

P：パンとかうどんなど，殆どの小麦粉を使った食べ物の原料は外国産なんだ．

Q4：日本が小麦の輸入している主な国にはどこでしょう？

P：アメリカ合衆国（58％），カナダ（24％），オーストラリア（18％）．

Q5：輸入小麦60キロ当たりの値段は計算するとどのくらいになるか？

P：桁が大きいなあ．……1273円．

T：はい．ぴったり．

P：国内産に比べてすっげえ安いじゃん．

(2) 輸入食糧の危険性

この後，小麦以外にも日本がいかに食糧を外国に依存しているかの現状を紹介したあと，「奇形ザルは警告する」（日本テレビ，1984年）と「ポストハーベスト農薬汚染」（学陽書房，1990年）という2本のビデオテープを視聴する．「奇形ザルは警告する」は輸入小麦により餌づけされた猿に奇形がおきていること，輸入小麦の「ポストハーベスト」はベトナム戦争にも使われた枯葉剤をはじめ，何種類もの農薬が輸出される前に噴霧されている様子を

生々しく映し出している．ここでは ①輸入食糧が本当に安全か，②食糧自給をどう考えるのか，という問題を考え，交流していく．

（生徒の感想）

「自分たちが何となく食べていたものが，こんなに危険なものだったとは知らなかった」

「日本国内で農薬を使わず，自給すればいいのに」

「考えてみれば自分は見た目のいいものや安いものを買おうとしている」

「輸入もの，自給ものとか関係なく，世界中の食糧が安全なものであって欲しい」

といったさまざまな意見が出てくる．

　農業就労の問題や，経済的な問題などが複雑にからみ，単純に自給すれば良いという判断にはならない．しかし自分たちの健康に関わる問題としてとらえ，食糧に対する意識は大いにたかまった．

　また日本でのコメの自給率はほぼ100％であるが，コメでさえ輸入米の影響を受ける可能性もある．新食糧法をとりあげながらコメ問題についても考えていくことができる．

　　　　　テーマ４．食糧生産をとりまく諸問題

１．指導の重点

　一つは農業と自然環境をめぐる問題である．地球の自然破壊が悪化するのは，人間の経済活動による自然への影響が，自然の生態系がもつ回復能力を超えたからといえる．20世紀の人間は，もはや資源基盤という元本にまで手を出し，21世紀の人々に「痛めつけられた地球」という巨額の負債を残そうとしている．自然環境の悪化がもたらす直接の問題は「食糧不足」である．同時に食糧不足は，新たな自然破壊を生む．ここでは環境破壊の実態と食糧生産の関連を考える．

次に，日本の食糧生産に関わる問題がある．耕地の急速な減少と後継者不足，輸入農産物の増加と安全性，食糧自給率の異常な低さに生徒の誰もが心配する．ここでは現在の食糧生産を，自然環境の面からみた実態と，日本の食糧生産をとりまく問題点をとりあげ考えさせたい．

2．授業の展開

指導計画表の(1)～(4)をとおし，生徒一人ひとりにこれからの食糧問題について大きな関心をもたせる意味で，以下に示す「資料」のビデオテープをみせたり，文献から引用した多くの資料（写真，スライド，表，グラフ等）を提示して，教師が与えた小テーマから班で選び，調べ学習をし，それを授業で発表させる形式とした．それぞれの発表に関し質問し，討議を行い，教師の意見も交え深めることで，自主的で活気のある授業となる．

〈参考資料〉
- ビデオテープ 「今，日本の土は」(NHK)
- ビデオテープ 「農家が倒産するとき」(NHK)
- ビデオテープ 「世紀を越えて・大地はどこまで人を養えるか」(NHK)
- ビデオテープ 「それでもあなたは食べますか」
- レスター・R・ブラウン 『地球白書』ダイヤモンド社
- 『日本農業年鑑』家の光協会
- 『日本国勢図会』国勢社

以下に記したのは各班が調べた研究発表の要旨である．

(1) 世界の食糧生産の現状

小テーマ1　人口増加

世界では毎年1億8000万人が生まれる．死ぬ人もいるので実際は1年に9000万人が増えることになる．表1からインドや中国をはじめ，アジア，アフリカの急激な人口増加が続いていることがわかる．びっくりしたのは4日で100万人，人口が増え続けているということだ．また日本の人口は世

界第10位であるが，これはヨーロッパの先進工業国の約2倍にあたるということである．これから我々を含む世界の人々はどうやって生きていくのだろう．

小テーマ2　灌漑用水の使い過ぎと食糧生産

食糧生産になくてはならないものの一つが「水」である．現在の世界の耕地の17％が灌漑用水にたよっていることを資料から知った．この灌漑用水というのは限りなくあるものとばかり考えていた．しかしビデオテープによると東ヨーロッパでは灌漑用水を汲み上げ過ぎて河川の水がなくなり，河川からの流入が途絶えた淡水湖の「塩類集積」がいま問題となっている．黄河やコロラド川は，海に水が到達する前に干上がり，アラル海やチャド湖では塩分濃度が上昇し，干上がった沿岸の塩分が飛び散り，周りの耕地では耕作ができなくなったことを知り，やがて日本でもこのような現象が起こるのかと不安になった．

小テーマ3　工業化や近代化による耕地への影響

表1　人口上位国の人口

人口上位国の人口増加，1950—90年および2030年までの予想　　　　　　　　(100万人)

国	1950	1990	2030	増加数 1950—90	増加数 1990—2030
増加が緩やかな国					
アメリカ	152	250	345	98	95
ロシア	114	148	161	34	13
日本	84	124	123	40	−1
イギリス	50	58	60	8	2
ドイツ	68	80	81	12	1
イタリア	47	58	56	11	−2
フランス	42	57	62	15	5
増加が急速な国					
ナイジェリア	32	87	278	55	191
エチオピアとエリトリア	21	51	157	30	106
イラン	16	57	183	41	126
パキスタン	39	115	312	76	197
バングラデシュ	46	114	243	68	129
エジプト	21	54	111	33	57
メキシコ	28	85	150	57	65
インドネシア	83	189	307	106	118
インド	369	853	1,443	484	590
ブラジル	53	153	252	100	99
中国	563	1,134	1,624	571	490

表2　世界人口の増加，1950〜90年および2030年までの予想

年	人口	増加人口	年間増加人口
1950	2.5(10億人)	−(10億人)	−(100万人)
1990	5.3	2.8	70
2030	8.9	3.6	90

工業化が急速に進む国々では，新しい工場をどんどん建てなければならない．またその周辺には人が多く集まってくる．住宅，商店，道路，駐車場，公園など生活に必要なものが造られなければならない．そのために農地が大きく減ってきたという．中国では経済改革により人口が集中している華中・華南を中心にこの5年間で，なんと日本の耕地面積のすべてにあたる耕地がなくなったことがわかり，これから先どうなるのかとても心配である．

　小テーマ4　温暖化による気象変動

　地球表面の平均気温の上昇は統計からみると1980年代に入って大きく，15年間で0.3℃上がっている．石炭や石油という化石燃料の使用による二酸化炭素の増えはこれからも続くと考えられる．石炭にたよる中国は，2020年には二酸化炭素の排出量が世界第1位になるといわれている．人口も多いし面積も大きいので暖房などの個人レベルでの使用にまで国の取決めがゆきわたるのに時間がかかるばかりでなく，中国政府も中国のエネルギーの中心を石炭においているからといわれる．こうした二酸化炭素の増加や，エルニーニョとみられるアメリカの熱波，ハリケーン，中国での大規模な洪水と旱ばつにみられるように，気象変動による自然災害はこのところますす増え続けている．食糧生産という立場からは大打撃である．

　小テーマ5　化学肥料の使用とその効果

　20世紀後半の，人口増加した分の食糧の増収を担ってきたのは化学肥料である．しかし化学肥料による増収が期待できたのは1980年代の末までで，90年代に入るとこの使用量は減っている．化学肥料にたよった結果，塩類が集積し耕作ができなくなったり，耕地への有機物の補給が絶たれ，土壌そのものの生態系が壊され，表土が流出し，風害や病虫害の発生が多くなった．先行きが不安である．

(2)　日本の食糧生産

　小テーマ6　失われる日本の豊かな耕地

　表4によると，日本の耕地面積のピークは1961年の608万6000ヘクター

表3　日本の食料自給率の推移（国内総供給量に対する国産供給量の割合）(%)

	1960	1970	1980	1990	2000	2007	2008 (概算)
穀物（食用＋飼料用）*	82	46	33	30	28	28	28
米*	102	106	100	100	95	94	95
小麦*	39	9	10	15	11	14	14
大豆*	28	4	4	5	5	5	6
野菜*	100	99	97	91	81	81	82
果実*	100	84	81	63	44	40	41
肉類（鯨肉を除く）*	91	89	81	70	52	56	56
鶏卵*	101	97	98	98	95	96	96
牛乳・乳製品*	89	89	82	78	68	66	70
供給熱量自給率	79	60	53	48	40	40	41

農林水産省食料需給表による．会計年度．1980年度以降は沖縄県を含む．＊重量ベース
資料）日本国勢図会　2010/2011

ルであった．しかし1996年には500万ヘクタール以下になってしまったという．114万ヘクタール，約20％の減少といえる．国土の75％が山といわれる日本で，一世代で100万ヘクタールの耕地がなくなってしまったことになる．この学校のまわりも小学生のころは畑がいっぱいあったが，いまは住宅や商店がたくさんでき農地がずいぶん少なくなったなという感じがする．

　小テーマ7　減反政策

コメは政府の政策により，1970年から「単年度需給均衡方式」をとりいれ，米の備蓄は最大200万トンまでとし，基本的には1年間に国内で消費する分だけしか作付けさせない「米作付け制限」〔減反〕が行われてきた．その結果，わずかな気象変動でも米不足に陥り，輸入に頼るということになってしまった．1億3000万人の人口がある日本が米不足になり，需要の10％分の100万トンを輸入すると，国際的に高い値がつき，発展途上国の貧しい住民の生活を苦しめることになるだろう．FAO（国連食糧農業機関）が示す穀物の国際的備蓄水準は17％というのだから，日本で減反する必要はないのではないか．

小テーマ8　高齢化する農業従事者と後継者不足

　僕の両親の田舎が農家なのでちょっと聞いてみたが，昔は50軒以上あった農家がいまでは5軒余りになってしまったそうだ．しかもその5軒の家でも，何軒かで子どもが高校を卒業してから都会に出てサラリーマンになってしまい，農業はしない，家の後継ぎはいやだといっているそうである．農業を営む人の多くは高齢になり田畑を広げられず，息子も後を継がないとすると日本の農業はますます衰退する．輸入ばかりしている日本は，このままの状態だと食糧の自給力がどんどん低下していってしまう（図1）．

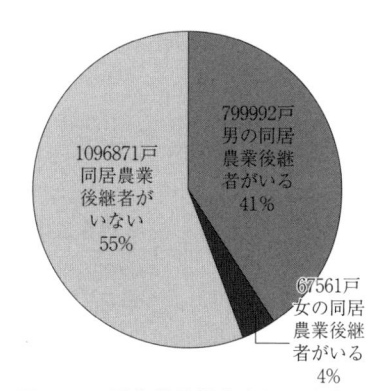

図1　同居農業後継者有無別農家数（2005年）
「農林水産省世界農林業センサス2010年」より作成

　　799992戸　男の同居農業後継者がいる　41%
　　1096871戸　同居農業後継者がいない　55%
　　67561戸　女の同居農業後継者がいる　4%

小テーマ9　輸入農産物と安全性

　われわれが毎日必要とする食糧が国内ではまかなえず，外国に頼るというのは異常である．21世紀の地球は異常気象，それにも増して人口爆発による食糧不足が心配されている．そうなれば各国は，自分の国の食糧を確保するため輸出規制をするだろう．しかし日本の農業政策は耕地を守り，農業を保護する姿勢がみられないのではないか．世界第10位の人口をかかえる日本が，国内の優れた土壌の耕地をつぶし，大量の外貨を使い，凄い量の食糧を殺虫剤込みで外国から購入しているという現実を，世界の国々はどうみているのだろうか．

　人間が生きるために毎日必要な食糧問題を考えることは，生徒たちにとっても高い関心をもつ．しかし第1章の「いまの中学生」の項でも明らかにしたように，カネとものに囲まれて育ってきた生徒たちは，この問題について

教師がかなりアクティブに迫らないと関心が薄い．場合によっては夏休みの課題等で研究課題を設定すればさらに深まった研究，討議ができるだろうと思う．

表4　日本の耕地面積の推移

年	耕地面積 千ha	増減 千ha	年	耕地面積 千ha	増減 千ha
1956	6012		84	5396	-15
57	6045	+33	85	5379	-17
58	6064	+19	86	5358	-21
59	6072	+ 8	87	5340	-18
1960	6071	- 1	88	5317	-23
61	6086	+15	89	5279	-38
62	6081	- 5	1990	5243	-36
63	6060	-21	91	5204	-39
64	6042	-18	92	5165	-39
65	6004	-38	93	5124	-41
66	5996	- 8	94	5083	-41
67	5938	-58	95	5038	-45
68	5897	-41	96	4994	-44
69	5852	-45	97	4949	-45
1970	5796	-56	98	4905	-44
71	5741	-55	99	4866	-39
72	5683	-58	2000	4830	-36
73	5647	-36	1	4794	-36
74	5615	-32	2	4762	-32
75	5572	-43	3	4736	-26
76	5536	-36	4	4714	-22
77	5515	-21	5	4692	-22
78	5494	-21	6	4671	-21
79	5474	-20	7	4650	-21
1980	5461	-13	8	4628	-22
81	5442	-19	9	4609	-19
82	5426	-16	2010	4593	-16
83	5411	-15	11		

出所）農林水産省「耕地及び作付け面積作付け面積統計」2010年

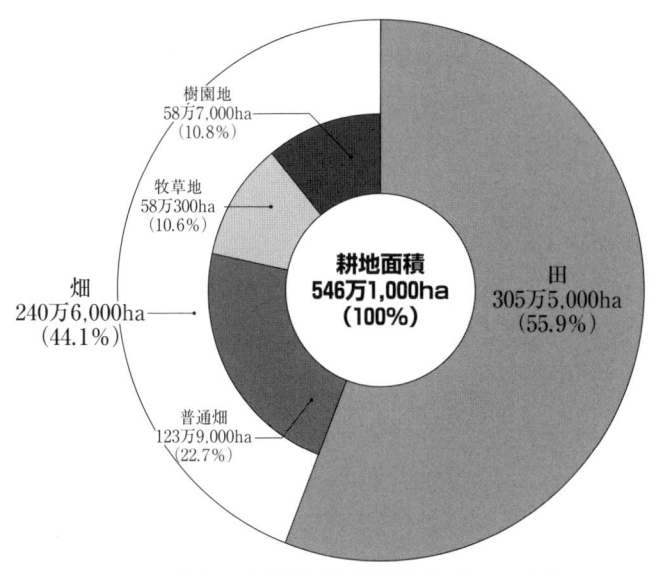

図2　耕地種類別面積割合（1980年）

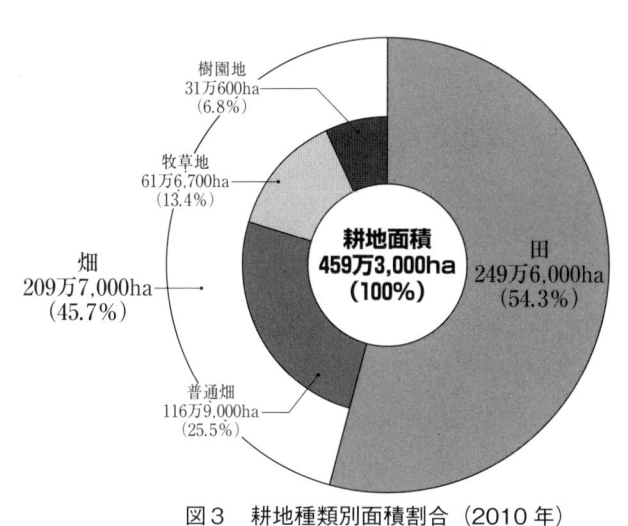

- 樹園地　58万7,000ha（10.8％）
- 牧草地　58万300ha（10.6％）
- 畑　240万6,000ha（44.1％）
- 普通畑　123万9,000ha（22.7％）
- 田　305万5,000ha（55.9％）
- 耕地面積　546万1,000ha（100％）

図3　耕地種類別面積割合（2010年）

- 樹園地　31万600ha（6.8％）
- 牧草地　61万6,700ha（13.4％）
- 畑　209万7,000ha（45.7％）
- 普通畑　116万9,000ha（25.5％）
- 田　249万6,000ha（54.3％）
- 耕地面積　459万3,000ha（100％）

出所）農林水産省大臣官房統計部「農林水産統計」による．

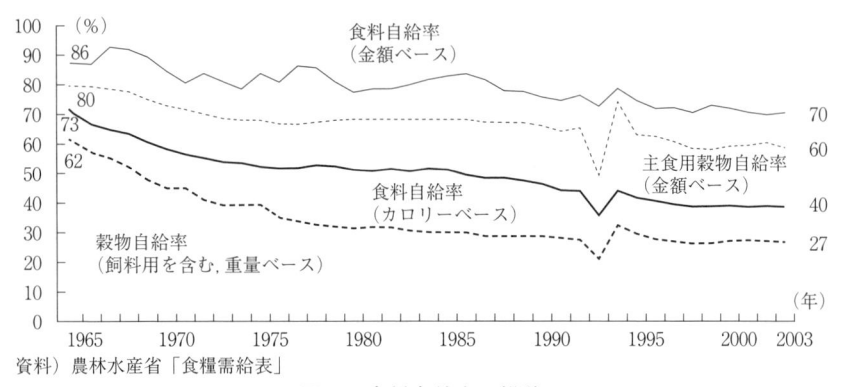

図4　食料自給率の推移

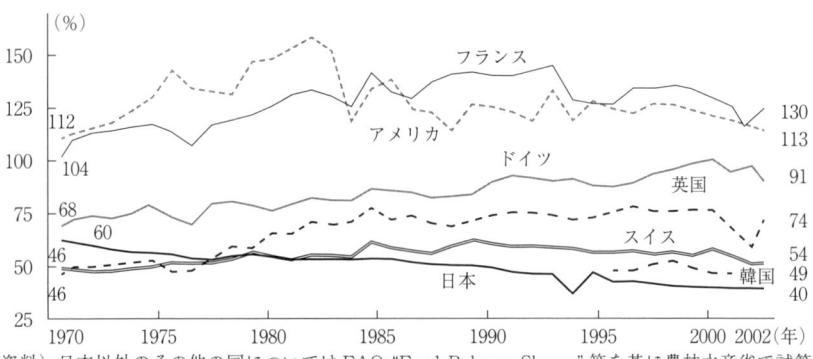

資料）農林水産省「食糧需給表」

図5　各国の食料自給率（カロリーベース）の推移

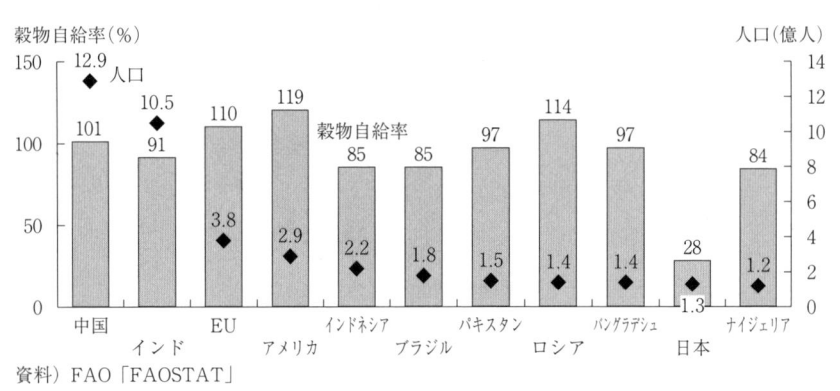

資料）日本以外のその他の国については FAO "Food Balance Sheers" 等を基に農林水産省で試算．

図6　人口1億人以上の主な国の穀物自給率（2002年）

資料）FAO「FAOSTAT」

第6章　技術観・労働観を育てる

(1)　「技術観・労働観を育てる」の教育目的と到達目標
① 「技術観・労働観を育てる」の位置づけ

　現代の中学生にとって将来の職業を思い浮かべることが難しくなっていると思える．それは，さまざまに働く人の姿を見たり，働く人々と触れあう機会が乏しく，職業選択の問題が子ども自身の生き方の問題として位置づいていない状況から指摘できる．受験教育体制に組み込まれた膨大な知識が日々子どもたちに迫り，学ぶことの意味づけが生き方の問題から切り離され，高学歴を獲得し，学歴に見合った職業を選択するということによって学ぶ目的が意味づけられていることからもいえる．苦役化した労働から脱出のために高学歴を志向するという受験教育の構図は，子どもたちをさらにバラバラにし，社会の相互依存関係を気づかせないばかりか，自己の存在価値をも見失わせている．

　ところが，学校で学ぶことに意味を見つけられずにいた子どもたちが，職業体験の実習等の学習の機会を通して，社会の相互関係に気づき連帯感を感じとるとともに，社会的な存在としての労働や職業の意義を捉え，そしてそのことによって社会参加の意識が豊かになったという教育実践がいくつか報告されている．現代の子どもの教育を考える上で，これらの教育実践は示唆に富んでいるといえよう．

　もちろん，生き方に関連づけて職業選択の意識を育てるというテーマは，一教科で担っていけるほど小さくはなく，教育課程全体で扱っていくべき大きなテーマであろう．同時に普通教育としての技術教育は「技術および労働の世界への手ほどき」であるという立場にたてば，技術のあり方と相応して労働の世界を思い描かせ，考えさせることも重要な内容として扱われるべきであると考えられる．

しかしながら，これまでの普通教育としての技術教育ではすぐれて先進的な実践でも，生産活動における道具・機械という技術の歴史的な存在形態とそこに秘められた原理およびそれらを有効に用いる方法を学ばせることが中心であった．普通教育としての技術教育を現代の子どもたちに確かなものにするためには，技術とともにある労働の世界を思い描かせ，あらためて技術のあり方を考えさせる学習が必要となる．

② 「技術観・労働観を育てる」の教育目的

子どもたちは，現在，多種多様なものに囲まれて生活している．それらのものやそれらをつくりだす技術や労働のありがたさに気づくことはあまりない．子どもたちが作品や道具などを粗末に扱う場面も見聞きする．ものの価値はものをつくりだす人間の労働の価値以外の何物でもないので，ものの本当の価値に気づかないことは，価値観のゆがみにつながる．このことは，子どもたちの人格の発達にとってきわめて重要な問題である．

科学的な労働観・価値観を育むためにも，技術や労働のすばらしさの側面について納得的に理解させることが重要になる．そして，現代の技術や労働の発展の必然性や社会的な性格を捉えた上で，現代の技術や労働の抱える問題について科学的に検討できる力を育てたい．

したがって，「技術観・労働観を育てる」での学習の目的，学ぶ意義は，次のようになる．

第1には，人間や社会にとっての生産労働の意義を見いだし，社会を支える生産労働を科学的にとらえることをめざす．子どもたちの身の回りのものは，労働によってつくられた価値あるものになっている．労働こそが人類の存続に不可欠であることを実感を伴いながら認識する．

第2には，細分化されながらも相互に関連性をもって社会に貢献している労働の姿を学び，労働の意義の理解を深める．現代の労働の大半が，分業と協業によって行われ，しかもそれらが地球規模で展開されている．そのため，

目の前の労働を見るだけでは労働の有用性や協同性が見えにくい．労働が結びついていることを考えられるようにしたい．

第3には，労働にとっての技術発展の意義を学びとり，技術のあり方について科学的に考えられることをめざしたい．労働のありようの変化は，工場制手工業までは道具などの技能を出発点とし，機械制大工業においては使用される機械などの労働手段とその技能を出発点としている．そうした技術発展は必然的なものである．現代はコンピュータ制御オートメーションが実現されており，プログラム労働が重要な役割を担っている．労働のありようが変化しながらも，他方で，それらのシステムにおいても人間の熟練した手作業が重要であることを理解しておくことが必要である．

これらの学習を踏まえて，一方では労働の主体者として，また一方では共同の社会の生活者として技術と労働のあり方について自分なりの意見を表明できるように育てたい．

③ 「技術観・労働観を育てる」の目標

ここでの表記は，他の単元のそれと異なった形式にした．「観」というものの見方・考え方を扱うために，「……を感じる．……を考える．」という，いわば方向目標的なテーマを設定し，その中で最低限到達させたい内容を記述した．なお，技術観・労働観の形成については，他の単元で随伴的に育つ部分があるという認識を前提にしている．ここでは直接の主題となる内容だけを掲載した．

テーマ1．労働の意義を実感的に感じとる
- 人間は労働によって生活に必要なものを獲得しており，どのような社会であろうと人間の労働がなければなりたたない．

テーマ2．労働の連関性と社会的性格を考える
- 実際の労働は，分業や協業として行われ，現代ではそれらが地球規模で展開されている．

テーマ3．労働にとっての技術発展の意義を考える

- 道具から機械へ，機械からコンピュータ制御オートメーションへの技術発展は必然である．
- コンピュータ制御オートメーションにおいて，プログラム労働は人間が生産過程全体を見渡した上で頭の中で行っていた知識処理をプログラムに置き換える労働である．プログラムの変更によって生産過程が変更できるなど，生産過程の柔軟化を飛躍的にすすめている．
- コンピュータ制御オートメーションを成り立たたせている機械には精密さが必要であり，それらの精密さを作り出しているのは熟練した人間の手作業などの労働である．自動化が進展しても人間の手作業は必要である．

(2) **指導の重点**
① **テーマ全体に関わる指導の重点**
1) 実際に体験することによって実感豊かに労働の世界をつかむ．

　労働の世界を理解するためには，実際の労働と同様に頭と身体の両方を動かしてリアリティ豊かに学ぶことが，労働の意義を学びとる上で重要である．同様に，道具から機械へ，機械からコンピュータ制御オートメーションへという技術の発展を学ぶ場合も，労働体験を伴うことで学習が実感豊かなものとなる．今回掲載しなかった実践を簡単に紹介する．綿糸の紡ぎをつむ（手作業）で行った場合と紡ぎ車（ハンドドリルの利用）で行った場合を比べて技術発展の意義を実感豊かにつかませた実践がある（大谷良光「"羊毛から糸へ"で何を教えたか～道具から機械への発展」『技術教室』1988年5月号，民衆社）．また，自動搬送車のプログラムづくりを通してコンピュータ制御オートメーションに対するイメージを豊かに持たせた実践もある（第2部第4章テーマ3．に掲載されている）．

2）労働者の思いや生活に触れて労働の世界に対する考えを深める．

　生活の中でものと関わる場合，多くは消費する側からだけの関わり方になる場合が多い．どういう人たちが，どういう苦労や苦心をしながら，どのような思いをこめてつくっているのか，労働に対する見方や考え方を豊かにするためにも，作る側である労働者の労働に対する思いにふれさせることは重要である．生徒たちは労働者に注目することが授業実践によって確認されている．労働者に注目させる手だては，有効な方法といえよう．

　以降で紹介するすべての実践において，労働者の労働に対する思いをとりあげている．とりわけテーマ２．では，労働を支える生活とそのための家族の協力を取り上げ，労働を生活実感豊かなものとして子どもたちにつきつけている．

3）教科の学習で習得した認識や技能と労働の世界とが結びつく．

　プロ顔負けにかんなの刃を研いで使う学習を終えた生徒たちは，生活の中で表面仕上げが美しい家具を見た時，作った人の技能のすごさ・すばらしさに深く感動するだろう．ただしこれはきわめてまれな例であり，学習したことがらが，社会の中でどのようにいかされているのか，を生活上で偶然に見つけることに期待できない．したがってトピックス的にでも取り上げて学習と実際の労働の世界とが子ども自身の中で結びつくようにこころがけたい．

② 　各テーマごとの指導の重点
1）「テーマ１．労働の意義を実感的に感じとる」

　衣食住などの生徒の生活に密着したもので人間の生存に関わるものを取り上げて体験させる学習は有効であると考えられる．生徒たちに成果が見えやすい労働を教材にして実践を展開しながら，労働によって自分だけでなく他者の役にたつことを実感豊かに学びとらせる．そのことを通じて労働によって社会が成り立っていることに気づかせたい．

2)「テーマ2．労働の連関性と社会的な性格を考える」

　技術科の製作学習では，材料から作品完成まで1人で行うことが大半である．しかしながら，実際の労働の大半が，分業やそれに基づく協業になることで生産の効率があがったことを押さえておきたい．分業や協業で行われている事例が，生徒たちに身近なもので，それぞれの材料や部品についても単純なものが，生徒たちにとって理解しやすい．

3)「テーマ3．労働にとっての技術発展の意義を考える」

　機械が発展して機械等に代行可能な労働の幅が広がり，人間の肉体的限界を超えた操業がさらに連続して可能になった．この機械発展の意義をわからせ，技術発展が必然であることを理解させたい．その上で，現代の労働の特徴と意義を理解させるために，プログラム労働の特徴をつかませる必要がある．生徒自身が目的に応じた適切な手順を思い描きやすい労働を事例に，適切な手順がプログラムされる過程を学び，成果の面とともに試行錯誤等の苦労の面も学び労働観を豊かなものにしたい．

　また，技術の発展によって精密なものが効率よく生産できるようになったが，機械だけの力で精密な加工ができているのではなく，精密な機械や部品を最終的にになっているのは人間の労働である．この現実をもとに生徒たちのイメージを揺さぶり人間の労働が技術発展とともにあるという見方を学ばせたい．

(3) 「技術観・労働観を育てる」学習の授業実践

> テーマ1．労働の意義を実感的に感じとる

1．授業のねらい

　私たちの生命を維持する食糧は，人間が意識的・計画的に自然環境をコン

トロールして生産している．科学・技術が発達した現代においても食糧生産では人間の手がかなりの部分をになっている．そして自然環境と向かい合い，長期間にわたる人間の労働が豊かな実りに結びつく．実際に厳しい冬を越え，自分たちの前でぐんぐんとのびるムギの穂を見ていると，収穫の期待が徐々に高まり，労働に対する意欲が一層わきあがる．生徒は，コムギの収穫の時期が近づくにつれ，自分たちの行っている作業に意味を見いだし始める．食糧生産とは，人間が古来から行ってきた，自らの命を維持するために必要な労働だったということである．食糧生産の労働は収穫しておしまいではない．労働の成果としての収穫物をさらに加工，調理し，食べることこそが最終目的なのである．そこまでを通して食糧生産が人間が生きていくための根元的な労働に触れることができる．

（ここでは第2部第5節の「コムギの栽培」の授業実践の収穫時以降に焦点を当てる）

2．授業の展開
〈実践1〉「コムギの収穫と調理をとおして欠くことのできない労働について考える」

(1) コムギの収穫

一人ひとり鎌をもち，手作業でコムギを刈り取っていく．刈り取りと同時に脱穀，計量を行うため，やがて班内で鎌で刈り取る者と，ムギを束ねる者，まとめて運ぶ者とスムーズな作業を行うよう，自然と分業が行われるようになる．

班ごとに計量を行い，その結果に一喜一憂する．また，少し

収穫のようす

でも収量を増やそうと落ち穂拾いを始める生徒が出てくる．

収穫を終えて生徒は次のような感想を述べている．

「いつもは農家の人にまかせっきりだけど，自らつくることによって生産する大切さや，大変さがわかった．落ち穂拾いをしている人もいて，ひとりの拾う量は大したことないのにがんばっていて，無駄にしないようにという気持ちが伝わった．」

「くつの中に土が入ったりして，『汚れるー』『きたないー』とかいったりしたけど，自分たちの育てたムギの穂が風にゆれるのを見たら，やっぱりくつのことなんかどうでもよくなったし，すべての苦労はよろこびにかわった．」

(2) 加工・調理・試食

収穫された作物は，何らかの調理加工を施され，私たちの食卓に並ぶ．ここでは昔ながらに石うすを用い，自分の目の前でコムギの種を粉にしてゆく．ふるいを使って，きめ細かい粉に仕上げていくが，ここでも班内で上手に役割分担をしながら作業を進めていく．できあがった粉は，最終的に練り上げ発酵させてのばし，細く切ってゆであげ，うどんにして食する．

自分たちで育てた食糧を皆で口にできることは，また格別な喜びである．

小麦粉を調理し食した後，こんな感想を述べている．

「今は機械に頼れるけど，昔はそうはいかない．石うすで粉をひいていたときは，ちゃんとするまでにずいぶん時間がかかったから，大変だったろうなと思った．生活するために時間があるみたいで，昔は時間に追われるような生活みたいだ．」

「普通の調理実習と違って，何か"自分のもの"って感じがして，積極的にやれた」

「人間が生きていくためには食糧が不可欠だ．中でも主食は大切である．

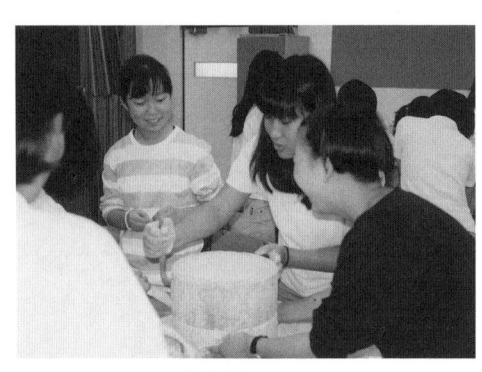

小麦粉の調理

主食の条件には保存がきき，栄養分（炭水化物）がたくさんあるという条件に当てはまったのが小麦や米だ．今までずっと人間の食生活を支えてきたことが実感できた.」

食糧生産実習から引き続いた調理実習を終えて，食糧をつくる労働は生きるために不可欠な活動であることを，心底，実感することができたようだ．

> テーマ２．労働の連関性と社会的性格を考える

１．授業のねらい

いま，子どもたちは，多種多量のものの洪水におしよせられてもっぱら消費者として育ち，かんたんな遊び道具さえ，自分の手で作り出すことができなくされている．学習用具の一つにも愛着するいとまもなく捨て去られていく．いま，子どもたちの視野に欠けているものの一つに「ものが，どこでどんな人の手でどのようにしてつくられていくのかを見つめる」ことがあげられる．ものがつくられていく過程，つくる技，つくる人たちの努力・願い・くらしにも目を向けることができる授業をしてみたいと考えた．

絵本『いっぽんの鉛筆のむこうに』は，子どもたちが日常的に使っている鉛筆の中に，おもいもかけなかった多くの労働が在ることを，人物を中心にした写真をもとにして語られていく．スリランカの地下300mで黒鉛を掘るポディマハッタヤさんとその子どもたちのくらし，アメリカで大木のインセンス・シダー（ヒノキの一種）を切り倒す人の早朝からの労働のようすなどとともに，その労働を支えている家族の日常も示される．それによって，同年齢である子どもたちにとってのつながりをも感じさせるものである．

２．授業計画

① 『いっぽんの鉛筆のむこうに』（谷川俊太郎作　福音館）………2時間
② 『手と手とゆびと』（加古里子作　童心社）……………………1時間
③ 手指を使ってものをつくる……………………………………………5時間

- したことあるかな   ・ナイフ入門   ・こまをつくる
- コリントゲームをつくる

3．授業の展開「いっぽんの鉛筆のむこうに」
〈実践1〉「いっぽんの鉛筆を通して労働を考える」

（著者注：本実践は小学1年生を対象にしたものであるが，前述のとおりに視点を含めて重要な実践であるという考えから，実践例として紹介する．）

(1) 授業目標
　① 人間は1本の鉛筆すら自分一人ではつくり出せない．おおぜいの人が力を合わせていることに気づく．
　② 人は仕事を通じて他の人の役に立ち，仕事の知恵や喜び，誇りをもつことを知る．

(2) すすめ方
著者の許可をえて絵本の写真をスライドに撮り，大きく映し出して児童たちの自由な感想と発言をとりあげてまとめる．

すすめ方	児童の活動
1．「えんぴつをつくっていく人たち」の本の中にどんなしごとがありましたか？	黒鉛を掘る，木材を切る，船で運ぶ，船のコックさんのしごと，など9種のしごとをあげる．
2．「それらの仕事でわかったことをお話ししてください．」	しごと内容，かかる時間，家族のくらしなどへのおどろきを語る．
3．「えんぴつを作るためにする仕事とはじめてわかったのはどの仕事ですか？」	9種のうち，トラック輸送と鉛筆加工工場の2種類以外は子どもたちの全く予想外のしごとであった．地下300mでのはげしい労働や100年以上も生きてきた大木を切っていくことを知った感動が大きかった．
4．「この勉強をして，わかったりおもったことをかいてみましょう．」（次時にそれを読みあって，整理することを予告．）	

(3) 児童たちの反応

「いっぽんのえんぴつが こんなにくろうするとはしりませんでした。それに，すごいとおい スリランカや アメリカのところから きているとはしりませんでした。いっぽんのえんぴつにいろいろな人が くろうしてつくった。たいせつにしたいとおもいます。」(男子)

「いっぽんのえんぴつが そんなにつくるのが かかるのをしらなかった。えんぴつをだいじにしないといけないことがわかった。それでそうじとうばんのときに ちゃんと えんぴつは ひろわないといけない。」(女子)

「えんぴつのしんが，こくえんだったとは しらなかったです。ちいさなえんぴついっぽんつくるのに たくさんのひとが おしごとをしています。えんぴつの木が アメリカから きています。にほんの木では，なぜできないのですか。」(女子)

絵本『いっぽんの鉛筆のむこうに』(福音館 1985年より)

　毎日，なにげなく使っている鉛筆に目をとめ，これをつくるための多くの労働をこの授業で知ったために，鉛筆をだいじに使う気運が生まれ，「もったいない」という言葉が，あちらこちらでずいぶん聞かれるようになった．

テーマ3．労働にとっての技術発展の意義を考える

1．授業のねらい

　プログラムは道具や機械のように目で見ることはできない．だから，プロ

グラムの作成に関わって働く人の姿は，他の仕事に比べてきわめて見えにくい．しかし，コンピュータ化が進むなかで，ものづくりに関わる仕事もプログラミングやデータ作成などの仕事に徐々に置き換えられつつある．これからますます見えにくくなっていくであろうこうした働く人たちの姿を，これからの時代を生きる子どもたちにはぜひとも正確に捉えさせたい．

2．授業の展開
〈実践1〉「オートマ君から働く人を考える」

　「オートマ君」（第4章「制御と通信の技術」単元参照）の授業の最後に，炊飯器のプログラム開発の仕事に取り組む人たちのビデオテープ（「新電子立国マイコンマシン」1995/11/26 放映）を必ず見せることにしている．

　ビデオテープでは，プログラムをつくってはご飯を炊いて炊け具合を調べ，またプログラムを修正してはご飯を炊いてプログラムを作成する女性研究員たちのようすが映し出される．番組の一部（炊飯器に関わる部分）約10分を見せた後に，生徒たちには感想を書くように指示した．以下はその抜粋である．

開発者のすごさに気づいた生徒たち
- 「僕たちが今まで作ったプログラムと似ていたけど，長さが違った．すごい驚いた．」
- 「僕たちがやったプログラムはまだ簡単な方なんだとわかった．」

炊飯器にこめられた労働に気づいた生徒たち
- 「今まで炊飯器など全部機械で簡単に作れるのだと思っていたので，すごく感心した．」
- 「なんか現代は機械に負けているみたいだけれど，結局機械を動かしているのは，人間なんだってわかった．」

開発に関わる人たちに感謝の気持ちをいだいた生徒たち
- 「普段何気なく使っている物を作るのに，あれだけの人があんなに年月をかけていることを知って，感謝しなければならないと思った．」

- 「もし，この人たちがいなかったら，僕たちはうまいご飯を食べていなかったかもしれない．」

　生徒たちは自分たちのプログラミングの経験を振り返り，炊飯器のプログラム開発に取り組む人たちの大変さを実感としてとらえることができたようだ．
そして同時に，炊飯器の開発のため数多くの人の努力が積み重ねられていることに驚かされたようすであった．毎日の暮らしをよくするために頑張っている人たちの姿に，数多くの生徒が感謝の気持ちをいだいていた．

　授業では，こうした代表的な生徒の感想を全体の前で紹介しながら，炊飯器の開発に関わる人たちとその仕事について話し合うことで，生徒それぞれの考えをお互いに共有させたい．

炊飯器の開発のようす

〈実践２〉「精密加工をささえる人間の技のすごさ」

1．授業のねらい

　コンピュータ制御オートメーションによって精密な加工が実現されている．しかしながら，熟練した人間の技能が機械の精密さを重要な所でささえている．そのことがわかることを通して，技術発展とともにある人間労働の意義について理解を深めさせたい．また，生産の基礎をささえる労働が社会をささえていることに気づくとともに，それらの労働をとおして働きがいのある労働について生徒たちなりの考えが深まることをめざしたい．

2．授業の展開

(1)　ビデオテープ鑑賞と感想文（１時間目）

「山根一眞の日本の大技術」（1993年４月ＮＨＫ衛星放送で放映）という番組

バイトの精密研磨のようす

のうち，直径0.3ミリの微小ネジづくりと非球面レンズづくりの2例を見せる．専門用語は軽く聞き流してもよいことと，登場する働く人々（メタルカラーの人々と述べ，簡単に補足した）の表情やようすをよく見ることを事前に話しておく．

ビデオテープ鑑賞によって，道具や機械の精度を最終的にになっているのが熟練した職人の技能であったことに大半の生徒たちは驚く．ビデオ観賞後，それぞれ感心したことや驚いたことを自由に記述させる．自分たちの意見を学びあう授業を充実させるためには，リラックスさせることが必要である．そのため，感想文の段階から書かせるようにした．続いて，ビデオテープに登場した働く人々に対する感想や最先端の技術の様子を見たことから技術の発展について中学生なりの意見を述べさせる．

(2) 感想文をもとに学びあう（2時間目）

前時の感想や意見が学ぶべきものであったことを誉め，学び合う学習への意欲を喚起させる．前年度までの感想や意見に前時のものを追加したプリントを用意する．先の三つの項目ごとに意見を読み合わせて，再度生徒たちの考えを聞き出す．以下では，項目にそって中学生が感想や意見を学びあう授業の様子を紹介する．

① 最も驚いたこととその理由

―― プリント ――

「ネジ．世の中にあんな小さなネジがあるとは思わなかった．」

「ネジ．精密さが必要な作業の最後がおばさんの勘であったことにおどろいた．」

教師「ネジづくりに驚いた人は，ネジの小ささや精密な型づくりが手作業だったことに驚いたんですね．」

――― プリント ―――
「レンズ．表面が東京ドームで2ミリ以内のデコボコなのですごい．」
「レンズ．メチャクチャ長い計算をして精密に型をつくっていたのにおどろいた．ただのプラスチックなのに．」

教師「レンズづくりに驚いた人は，レンズの型の複雑さやレンズの型を精密に削り磨くことに驚いたんですね．人間の技のすごさに驚いたり，たいへんな労働によってものがつくられていたことに気づいた意見が多くありました．どうでしょうか？　同じビデオテープをみても注目したところが人によってさまざま違いますね．」

② 　メタルカラーの人たちについての感想

教師「まず，メタルカラーの人たちをどう見たのか，ですが，……（プリントの朗読．掲載は省略）『すごい技をもっていてすごい．社会の役に立っている．』という感想が多く書かれていましたね．その他，技能を伝えることが難しく職人が減っていくことを心配する意見，機械を発展させることに活躍しているメタルカラーの人たちが機械の発展によって減っていくことを考えた意見，機械の発展が新たにレベルの高い技を人間に求めてくるので人間も進歩していくと考えた意見等がありましたね．技術，機械の発展と人間との関係を考えた意見ですね．中学生の意見ですがびっくりしました．〇〇さん，意見を読んだ感想を聞かせて下さい．」

生徒「同じ中学生なのに立派な意見，考えをもっているので驚きました．」

教師「そうだよね．だから自分の意見をみがく参考になればと思います．ところで，皆も将来の職業を具体的に考えてるせいなのか，自分の職業問題として考えた意見もたくさんありました．……（プリント略）『うらやましい，やってみたい』と『自分には合わないのでは』の二つにわかれているようです．いろいろな職業について具体的に検討することは大切です．それでは，今すぐメタルカラーの職業につけそうな人はいますか？　手をあげてみて．（数名手をあげる）」

生徒「強気．本当にできるのか！（まわりから笑い）」

教師「まあ，まあ，頑張ってもらいますかね．」（周りから笑い）

③ 技術の進む方向について

プリントの掲載は省略．「どんどん自動化されていく」「機械よりも人間の方が優れている」「人間にとって良い方向の技術発展を望む，あるいは関わりたい」という内容ごとの意見を読み上げ，それらの意見への感想を再び問いかける．「同じ年齢なのに，ずいぶん深く考えてる．すごい．」という驚きの声がよせられる．技術を発展させるべきかどうかの討論を試みる．討論の中で「技術は必要不可欠なもの」という見解は一致するが，技術の発展が必然なことであるという見方よりも，環境問題など目の前の問題を解決するために技術の発展を望む意見に落ち着いていく．授業のまとめは，以下のとおりである．

教師「技術発展をコントロールできるのは人間自身であることから，技術や労働のあり方について自分自身の考えを鍛えていくことが重要になります．期待しています．」

第7章 技術と環境問題

(1) 技術教育における環境問題の位置づけ

『地球白書1994／95年[1]』は,「迫りくる地球の限界」という副題がつけられている. それは, 地球の環境収容能力という視点から現在の地球環境に関わる諸問題を分析し, 今や人類は, 人口の増大, 資源消費の拡大, 貧困の三重苦によって, 生態学的破産に追いやられようとしている, と警告する. そして, すべての国の人々がほどほどの水準で安定した生活を営むためには, 過剰な消費の抑制, 富と資源の公正な配分, 人口増加ペースの低減などと並んで, 地球に有害な技術から環境的に持続可能な技術への転換を強調している.

エネルギーや資源問題を含む環境問題は, このように, 今日の技術のあり方の根本を問う重要かつ緊急の課題になっている. したがって, 技術および労働の世界への手ほどきである技術教育にとっても, 環境問題は, その本質に関わる内在的問題として存在している. 環境問題は, 技術の授業で教えるべき対象としてとりあげる必要があるばかりでなく, むしろそれ以上に, 技術教育のあり方全体に深く関わり, その真摯な問い直しを我々に迫っている.

元来, 人間は, 自然から資源や原料として材料を取得し, 生産を行い, 生産と消費の廃棄物を自然に戻すという方法で生活を営んでいる. そして, 人間と自然の間のこの不断の相互作用――以後これを, 人間と自然の間の物質代謝とよぶ――のなかで, 人間と自然の間の正常な循環関係が続くときは良好な自然環境が保たれる. しかし, 自然の再生能力を越えて資源を略奪的・放棄的に利用したり, 自然の浄化能力以上に廃棄物を出して, この循環関係を破壊する, すなわち人間と自然の間の物質代謝を攪乱すると, 環境破壊がおこる[2].

ところで, 自然との間の物質代謝は, 生物一般の生命活動であるが, 人間

と自然の間の物質代謝は，他の生物のそれと比べると，第1に，人間は，その物質代謝において，合目的的活動としての労働を媒介として，それを積極的に規制し制御するという独自性をもつ．

他の生物は自然が自然のままで提供するものを摂取する範囲でのみ，その生物自体の生命活動の持続を行っているのに対して，人間は，自然に働きかけてこの形態を変化させ，自然には存在しないものを作り出す．こうして人間は，生命活動の基盤や範囲をたえず拡大してきた．

第2に，人間は，その労働において，道具や機械等の労働手段を作り使用するという独自性をもつ．

例えば鳥が巣を作るように，動物も自然の素材を利用して生産する場合がないではない．しかしその場合でも，その動物が属している生物の種としての自然的資質に規定された一面性を特質としている．これに対して，人間は，生物の一つの種としてのヒトの自然的制約を越えて，外部の自然と関わり，生産するという特質をもつ．その関わりの広がりにおいても，また一つの対象に多様な意味を見いだすという点においても，人間の自然に対する関係は普遍的であり，普遍的に生産する．そして人間の生産のこの普遍性は，労働手段の使用がその根拠になっている．

労働手段の使用は，そこに人間の自然的資質から独立して，もの（労働手段）ともの（労働対象）との客観的な関係を生む．その結果，人間と自然の関係は，労働手段に媒介され間接的になることによって，より多様に，より深く，普遍的になることが可能になった．こうして人間が自然へ働きかける能力は，労働手段の製作・使用によって格段に増大し，人間と自然との関係を，人間以外の生物とは質的に異なるものにさせた．

同時にそれはまた，人間だけが自然との間の物質代謝を攪乱し，環境を破壊する潜在的条件ともなる．

そして，以上の見方からすると，環境破壊は，

① 自然の再生能力を越えた資源・環境の略奪的放棄的利用によるもの，例

えば地盤沈下，砂漠化，熱帯雨林の減少等々，と
② 自然の浄化能力以上に廃棄物を出すことによるもの，とに区分される．
また，②は，
(a) 生産の廃棄物による大気汚染，土壌汚染，水質汚濁等，
(b) 生産物自体の粗悪品や有害物質による食品公害，薬害，欠陥商品被害等，
(c) 消費の廃棄物による下水道，ゴミ問題，自動車公害，オゾン層破壊，環境ホルモン等，として，その基本をとらえることができる．

さらに，酸性雨や地球温暖化は，これらのうちのいくつかの複合による環境破壊として位置づけることができる（図1参照）．

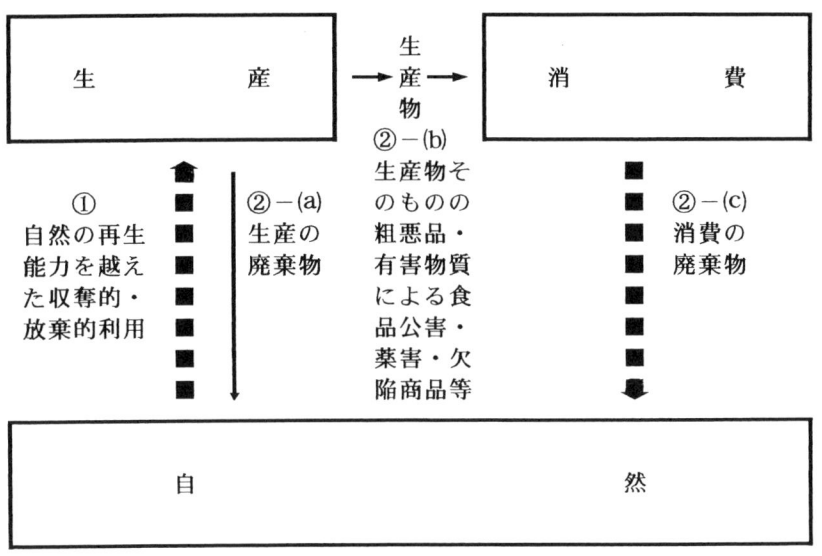

図1　人間と自然の間の物質代謝とその攪乱の要因

ところで人間と自然の間の物質代謝の攪乱すなわち環境破壊は，自然現象ではなく，必ず人為的な発生源が存在するから，破壊の発生源を法や行政等の公共的介入によって合理的に規制することが，環境破壊を防止する基本に

なる.

　同時に公害・環境問題の多くの経験から明らかなように，公共的介入を有効にするためには，主権者である市民の世論と運動が不可欠である．環境問題が解決できるか否かは市民一人ひとりの自治能力にかかっているといってよい．

　さらに今日では，先の区分による消費の廃棄物の問題の比重が小さくなくなっている．この場合，例えば自動車公害をとれば，それは自動車メーカーの産物ではあるが，マイカーを無計画に乗り回す利用者にも責任がある．消費の廃棄物による環境破壊については，消費者の何らかの自主管理がなければ，公共的介入は有効なものとはならない．この点でもまた，市民の自治能力の水準が問われる．

　すなわち環境破壊の防止は，直接には公共的介入による規制が基本になるけれども，最終的には主権者である市民一人ひとりの自治能力に依存している．そして環境問題を解決し環境の維持・向上のために今日求められているその自治能力の内容は，人間と自然の間の物質代謝を合理的に規制し自分たちの共同的統制のもとに置くということ，いいかえれば持続可能な発展ができるよう，力の最小の消費によって，自分たちの人間性に最もふさわしく最も適合した条件のもとでこの物質代謝を行うことを実現する能力としてとらえられる．

　それゆえ，高度に工業化した現代社会において地球規模での環境破壊に直面している学校教育の最重要な課題の一つは，この能力，すなわち，労働手段を使っての労働を媒介にした人間と自然の間の物質代謝を合理的に規制し共同的統制のもとに置くことを実現する能力を，次代を担う主権者である子どもたちに獲得させることにあるといえよう．

　それでは，我々は，この課題にいかに着手すべきか．

　まず，この課題が，教育の営みのある特定の領域やあるいは学校教育のある特定の教科等での対応ですむ問題ではなく，教育活動の総体において多面

的に対応されるべき問題であることはまちがいない．

　同時に，持続可能な発展ができるよう合理的規制・共同的統制の対象にすべき人間と自然の間の物質代謝は，労働手段を使用した労働を媒介にしているという点に，その最も重要な特質があるゆえに，労働手段およびそれを使用した労働に関わる教育が特に重大な関心を受け取るべきであると考えることには根拠がある．そして労働手段とその体系のうちに技術の概念の主たる側面を求める技術論は有力であり，またユネスコ「技術・職業教育に関する条約」(1989年)にもあるように，技術教育とは技術および労働の世界への手ほどきであるとされる．したがって，こうした規定をふまえるならば，労働手段および労働に関わる教育と技術教育とは，多くの部分で重なり合うといえる．

　つまり，持続可能な発展ができるように，人間と自然の間の物質代謝を合理的に規制し共同的統制のもとに置くことを実現する能力を次代を担う主権者である子どもたちに獲得させるという現代教育の最重要な課題にとって，技術および労働の世界への手ほどき，すなわち技術教育は，特に重要な位置にあるとみなすことができる．

　ただしこのことは，現状の技術教育をそのまま位置づければよいということを意味しているわけではない．人間と自然の間の物質代謝の合理的規制・共同的統制を実現する能力の獲得という脈絡における技術教育のあり方が，改めて問われなければならない．

(2) 環境問題に関わる技術教育の教育目的

　我々が地球規模の環境問題への対応を前提にもつ技術教育を構想するとき，それは，直接には，先の4区分に分類された環境破壊の典型的事例それぞれを技術教育として位置づけ，その実態や発生のメカニズム等を生徒たちに教える取り組みとして想起される．

　しかしながら，環境破壊の典型のいくつかを生徒たちに提示する取り組み

として，学校教育における環境問題への対応をいわば特化させて構想することは適切とはいえない．

なぜなら，こうした姿勢の対応では，環境問題を技術教育の本質に関わる内在的問題としてとらえきることができず，結局のところ，トピックス的な内容を中心とした授業の域をこえられなかった経験が，我々にはあるからである．1970年代初頭，公害への社会的関心が高まるなか，技術教育においても，内燃機関の排気ガス問題，農薬・土壌問題，原子力発電，学校や工場での作業環境・安全問題が教育実践でとりあげられた．しかし，これらは貴重な実践ではあったけれども，その後，急速に下火になってしまい，技術教育実践およびその思想としては根づかずに，いわば上滑りしてしまった[3]．「公害が問題だから，公害の技術教育をやると言うのではなく，正しい技術の発展を目指して技術の研究も教育も行なわれるなら，それは公害を起こさぬ技術につながる．」（福島要一[4]）等の示唆にとむ指摘も当時すでにあったが，かかる視点が十分に生かされることはなかった．

それゆえ，こうした状況を克服するためには，環境問題を通して，技術教育の全体が問い直されねばならないと考えられる．人間と自然の間の物質代謝の合理的規制・共同的統制を実現する能力の獲得という視野において，技術教育が担いうる固有の役割を，いいかえれば，環境問題に関わる技術教育の教育目的を，学校教育の他の諸領域が果たすべき役割との区別と関連を念頭におきつつ抽象し直し，そこから技術教育の具体像を再構成していく必要がある．

そして結論的には，こうした脈絡における技術教育の教育目的とは，次元の異なる次の2点に整理することができる．

<u>第1は，子どもたちが人間と自然の間の物質代謝の視野をもって，技術および労働の世界を再解釈できるようにすることである．</u>

具体的には，技術の科学と作業の基本とを，技術および労働の世界の現実とのつながりの中で教授することにより，一方で，人間の生活は，労働手段

を使用した労働による自然の改変であるところの生産から得られる物質的財貨に依拠しなければ維持できないが，他方で，生産とは，自然の力に支えられ，その法則に則りながら，自然に存在する素材の形態を変化させる活動にほかならず，人間の生活は，徹頭徹尾，自然と一体であること，この両面を子どもたちに実感をもって納得的にわからせ，それを彼(女)らの生活概念にまで高めることに，環境問題に関わる技術教育の教育目的の第1が設定されるべきである．

　第2は，こうした基礎の上に，先の4区分に分類された環境破壊等の典型的事実を過不足なく取り上げ，技術の社会的性格を見極めさせ，技術と社会のあり方を的確に判断できる力を育むことである．

　ただし，授業時間数等々の制約から，やむをえず，両方の教育目的を実現することが困難であると判断されるような場合には，第1のものを優先させるべきであり，逆にならないように注意すべきである．

　無論この第1の教育目的は，人間と自然の間の物質代謝の合理的規制・共同的統制を実現する能力の獲得という視野における必要条件の一つにすぎない．しかし学校教育の一領域としての技術教育がになりうる固有の役割として，この教育目的だけでも，その実現は容易であるわけではなく，環境問題に対する学校教育の全体的な取り組みを考慮に入れれば，人間と自然の関係に関するこの認識を子どもたちの生活概念にまで高めることの意味は小さくない．

　なぜか．

(3) 人間と自然の関係をめぐる子どもの生活概念とその根拠

　それは，子どもたちの日常生活において，人間の生活が，徹頭徹尾，自然と一体であり，絶えず自然と関わっていることを実感をもって意識することはまずないからである．日常の感覚ではかえって逆に，人間と自然の関係は希薄になっているといった生活概念が育まれがちである．こうした生活概念

が支配的である限り，子どもたちが環境問題をわがものとする余地はまずなかろう．

では，なぜこうした生活概念が日常生活においては育まれるのか．この理由をとらえるには，少なくとも次の二側面を視野に入れる必要がある．

第1は，生産の社会化の側面である．

人間は，今日までに，生産の社会化を格段に進展させてきた．社会的に孤立して営まれていた労働が，分業と協業を媒介にして広く有機的に組織化され，かつ社会的に分散して用いられていた生産手段が，分業と協業という労働組織に適するように改良され協同で用いられるようになった．生産の社会化とは，これら労働の社会化という主体的契機と生産手段の社会化という客観的契機とから成っているが，現在，地球規模の広がりをもって社会化された生産の全体像を想い描くことは容易なことではなくなっている．

第2は，人間と自然との関係における間接性の増大の側面である．

生産の社会化と並行して，人間は，道具から機械へ，機械からオートメーションへと労働手段を発達させてきた．これを人間の労働の面からみれば，道具を使って労働対象である自然に直接働きかけてきた労働に代わって，機械に働きかける労働が主となり，そして今度は，人間はコンピュータに働きかけ，コンピュータが機械を制御，その機械が対象である自然に働きかけるという形をとるようになった．直接的生産過程においてさえも，人間と自然の関係は，さらに一層媒介的なものとなり，間接性を増大させてきた（図2）．

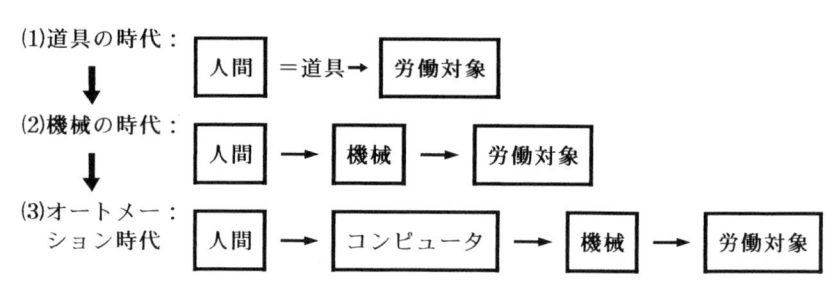

(1) 道具の時代： 人間 ＝道具→ 労働対象

(2) 機械の時代： 人間 → 機械 → 労働対象

(3) オートメーション時代： 人間 → コンピュータ → 機械 → 労働対象

図2　労働手段の発展に伴う労働の変化

人間は，労働手段をつくり，それを自然との間にさし入れ，自らの意図を対象に伝える導体とすることによって，間接的に自然に働きかけ，自分たちの生活を成り立たせてきた．そして，この間接性の増大は人間の自由の拡大の基礎条件である．その反面，この間接性の生産は，外部的には人間と自然の間の切断として現れ，その増大は，人間の自然への関わりの距離を拡大し，また，より媒介的なものにするゆえに，人間と自然の関係を見通しにくくさせる条件ともなる．とりわけ工業労働では地球規模での生産の社会化とも絡み合って，農業労働に比べてこの傾向が顕著であり，農業労働と同様に工業労働も自然と対峙していると実感することは容易なことではなくなっている．

　子どもたちの個人的な日常生活において，人間と自然との関係は次第に希薄なものになり，人間の生活は自然の物質代謝の一環であることから徐々に遠ざかっているかのような生活概念を育む一つの基底的要因は，こうした事態の進行にあると考えられる．その意味でこの生活概念には客観的な根拠がある．

　現在の状況下にあっては，確かに一面で，地球規模での環境破壊等の否定的現実から，人間が自然と一体であると感じ悟るべき事実は，誰の目にも明らかになっている．しかし他面では，人間と自然の間の関係は希薄化しているといった見方は根強く，一定の根拠もあるので，一人ひとりのこうした生活概念をくだき再構成するためには，日常の世界から科学の世界へわたらせ，科学的概念によって裏打ちする意図的働きかけが不可欠であると考えられる．ここに，学校教育としての環境教育の成立する根拠が求められる．

　そしてそこでは，人間と自然との関係は希薄化し人間の生活は自然の営みの連関から遠ざかっているといった生活概念をくだいて，人間の生活はあくまで自然との一体性のもとにあり，しかも人間は，自然の物質代謝の連関の根源にますます深く立ち入り，ますます複雑に，またより一層意識的に関わりあうようになっているという，科学的概念に裏打ちされた生活概念にまで再構成する教育実践の筋道を創造することが鍵になってくるといえる．

(4) 環境問題に関わる技術教育実践づくりの視点

 それでは，こうした教育実践の筋道の基本はどのようにとらえられるか．

 問題の中心の一つは，人間の生活が自然の物質代謝の連関から次第に遠ざかり人工の力が自然から徐々に離れて自立しているかのような生活概念をつきくずし再構成する取り組みのあり方にあるので，こうした日常の見方を育む根拠それ自体を，教育実践において対象化することが有効になると考えられる．

 いいかえれば，技術教育実践の課題は，一つには，地球規模の広がりをもって社会化されている生産の現実，いま一つには，より媒介的・間接的になりつつより意識的に自然に働きかけている生産の現実，これら二側面を，子どもたちの前にいかに展開するかにかかっているといえる．とりわけ工業生産でのこうした授業をいかに組織するかが焦点になってくる．

 そしてこのための示唆にとむ事例が，現在でもすでにないわけではない．

 まず第1の側面，生産の社会化に関わってであるが，例えば，谷川俊太郎作『いっぽんの鉛筆のむこうに』[5]という「小学中級むき」の絵本がある．

 この絵本は，子どもたちの目の前にある1本の鉛筆をつくるために，その原料の採取から，製造，製品の輸送等までの生産の全過程，そこで働く人々と労働の様子などの写真や絵で構成され，子どもたちに，地球規模で社会化された生産のもとでの人間の労働と生活を，鉛筆の生産を通して興味深く説得的にわからせようとしている．

 そしてこの絵本を素材にした教育実践がすでに取り組まれている．小学校教師である三原順子は，「いま，子どもたちの視野に欠けているものの一つに『いま自分の使っているものが，だれの力で，どのように，どこでつくられているかがわかる』ことがあげられます．……物がつくられていくようすや，つくる人の技・願い・くらし・努力にも目を向けるような授業をしたい」[6]との視点からこの絵本を取り上げ，1年生の授業を行った．その実践報告に紹介された作文はどれも，当初，トラック輸送と鉛筆加工工場の労働

の二つしか予想できなかった子どもたちが，遠く離れたスリランカの地中深くで芯の原料になる黒鉛が掘られ，木材もアメリカで植林，伐採，製材され，メキシコのコンテナ船で運搬される等の思いがけない労働とそれらのつながりを知った驚きにあふれている．

現在，日本の子どもたちは，日常的に生産生活を知る機会はきわめて乏しく，とりわけ資源・原料の採取にまで想いを馳せる機会はまずない．そしてこのこと自体，地球規模の広がりをもって社会化されている生産の現実に由来する現象の一側面であって，それゆえ，子どもたちに，資源・原料の採取にまで遡って生産の全過程をたどらせることが，生産の社会化の現実をとらえさせる有効かつ重要な取り組みとして位置づく．しかも環境破壊発生の二つのメカニズムの一方に資源の略奪的・放棄的利用があり，また，いわゆる公害の輸出といわれる海外生産の廃棄物による環境破壊も重大であって，これらの問題を視野に入れて生産の全過程をたどらせることが求められる．

次に第2の側面，より媒介的・間接的になりつつより意識的に自然に働きかけている生産の現実に関わってであるが，これを子どもたちの前に展開するためには，道具➡機械➡オートメーションという労働手段の発展の各段階に即して積み重ねていく取り組みが不可欠になると考えられる．

なぜなら，現代のオートメーション労働における自然への関わり方の特質，すなわち，人間はコンピュータに働きかけ，コンピュータが機械を制御，その機械が対象である自然に働きかけるという関わり方の内容と意義を，実感を伴って納得的にわからせるためには，その前提として，道具を使って自然に直接働きかける労働の典型を豊かに経験させ，次に，そうした労働に代わって機械に働きかけることが主要な性格となる労働の典型を経験させて，その変化の内容と意義をわからせることが必要になってくるからである．

第1の生産の社会化の側面が，技術教育実践のいわば横（空間）への視野の拡大を求めているとすれば，この第2の側面は，縦（時間）への視野の拡大を求めているといえる．

そして，この点でも我々は，労働手段の各発展段階それぞれに関わってはすでに教育実践の一定の蓄積をもっている．課題は，それらの蓄積を上記の視点から再編成することにある．その際，道具段階の，その意味では最も基礎的な労働過程の学習の組織化のあり方が，特に大切にされるべきである．道具段階の労働過程は，道具を使って自然に直に働きかけるという性質を強く保持しているので，子どもに自然との対峙の実感をもたせやすく，さらにこの実感が後の学習展開の土台として機能すると考えられるからである．

　例えば，現代の我々の生活から金属，中でも鉄を欠くことはできない．そして製鉄のための労働手段である高炉等の装置はオートメーションの典型の一つであるとともに，製鉄業は「青空裁判」[7]を引くまでもなく環境問題に深く関与してきた．こうした脈絡からみて，「木炭づくりから製鉄まで」[8]に取り組んだ内海行英や「川原の石から」鉄をつくりそれを鍛造して小刀を作る授業を組織した中川淳らの中学校での実践[9]，海岸で砂鉄を採取しその砂鉄を還元して鉄をつくる天野武弘の高校での実践等々[10]，低炉での直接製鋼法による鉄づくりの技術教育実践が注目される．

　それらはいずれも製鉄の最も基礎的な労働過程をたどらせることによって，生徒たちに，労働手段を使っての労働を媒介にした人間と自然の間の物質代謝の関係の主たる側面を実感させ確かな認識を獲得させている．

　これらの技術教育実践自体は，オートメーションも環境問題も主題的に取り上げているわけではない．しかし，ここで培われたような最も基礎的な労働過程の認識の有無は，現代のオートメーションや環境問題への認識の質を深く規定してくると考えられる．

(5) 環境問題を対象にした技術教育の授業

　以上のような技術教育のあり方の全体的な再構成を基礎にして，これに加えて，技術の授業で，取り立てて教えるべき対象として環境問題の典型的事例をとりあげることも積極的に追究していく必要がある．

今後取り組むべき指導事項には，例えば，次のものがあげられよう．

① 環境破壊

　学校教育における環境問題への取り組みをみると，先の図1に示した4区分のうちの，②-(c)である消費の廃棄物の問題をとりあげる場合が多く，あるいはこれに集中する傾向さえ認められる．こうした状況にあって，技術の授業では，技術教育がになうべき本来の領分からいっても，図1の①である資源・環境の略奪的放棄的利用の問題と，②-(a)である生産の廃棄物の問題に重点をかけて授業を編成したい．

　具体的には，①に関わっては，熱帯雨林を中心とする森林の消失，不適切な農法と酷使の結果もたらされた砂漠化や表土流出等の土壌劣化，あるいは休耕田にすることによる土地の生産力喪失などの問題が考えられる．

　②-(a)に関わっては，製鉄における大気汚染等とその技術的克服の過程，農薬問題とその改良，あるいは産業廃棄物などの問題があげられる．

② 資源問題

　資源問題は，世界の人口の爆発的増加に伴って問題化されてきており，主要には，食糧問題，水資源問題，鉱物資源問題等があげられる．またこれらは，環境破壊の面からは，図1における主に①の資源・環境の略奪的放棄的利用に位置づく．

　人口の増加に対して，それを支えるに必要な資源は限られているゆえに，知識の増大と教育（なかでも技術教育）の普及によって，利用できる資源の範囲の拡大，資源の生産性の向上，資源の適切な管理と有効な利用が必要であること，および，そのための技術に関わる典型的方策の意義と課題を具体的につかませていくことが目標になろう．そして，学習指導案をたてる場合，資源を持続可能な範囲で使うことを困難にしている原因は，人口の絶対数の増加とともに，人々が資源を利用する際の不平等性と資源の使い方にあるの

で，資源問題をとりあげるには人口問題への適切なアプローチが必要だが，人口問題は，人間の進歩や平等および人権への的確な関心に支えられ，かつ，子どもたちの視野を，これらへつなげるような配慮が大切になってくると考えられる。[11]

食糧問題は「食糧生産の技術」の章でとりあげているので参照してほしい．

水は食糧とともに人間の生存の最も基礎的必要物でありながら，水資源問題は，技術の授業では取り組まれてこなかったように思われる．教材化がまたれる．例えば，日本は水資源に恵まれた国だと思われてきた．しかし，これを支えてきた貯水・水源涵養機能をになう森林や田畑を略奪的放棄的利用によってつぶしてきた．他方，開発途上国では1人1日平均で約5ℓの水使用量であるのに比べて，日本の都市部では500～600ℓも使用しているとの指摘がある．[12] 今や水資源は不足している．子どもたちは，家庭生活での水の使用には気づくかもしれないけれども，家庭での消費財の生産に使用される水（1トンのジャガイモからポテトチップスを作るのに15,000ℓの水を使う等々[13]）やデパート・駅・ホテル等サービス業での水の大量使用，全体の4分の1ともいわれる膨大な漏水等までは視野が及ばないだろうから，こうした切り口から，保全すべき水資源や生産等に伴う水利用とその課題を扱ってもおもしろいだろう．

鉱物資源問題をめぐって，技術科では，アルミ缶を使った鋳造の学習において，アルミニウムのリサイクルの意義をとりあげる授業実践などがみられる．こうした取り組みを格段に強化したい．

③ エネルギー問題

エネルギー問題は，エネルギー消費量の南北間格差の拡大を伴う全体量の急速な増加の実態ならびに近現代における主要なエネルギー源としての化石燃料（石炭・石油・天然ガス）の限界と問題点を明らかにすること，そして，今後の基本的方向性としては，原子力エネルギーではなく，太陽光（太陽光

発電・風力発電等）と水素（水を電気分解してできる水素を燃料源にする等）が主軸になるよう世界のエネルギー政策を転換する必要があることをつかませることが目標になろう．具体的には「エネルギーの技術」の章を参照してほしい．

④ 軍事技術の問題

人間による最大の環境破壊は戦争であり，演習を含めた軍事活動がもたらす環境破壊は甚だしい[14]．

こうした視点から，例えば，ノエル・ペリン著，川勝平太訳『鉄砲を捨てた日本人——日本史に学ぶ軍縮——』（中公文庫，1991年）等の教材化は，試みる価値があるように思われる．16世紀後半の日本は非西欧圏にあっては唯一，鉄砲の大量生産に成功し，同時代の日本はヨーロッパのいかなる国にもまさる世界最大の鉄砲使用国であったという．それが江戸時代に入ると，日本は自発的に，この高度な軍事技術である鉄砲を捨てるという逆戻りの道を選んだ．そして，長期にわたる平和な時代を築き，もろもろの技術文化や生活文化を熟成させ，産業技術を国際的水準にまで高めていたとする[15]．

⑤ 技術選択の問題

技術と環境の問題は，最終的には，技術選択の問題に行き着く．

例えば，1890年における足尾鉱毒事件と琵琶湖疏水計画の対比等は教材化したらおもしろいものになるように思う．

日本の産業革命の最中であり，第1回帝国議会の開設や教育勅語が発布された1890年，利益を生まない環境対策などを無視して，坑内電化や全冶金工程の一貫化等を中心とする技術近代化を進めた足尾銅山は一大公害問題をひきおこした．これに対して，同年京都では，琵琶湖疏水計画の大事業が竣工され，電化事業を開始，京都市一帯の地場産業活性化の原動力となり，石炭＝蒸気動力による都市公害を未然に防ぎ，古都・京都再生の源泉になった．

それは,都市環境と産業技術の共存する近代化を実現したといえる。[16]

製鉄技術をめぐるイギリスとスウェーデンの対比も興味深い。19世紀の半ば,世界の6割の粗鋼生産を記録し「世界の工場」とよばれたイギリスに対して,スウェーデンは,量産の道を追わず,良質の鉄鉱資源や森林・湖等の自然条件を生かした特殊鋼などの付加価値の高い製品生産の道を選択した。「小さくとも公害のない美しい技術と文化の道,エコロジー思想と科学技術の発展の共存は技術の創る豊かさを考える一つの指針」[17]との指摘を重くうけとめたい。

以上のような問題を適切にとりあげることによって,次代をになう主権者である生徒たちに,技術の社会的性格を見極めさせ,技術と社会のあり方を的確に判断できる力を育むことが課題になっている。

〈注〉
1) レスター・ブラウン編著,沢村宏監訳『ワールドウオッチ地球白書　1994/95：迫りくる地球の限界』ダイヤモンド社,1994年
2) 増田善信「地球規模の環境問題をどう考えるか」技術教育研究会『技術教育研究』第39号,1992年,p.17参照
3) 田中喜美「環境問題と技術教育（上）」技術教育研究会『技術教育研究』第42号,1993年,pp.1～10参照。なお,この節は,田中喜美「地球規模での環境問題と教育学の課題――技術教育の位置と役割を中心に――」日本教育学会『教育学研究』第61巻3号,1994年9月,pp.83～92を基調にしている。
4) 福島要一「公害と技術教育」産業教育研究連盟『技術教育』第242号,1972年9月,p.6
5) 谷川俊太郎他『いっぽんの鉛筆のむこうに』福音館書店,1985年
6) 三原順子『先生！もっとやろうよ』あゆみ出版,1990年,p.124
7) 朝生邦夫『大気汚染訴訟あおぞら裁判』合同出版,1991年参照
8) 内海行英「木炭づくりから製鉄まで」技術教育研究会『技術教育研究』第24号,1984年
9) 中川淳「ぼくらの手で鉄ができた」向山玉雄編著『遊びと労働で育つ子ども』青木書店,1979年
10) 天野武弘「小たたら製鉄の実習導入への試行」技術教育研究会『技術と教育』No.162,1983年

11) いわゆるブラントラント委員会の報告書 "*Our Common Future*"（環境と開発に関する世界委員会『地球の未来を守るために』福武書店，1987年）は，国際的に確認された示唆に富む内容であり，教育実践の基調にしたい．
12) 富山和子『水と緑と土』中公新書，1974年．データが古く補う必要有り．
13) E.C.Pytlic, D.P. Landa, & D.L. Johnson, *Technology, ChangeandSociety*, Davis Pub., Worcester, Massachusetts, U.S.A., 1985, p.179
14) 注1)『ワールドウオッチ地球白書』の1988/89年度，89/90年度，90/91年度，91/92年度の各版には，この事例と分析が豊富に掲載されている．
15) 16) 17) 飯田賢一『科学技術思想史論——新しい日本史像の構築のために』私刊本，1995年，pp.125～131，pp.51～56，p.214 参照

第3部
中学校技術科の授業論

第1章　技術科と授業

(1) 普通教育としての技術教育

技術科とは　学校教育は，種々の教科の指導および教科外の諸活動をとおして，子どもたちの発達を促し，将来の生活を自律的に営むに必要な基礎的な知識や技能などを与えるために行われる．この学校教育の一環として中学校に設けられている技術・家庭科における技術の分野（以下，技術科とする）の教育は，今日の日本において，普通教育としての技術教育をになう実質上，唯一の教科指導になっている．

国際条約では　1974年に，ユネスコ総会は，「国際理解，国際協力および国際平和のための教育ならびに人権および基本的自由についての教育に関する勧告」と併せて，「技術・職業教育に関する改正勧告」を議決した．そして，「技術および労働の世界への手ほどき（the initiation to the technology and the world of work）は，これがなければ，普通教育が不完全になるような普通教育の本質的な構成要素になるべきである[1]」とする原則を国際的に確認した．

さらに，15年後の1989年，後者の勧告は「技術・職業教育に関する条約」として採択され，その第3条2項(a)は「普通教育におけるすべての子ど

ものための技術および労働の世界への手ほどき……を提供しなければならない.」と規定した. 現在これは国際条約として発効している.

国際的には「技術および労働の世界への手ほどき」である技術教育は, 普通教育としてすべての子どもたちに享受されねばならないことが, 学校教育の原則になっているといえる. そしてこうした意味における普通教育としての技術教育は, 現在では実際にも, 多くの国々で初等教育から開始され中等教育（学年の点では第11学年が平均的）まで, 教科指導として行われている.[3]

貧弱な日本の現状　日本の学校教育およびそこにおける普通教育としての技術教育は, この点で重大な欠陥をもつ.

なぜなら, 第1に, 量的な面で, わが国の普通教育としての技術教育は, 実質上中学校の技術科でしか行われず, しかもそれに充てられる時間数は中学校の全授業時間の3％台にとどまるからである. OECDによれば, 日本の中学校にあたる教育階梯での普通教育としての技術教育の授業時間数の国際的な平均値（1990／91年度調査）は, 全授業時間の6％であり, 10％をこえる国も少なくない.[4]

第2に, 質的な面で, わが国の普通教育としての技術教育をになう技術科は,「技術・家庭」科として, 目的や性格等が本来異なる家庭科と括られている. そのため技術科は,「技術および労働の世界への手ほどき」という性格があいまいにされているからである.

ハイテク社会をになう主権者を育てるために　21世紀を生きる子どもたちは, 現在以上のハイテク社会を生きることになることは疑いえず, また, ハイテク社会を支えていかねばならない. 我々の生活や社会のあり方は, 環境問題や人権, 平和の問題等々を含んで, これまでにも増して, 技術をめぐる問題と不可分の関係になっていくことは間違いない. そのため, 子どもたちが次代をになう主権者として生きていく力を獲得するためには, 子どもたちすべてが, ハイテク社会の土台である現代の技術とそれに関わる労働の本

質的なものを認識し，それらを公正に評価できる力や技術や労働に対する適切なものの見方・考え方を育んでいくことが大切になる．

現行の中学校技術科は，制度上，多くの困難を抱えている．しかし，今日その役割はますます重要になっており，国際的な視野と展望にたって，わが国における普通教育としての技術教育の明日を築くために，ここでは，技術科の授業づくりの主要な諸側面のいくつかを考えていくこととする．[5]

(2) 技術科の教育目的

教育目的とは 教育学では，何のためにその教育を行うのかの意図を教育目的（aim of education）という．技術科の授業づくりにあたり，教育目的の問題は避けることができない．

普通教育としての技術教育は，技術および労働の世界への手ほどきであり，すべての子どもに技術および労働の世界をわがものとさせることが，その役割になる．

他方，技術は自然的物質的側面と社会的経済的側面をもっている．[6] そのため普通教育としての技術教育は，学校での教育活動にあっては，一面では理科や数学と，他面では社会科や家庭科等の教科の内容と密接な関わりをもち，その成果は相互に規定し合うことが知られている．技術科の授業のあり方を考えるにあたって，この点は，つねに大切にされるべきである．

しかしこのことは，普通教育としての技術教育が他の教科の教育に解消されることを意味するものではない．それは他の教科の教育では達成できない固有の目的をもっている．

技術に関する科学的認識，技能，技術・労働観 技術科は，密接に関連している次の三つの側面から，技術および労働の世界を子どもたちにわがものとさせることをめざす．

第1は，技術に関する科学的認識の側面である．技術科は，生産から廃棄までの全過程を見通した技術に関する科学的な認識の形成を図る．技術は，

その発達の過程で，技術の科学を誕生させ，これを仲立ちにして，自然科学との結合を強めた．技術は，こうして技術の科学という基礎をもち，これを教えることによって，誰にでも，その本質的なものが習得でき，すべての人のものとなりえるようになった．技術科は，こうした技術の科学の基本を学ばせ，技術に関する科学的認識を，すべての子どもに形成することを図る．

　第2は，生産に関する技能の側面である．技術および労働の世界は，知識の獲得によってわかるだけでなく，実際に行うことを通して，いわば手や体でわかるようになる部分が少なくない．技術のすばらしさや合理性は，道具や機械をその使用法に則り一定程度反復練習してはじめて納得できる面が多い．また，道具・機械や材料の取り扱いを体験するなかで，技術の科学の理論的知識を検証し，科学的認識の形成を確かなものにすることができる．技術科は，こうした意図で，基本的な道具・機械の適切な使用法や代表的な材料の取り扱いに慣れさせることを図る．

　第3は，技術および労働に対するものの見方の側面である．技術に込められた人間の知恵の豊かさを伝えたり，技術が現実の社会でどう生かされてきているか，また，技術が国民によってどのようにコントロールできるかを知らせるなかで，技術のもつすばらしさをわからせ，技術の社会的性格を正しく見極められる技術観を育むことは，技術科の大切な役割である．あわせて技術科は，ものをつくる活動に子どもたちを取り組ませるなかで，そのおもしろさをわからせるとともに，人間の労働こそが価値をつくりだすという見方を実感的に納得させる．技術科は，こうして，適切な技術・労働観の形成を図る．

　技術科の教育目的　つまり，技術科の教育目的は，これら三つの側面，すなわち，技術の科学的認識，生産技能，技術・労働観がいわば三位一体になっている技術の学力を形成するなかで，現実の技術および労働の世界をわがものとさせることを図ることにあるといえる．技術科の授業は，この教育目的を実現できるように計画され実施される必要がある．

(3) 生徒の学習と技術科の授業

授業とは　ところで，授業とは，教師が生徒たちに知識などを一方的につめこみ，生徒はそれをただ蓄積するようなものではない．また，そのようなものであってはならない．

授業は，教師と生徒とが，教材を介して，彼らの生きる現実世界に立ち向かい，その現実世界を新しく意味づけ直していく共同の営みである．そして，こうした意味づけ直しをとおして，子どもたちが，生きるに値する世界を見通していく共同の営みになるように授業は仕組まれなければならない．

技術科に即せば，その授業とは，教師と生徒とが教材を介して自分たちの生きる現実世界のうちの技術および労働の世界に立ち向かい，その世界の現実を新しく意味づけ直しながら，生きるに値する技術および労働の世界を見通していく共同の営みであり，またそのようなものとして仕組まれる必要がある．

教授活動と学習活動　他方，授業の過程は，基本的には，教師による教授活動と生徒による学習活動からなる．そして，教師による教授活動は，教材を駆使して，生徒たちの共同の学習活動をひきおこし展開させるために行われるものである．授業における教師の教授活動は，生徒の学習活動を案内し指導することに他ならず，それは学習指導を主要な任務にしているといえる．したがって，教師が，教授・学習過程としての授業をつくるためには，授業における生徒の学習をいかにとらえるかが重要な問題になる．

学習活動の三つの側面　学習活動の面からみるとき，生徒は，授業において，三つの関係に入ることになる．

第1は，教師が教えようとする対象物である教育目標（objective of education）との関係である．この意味での教育目標は，しばしば教育内容といわれることがあるので，ここでは，以後，教育目標＝内容と表現する．

技術科の場合，すべての子どもに技術および労働の世界をわがものとさせるという教育目的を実現するために選択され配列された技術の科学と作業の

基本が教育目標＝内容となる．子どもたちは，技術科の授業において，教育目標＝内容とされた技術の科学の基本や作業の基本を，それらの教育目標をになった教材の一つひとつと格闘しながら，学び取ろうとする．

　第2は，自分自身との関係である．一般に，事柄の本質的なものは，私たちの感覚でとらえた表象とは異質のものである．そのため技術科の授業において，技術に関する本質的なものを反映させた技術の科学の基本を心に落ちた形で納得してわかるためには，これまでの生活総体のなかで育んできたその子どもなりのものの見方や考え方の準拠枠（frame of reference）を組み替えること，すなわち生活概念を再構成すること[7]が，多かれ少なかれ必要になる．そこには，子どもが自分自身と反省的に向かい合い，自分を一旦くずして再度自分をつくろうとする契機が認められる．また，技術に関する作業の基本の学習でも，道具や機械を適切に使用することで，自分でもこんなことができるのか等々，子どもが自己像の輪郭を再構成する契機を必ず含んでいる．

　第3は，教師や学級の仲間との関係である．一般に，授業における生徒の学習は，教師や学級の仲間との意思疎通や意見の交流を通して展開される．これに加えて，とりわけ技術科の授業では，ものをつくりだす活動等々，学級の仲間といかに力を合わせるかが目標達成の鍵になり，教室での生徒の活動が共同のものとして行われることが多い．そこでは，生徒たちは，素材に働きかけることと同時に，他者に働きかけることをも学習している．

　このように授業において生徒は，教育目標＝内容の獲得としての学習を行いつつ，自分探しの学習を行っており，さらに同時に，仲間づくりの学習も行っている．したがって，授業における生徒の学習は，これら三つの側面の区別と関連においてとらえられる必要がある．そして，教師の教授活動は，これら三つの側面の区別と関連においてとらえた学習の指導として構想され展開されなければならない．

　自分探しの側面と技術科　従来の授業論においては，授業を，認識過程と

その組織的ないし社会的過程の二つの側面からとらえることが，しばしば行なわれてきた[8]．この場合，授業における子どもの学習の第1の側面は認識過程の問題，第3の側面は組織的・社会的過程の問題としてとらえられてきたのに対して，第2の側面，すなわち自分探しの側面は，その視野から抜け落とされる傾向があったことは否めない．それは一面で，この側面が授業論よりもむしろ生活指導論において論じられてきたことも関係しているかもしれない．

しかしこのことは，授業づくり一般にとっての問題であるとともに，とりわけ技術科の授業づくりにとっては，より重要な問題を含んでいると考えられる．なぜなら技術科は，技術とならんでそれに関わる労働の世界を対象にしており，また，技術観とならんで労働観の形成も，技術科が育むべき技術の学力の側面の一つとして位置づけられるべきであると考えられるからである．

労働は，人間が生きることにとって不可避の活動であるばかりでなく，それは，人間が生きることと不可分の活動でもある．そのため，労働の意味や意義についてのものの見方・考え方は，その人間の生き方の選択の問題と深く関わる[9]．そして，生き方の選択の問題は，思春期である中学生が本格的に着手し取り組むべき最も重要な発達課題の一つである[10]と同時に，その問題は，中学生にとっては自分探しの問題と表裏の関係にある．

したがって，技術とならんで労働の世界を対象にし，技術観とならんで労働観の形成をそれが育むべき学力に含む技術科とって，子どもの学習における自分探しの側面は，他の教科指導と同様に，授業の展開のなかで随伴してくる問題であるとともに，他の教科指導とは異なり，授業で主題的に取り上げるべき対象物そのものになる場合も想定される．それゆえ，技術科の授業にとって，子どもの学習における自分探しの側面は，その教育目的に関わる問題であって，もしこれを技術科の授業論の視野に位置づけていなかったとすれば早急に改められる必要があるといえる[11]．

第2章　技術科教材論

(1) 授業づくりの「かなめ」である教材論

　教材論は，一つには，受験教育体制が覆う中学校の授業に，学ぶ意味と喜びを取り戻すという点，二つには，技術科の授業を覆う題材論の制約を解くという点からみて，今日の技術科の授業づくりにとって，「かなめ」の問題になっていると考えられる。

① 学ぶ意味と喜びの復権をめざして

受験教育体制下の中学校　現在，中学校の教育現場には，テストと偏差値序列を柱にした受験教育体制が覆い被さっている．子ども・親・教師にとって，学力とは受験学力以外の何物でもなく，受験学力を身につけることが中学校教育の中心目的になってしまっている観さえある．近年のいわゆる新学力観も，受験教育体制を克服するものではなく，かえって，それを強化する役割を果たしている．

学ぶ意味の空洞化と学ぶ喜びの喪失　そして，中学校におけるこうした受験教育体制の強化は，三重の意味で，子どもたちから学ぶ意味と喜びを奪い取る傾向を強めている．

　学校で教えられるべき内容である知識等は，元来，自然や技術や社会などの現実世界に根拠をもっている．だから，ある知識がわかるということは，その知識にうつしとられた現実世界がわかるようになること，しかも感覚ではとらえられないような現実世界の本質的なものがわかることに繋がるはずである．それゆえ，学ぶことは，本来，学習は自分にとって"意味がある"，あるいは"役にたつ"という実感と喜びを伴い，また，その喜びと実感は，次の学習へと立ち向かわせる動因となる．

　しかし，受験教育体制のなかでは，例えば，それはテストに出るか否か，

あるいはどのくらいの配点か，といった外的に認定される価値の方が，知識そのものの価値よりも優先される．そして，子どもたちも，学習する知識等のそれ自体のおもしろさや役割に興味をもち，学ぶ楽しさを感じ取るのではなく，テストという外的評定者との関わりでしか「意欲」をもてなくされる．

また，そこでの知識等は，その元来の根拠である現実世界との繋がりは不問にされるので，受験学力を身につけるほど，現実世界から隔てられる結果を招きがちになり，学習することの意味を実感することから遠ざけられる．

さらに，受験教育体制においては，子どもたちは学習の結果によってつねに序列化が強いられ，学習は序列化のための手段として機能している．授業での学習は，真理・真実によって，子どもたちを偏見や謬見から解放し，手を繋ぎ合わせる共同の場ではなく，逆に，受験競争をあおる分断の場に化している．多くの中学生は，小学生の時から偏差値序列を刻印され続け，その序列に甘んじるように自らを慣らし，消去法的にしか自分の進路を選択できなくされている．こうして圧倒的多数の子どもにとって，学習は彼（女）らの夢をふくらませ，それを実現する手段ではなく，諦めさせる手段になっている．

こうして今日の受験教育体制のなかでは，子どもが学習の意味や喜びを実感することはきわめて困難になっているといわざるをえない．

授業づくりの根本課題としての学ぶ意味と喜びの復権　しかし，このことは，視点をかえれば，受験教育体制の覆う現在の中学校教育の問題を，日々の授業を中心とした教育実践において克服しようとするとき，その要点は，授業のなかで学習の意味と喜びを取り戻し，それらを中学生に実感させることにあることを示唆しているともとらえられる．

加えて，授業の問題を教師の教授活動の面からみるとき，受験教育体制は，「少なくともこれだけはすべての子どもに教えたい．」と思う，それ自体は至極まっとうな教師の願いが，往々にして，いわゆる詰め込み教育に陥らせる教師の教授活動の構えを助長する結果を生むことになる危険性を高める．と

くに,授業時間数が大幅に削減され続けている技術科の教師にとって,この危険性はより大きいものと考えられる.

教える内容が,生徒にとって教えるに値する価値あるものでない限りは,授業で生徒に学習の意味や喜びを実感させることは困難である.しかし,たとえ教えるに値する内容であったとしても,詰め込み教育では,生徒の発達を促さず,その教育的価値はなくなる[14].ましてや,生徒に学習の意味と喜びを実感させることは困難である.

教材論の位置 このようにみてくると,課題はすでに明らかであろう.学習の意味と喜びを回復させ,これらを子どもたちに実感させるような授業をつくりだしていくことにとって,最も直接的で第一義的問題は,教材のあり方にあると考えられ,「これならば,多くの子どもが深い感動をもって学習することができる」教材をつくりあげ,共通の財産にしていくための技術科教材論の構築が,今,求められているといえる.

② 技術科の授業づくりを題材論の制約から解くために

題材論の影響力と役割 ところで,技術科の教材をめぐる問題にとって,題材論のもつ意味は小さくないと考えられる.「教材を選ぶということを技術・家庭科の次元でいいますと,まず題材だと思うのです.題材をどう選ぶか,開発するかが技術・家庭科を左右する大きな条件だと思うのです[15].」等としばしば語られるほど,題材論は,技術科の教育現場に大きな影響力を及ぼし続けてきた.

しかし,結論を先取りすれば,題材論は,教師を中心とする技術科関係者の教材に対する視野を偏狭にすることを通して,授業において子どもたちが技術および労働の世界へまっとうに立ち向かうことを阻害する役割の重要な一端をになってきた.技術科の授業論は,題材論の制約を解かねばならない.

技術科特有の題材論の登場 教育学では一般に,題材は単元と同義で使用される.これに対して,技術科における題材は特有の内容をもつ.この特有

な題材という概念が,『中学校学習指導要領』の技術・家庭科の部分および『中学校指導書技術・家庭編』に登場したのは,技術・家庭科が発足した1958年版ではなく,次の改訂にあたる1969年版であり,そこには一定の意図が働いていたとみられる.

1969年版中学校学習指導要領は,一方で,技術・家庭科の「目標」から「近代技術の理解」という1958年版での技術科の「目標」の眼目であった部分を削除しながら,他方で,「題材選定の観点」を新たに挿入し,「(1)内容に示す事項の指導に適切なもの,(2)題材間に系統性のあるもの,(3)生徒の興味や能力の程度に即しているもの」とともに「(4)家庭生活の充実発展に役立つもの」(193ページ)を掲げた.

そして1971年に発行された『学習指導要領用語辞典』(徳山雅人・奥田真丈編,帝国地方行政学会)で,当時文部省職業教育課教科調査官であり,1969年学習指導要領改訂における技術科の中心的担い手であった鈴木寿雄氏が,「題材」の項目を執筆している.

技術科題材論の三つの特徴とその意味　ここでの題材なる用語の解説の特徴は,次の三点にまとめられる.

第1は,技術科に特有のものとして題材の用語が取り上げられている点である.『学習指導要領用語辞典』では解説する用語の後に当該用語の使用教科が付されている.そして学習指導要領において題材の用語は,国語,英語,美術等の教科でも使用されているにもかかわらず,教科名としては「技」と表記されているだけである.これは,他の教科での一般的な意味には解消できない,技術科に特有な題材概念の存在を示唆している.

第2は,題材とは「一般に作品の内容となる材料をいうが,『技術・家庭』では,各領域の指導事項を統合し,一定のまとまりをもたせ,指導単位を構成しているものをいう」(610ページ)とされるように,題材は,まとまりをもった指導単位を構成するために各領域の教育目標＝内容を統合する核とされている点である.

これは，教育目標＝内容の面では，その系統性を軽視することに繋がる危険性をもつとともに，教材論の面では，1単位時間ごとの授業のための教材を研究するという視点を後退させる危険性をもつものといえる．技術科の場合，一題材にはかなりの授業時間数を配当するのが通常であり，それを，統合させた一つの指導のまとまりとすることは，それを単位とした教材の研究に傾斜させ，1時間ごとの授業の教材のあり方を探究するという他の教科では当たり前の教材研究の視点を後退させる．

　教育目標＝内容と教材との対応関係には，多：1ばかりでなく，1：1や1：多も想定できる．しかし，この題材論は，技術科の教材論を多：1関係のものに制限し，多様な発展を阻害する可能性をもったことは否定できない．

　第3は，こうした題材を選定する観点の一つとして，「家庭生活の充実発展に役立つもの」が掲げられ，しかも，それが特に強調されている点である．前述のように1969年版は技術科の題材選定の観点として4項目あげていた．このうち(1)〜(3)は，自明なものといえるのに対して，「(4)家庭生活の充実発展に役立つもの」という観点は，技術科の題材選定にとって必ずしもそうとはいえない．

　そしてこの点に関して，『学習指導要領用語辞典』で鈴木氏は，「『技術・家庭』では，生活の見方や考え方を，技術の習得を通して身につけることも重要なねらいとしているので，最も身近な生活の側面である家庭生活に焦点をしぼり，その充実発展に役立つ題材を選定するとする観点(4)は有意義なことであるといえよう．」と強調している．

　すなわち，技術科特有の題材概念は，その内容とともに，選定の観点として，「家庭生活に焦点をしぼる」ことを強調するものであった．それは，技術科の教材を「家庭生活に焦点をしぼる」ことによって，それ以外のもの，例えば，現代産業の生産過程を例示し典型化したような教材を排除したと評価できる．また，さらに，現代産業の生産過程を例示し典型化するような方向で，技術科の教材のあり方を探究する道を閉ざす役割も果たしたことは否

定できない．

技術科題材論の結果 この点は，1958年版学習指導要領準拠の技術科検定教科書と1969年版準拠のそれとを比較すれば明らかである．[16]

1969年版準拠の技術科検定教科書は，1958年版準拠教科書での「図面と生産」「工業製品の標準化」「機械と産業との関係」「原動機の発達と産業」「電気と産業との関係」「電気技術の進歩と産業の発達」等々，産業や社会的生産の世界に関わる教材をすべて削除した．

加えて，例えば，機械学習に関して，1958年版学習指導要領は「取り上げる機械に即して指導する」とし，教科書も現実に存在する本物の機械を教材としていた．これに対して1969年版準拠の技術科検定教科書は，これらを排除し，かわって，「動く模型」を教材とした．

つまり，1969年版学習指導要領準拠の技術科検定教科書は，産業や生産の世界を排除しつつ，いわばフィクションの教材を導入することによって，子どもたちの前に，本物の技術および労働の世界をリアルに展開させる面で重大な弱点をもち，子どもたちが技術および労働の世界に立ち向かうことを促さないばかりか，それを阻害する危険性さえはらんだ内容となった．そして，1969年版学習指導要領によって導入された技術科に特有の題材概念は，こうした検定教科書を強力な媒体として，中学校の教育現場に浸透していき，技術科の教材研究を制約し歪めていった．その影響は，今日でも根深く存在している．

(2) **技術科教材づくりの論理**
① **技術科教材の源泉**

それでは，技術科のあるべき教材づくりとはどのようなものか．前節での内容を敷衍しながら，その論理を考えてみよう．

技術そのものが教育目標＝内容ではない 佐々木享が，かつて指摘したように，[17] 技術科において教授すべき対象物としての教育目標＝内容は，技術そ

のものではなく，技術の科学と作業の基本である．これは，例えば，理科の教育目標＝内容が自然そのものではなく，自然科学の基本であり，社会科のそれが，社会そのものではなく，社会科学の基本であるのと何らかわらない．

技術の科学等を教えることが技術科の目的ではない　このことを裏返せば，技術科において技術の科学と作業の基本を教えること自体は，技術科の教育目的ではないことを意味する．技術科の目的は，技術の科学と作業の基本を習得させることではなく，技術そのものをわがものとさせることである．認識の面に限れば，教育目標＝内容である技術の科学の基本を教えわからせることによって，技術そのものの本質的な側面をわからせることが技術科の教育目的であるといえる．

これは，理科では自然科学の基本を教えることによって，自然そのものをわからせることが教育目的であり，社会科では社会科学の基本を教えることによって社会そのものをわからせることが教育目的であるのと同様である．自然や社会をわからせないならば，自然科学や社会科学を教えた価値はなく，技術そのものをわからせないならば，技術の科学を教えた価値はないという意味で，自然科学や社会科学や技術の科学それ自体は教育目的とはなりえない．

誤解を恐れずにいえば，一市民として生活し生きていくために大切なのは，現実の自然であり，社会であり，技術だからである．

なぜ技術の科学等が教育目標＝内容か　ではなぜ，技術の科学と作業の基本を教育目標＝内容とし，技術そのものを教授すべき対象物としないのか．

その理由は，学校教育という教育の特殊な一定の形態においては，事実上，それは実現不可能だからである．技術や労働の世界を含め，現実世界に関する知には，長期間，見様見真似によって，いわば以心伝心的にしか伝えられず，しかも我々が生きる上で重要なものは数多くある．しかしこれらは，学校とりわけ国民教育をになう学校での教育の対象物にすることはできない．

科学の基本が学校での教育目標＝内容とされるのは，それが誰にでも分か

ち伝えることのできる知の一定の種類に他ならないからであって,しかも科学は,感覚ではとらえきれないような現実世界の本質的なものをわからせる役割を果たすことができ,また,人間の認識力を発達させる最も有効な手段であることが確かめられているからである[18].

また,作業の基本に関しても同様であって,その分かち伝えの方法がある程度客観化され定型化されて,誰にでも分かち伝えることができない限り,学校での教育目標＝内容として位置づけることはできない[19].

教材論の問題の焦点 しかし,誰にでも分かち伝えられるこうした種類の知は,反面では,その特徴ゆえに,学校教育において,例えば,自然科学の知識はもっているが,それが自然そのものをわかることにつながっていない等,本来,その知識の根拠となっている現実世界の当該部分ないし側面と乖離してしまい,知識それ自体が一人歩きする危険性も秘めている[20].受験教育体制は,これを現実のものとし,決定的に強化する.

だから,我々の求める教材づくりの要件を抽出するためには,問題の焦点を,まず,ここに合わせなければならない.一方における教育目標＝内容としての技術の科学と作業の基本の教授,他方における教育目的としての技術そのものをわがものとさせること,この二つの課題を乖離させることなく結びつけることが,技術科における教材の任務の重要な側面であって,このためには,教育目標＝内容が技術の科学と作業の基本であるので,教材をつくるための素材は技術そのものに求められることになる.

技術科教材の源泉 すなわち,技術科の教育目標＝内容の源泉が,技術の科学と作業の領域に求められるならば,その教材の源泉は,労働手段の体系を基軸にとらえられた技術およびこれと結びついた労働の現実の世界にあると結論づけられる.

② 技術科教材づくりの基本

前項では,事柄を単純にするために,子どもの生活概念の問題を捨象して

述べた．しかし私たちの課題からみて，これでは不十分である．教育目標＝内容，教育目的，子どもの生活概念，3者いずれとも明瞭な関係のもとに教材が位置づけられねばならない．ただしここでは，技術の学力の三側面の一つである認識の面において，これを検討していくことにする（図1参照）．

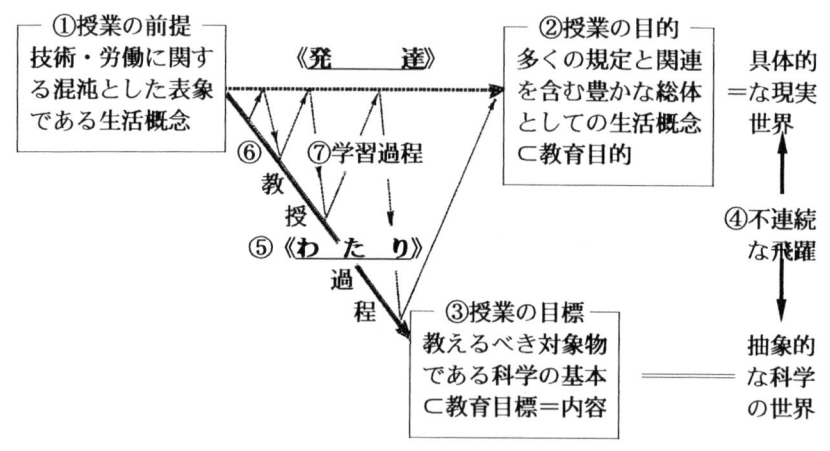

```
┌─①授業の前提──┐                    ┌─②授業の目的──┐
│ 技術・労働に関す │  《発    達》      │ 多くの規定と関連 │  具体的
│ る混沌とした表象 │─────────────────▶│ を含む豊かな総体 │ ＝な現実
│ である生活概念   │                    │ としての生活概念 │  世界
└──────────────┘     ⑥    ⑦学習過程  │ ⊂教育目的       │
                      教                └───────────────┘
                      授                         ▲
                      ⑤《わ た り》               │ ④不連続
                        過                       │  な飛躍
                        程                       ▼
                      ┌─③授業の目標──┐
                      │ 教えるべき対象物 │  抽象的
                      │ である科学の基本 │ ＝な科学
                      │ ⊂教育目標＝内容 │  の世界
                      └──────────────┘
```

図1　教授・学習過程における教育目標＝内容，教育目的，子どもの
　　　生活概念の関係

1）子どもの生活概念と教育目的

第1は，子どもの生活概念と教育目的との関係の点である．

授業の前提としての生活概念　子どもの生活概念は，まず，レディネスという面から，授業の出発点，ないし前提として位置づくことは説明を要しないであろう．

同時に，一般に，事柄の本質的なものは，感覚でとらえられた表象とは異質なものであって，本質を納得的にわかるためには，これまでの生活総体のなかで育まれてきた生活概念を再構成することが多かれ少なかれ必要になることは，すでに指摘した．もし生活概念の再構成が伴わなかったならば，たとえ教授された知識が本質を反映したものであっても，子どもにとって，それは外から注入され，単に情報として知ったというレベルでの情報知が一つ

増えたということにしかならない．

　いいかえれば，事柄の本質的なものを心に落ちた形で納得してわからせるということは，その子どもの生活概念を，本質を反映した知識によって，より合理的なものに再構成することに他ならない．そして，この過程を通して，感覚的な表象や仮象に惑わされることなく，真理をつかみとる力である認識力を発達させることができると考えられる．

　授業の目的である生活概念　したがって，技術科の教育目的の一つである技術そのものの本質的なものをわからせるということは，視点をかえれば，子どもたちが自然発生的に育み身につけてきた生活概念を，技術の科学の基本を教授することによって，より合理的なものに再構成し，技術に関わる真理を見抜く力を発達させることを意味する．すなわち，この面では，子どもの生活概念は，授業の終着点ないし目的として位置づくことになる．

　つまり子どもの生活概念は授業の前提でもあるし，またその目的でもある．

　無論，この二つは，内容的には同じレベルではない．前者は，技術についての混沌とした表象ないし観念のレベルを中心とする生活概念である．これに対して，後者は，技術の科学の手助けによって，授業のなかで再構成され，さらに，各授業の繰り返しと展開によって，最終的には，多くの規定と関連とを含む豊かな総体としてのものに至った技術についての生活概念としてとらえられる（図1の①②）．したがって，前節での技術科の教育目的に関わって述べた技術に関する科学的認識の形成とは，このレベルにおける，技術についてのその子どもなりの生活概念の獲得に他ならない．

2）子どもの生活概念と教育目標＝内容

　生活概念と教育目標＝内容の間には不連続な飛躍　第2は，子どもの生活概念と教育目標＝内容との関係の点である．

　我々は，教育目標として教授すべき対象物である教育内容は，経験主義教育論のように子どもの日常生活の経験的事象におくのではなく，科学の基本

であるとの立場をとる（図1③）．いいかえれば，子どもが生活経験において獲得し育んできた生活概念と教育目標＝内容である科学の基本との間には，不連続な飛躍の存在をみる立場にたつ（図1④）．一方は，具体的な現実世界の事柄であり，他方は，抽象的な科学の世界の事柄に属する．子どもたちは，授業において教師の教授活動に案内されつつ，この二つの世界を「わたる」[21]必要がある（図1⑤）．

3）授業における3者の関係

第3は，授業すなわち教授・学習過程における3者の関係の点である．

教授過程の道行き　授業を教師の教授活動の面からとらえた教授過程は，前提としての子どもの生活概念から出発し，子どもたちを具体的な現実世界から抽象的な科学の世界へとわたらせ，教育目標＝内容に至る過程である（図1⑥）．

学習過程の道行き　これに対して，授業を子どもの学習活動の面からとらえた学習過程は，教師の教授活動に案内されながら，教育目標＝内容である抽象的な科学の世界に向かって進んでいく．しかし，この過程は，子どもの内面では，具体的な現実世界から抽象的な科学の世界へ一方通行的に下がっていくのではなく，[22]たえず二つの世界を往復し，下向と上向を繰り返しながら，その都度，自分自身と反省的に向かい合い，自らの生活概念を再構成することを促されつつ進み，教育目標＝内容に到達したときには，同時に，目的としての生活概念に到達している過程ととらえられる．すなわち，子どもの学習過程は前提としての生活概念から出発し，教育目標＝内容に至ると同時に，教育目的としての生活概念にも至る過程としてとらえられる（図1⑦）．

技術科教材の要件　したがって，こうした考察から導かれる技術科における教材の要件をまとめると，次のように整理できよう．

私たちは先に，教育目標＝内容である技術の科学の基本と教育目的である

技術そのものをわからせることを乖離させることなく結びつけることが，今日求められる教材の任務の重要な側面であり，したがって，教材の源泉は，技術そのものの現実の世界に求められることを確認した．

そして，この確認点に，上でみてきた子どもの生活概念の要素を総合するならば，教育目標＝内容としての技術の科学の基本と教育目的としての技術そのものをわからせることを結びつけるとは，子どもの生活概念と技術の科学の基本を結びつけることであり，ここでいう「結びつける」の内容は，学習過程において，子どもたちに，具体的な現実世界と抽象的な科学の世界との間の往復運動をさせて，その都度，子どもたちの生活概念を再構成するように促し，それを実現するということになる．そして，この往復運動を引き起こし，子どもの生活概念の再構成を促しえることが，教材の最も重要な要件であると結論づけられる．[23]

4）技術科教材づくりの基本

教授過程と教材づくりは逆ベクトル　教材論は，教材づくりの理論にならねば意味がない．そこで上述の結論を教材づくりとしてとらえ直すならば，第1に，教材の任務の重要な側面は，子どもの生活概念と技術の科学の基本とを結びつけることにあるので，教材づくりの過程は，教育目標＝内容としての技術の科学の基本から出発し，授業の前提としての子どもの生活概念に至り，それにつなげる過程としてとらえられる．すなわち，教材づくりは，教授過程と逆の過程になる．

第2に，教授過程の役割は，子どもの学習過程をひきおこし，それを教育目標＝内容にまで案内することである．そして教授過程によって案内される子どもの学習過程は，教育目標＝内容に向かいつつ，同時に技術そのものの具体的な現実世界と技術の科学の抽象的な世界とを往復しながら，技術についての自らの生活概念を再構成していく過程であった．

したがって，第3に，こうした子どもの学習過程を案内することが教授過

程であり，また，教材づくりは教授過程の逆の過程であるととらえられるので，それは，学習過程において子どもがたどる上記の過程を逆ベクトル的にたどることが基本になると考えられる．

技術科教材づくりの基本とは　つまり，技術科における教材づくりの基本は，(a)教育目標＝内容である技術の科学の基本によって，教材の源泉である技術そのものの現実世界を分析・総合する活動であり，(b)授業の前提としての子どもの生活概念を，目的としての生活概念へと再構成させることにとっての有効性の度合いを基準にしながら，(c)この分析・総合の活動によって，技術そのものの世界の典型的な事実，すなわち「いわば第二の現実」[24]を構成することであると結論することができる[25]．

例えば，動力技術における効率の概念が教育目標＝内容である授業でのすぐれた教材として，手作り水車をあげることができる．

第1に，水車は，比較的よく知れらており，歴史的に動力技術の重要な部分を占めてきたばかりでなく，熱機関の時代である現代でも，蒸気・水力タービンとして基幹的な役割を果たしている現実の動力技術の典型の一つである．

第2に，効率の概念，すなわち動力へのエネルギー変換における出力／入力を，生徒たちに実感的にわからせる上で，水車は効果的である．

なぜなら，入力は，近似値ではあるけれども，水車に注ぐ水道の水が一定時間に流れる量と貯水タンクの高さから簡単に割り出すことができるし，出力は，水車の軸にヒモで重りをつるし，一定時間に巻き上げる距離と重りの重量から割り出すことができる．要するに，教師からいわば天の声として解答を聞かなくても，生徒たち自身で事実に即して解答を導くことができる．

それだけではない．多くの子どもたちは，入力よりも出力の方が大きいとする生活概念をもっている．しかし，水びたしになりながら，自分たちの水車を使って測定してみると，効率は1％以下しかなく，見込みの違いに驚く．さらに，水車の羽をスプーンのような湾曲したものにかえると，途端に効率

が数倍よくなることに再度驚き，現代のタービンは効率が90％以上にも開発されていることを知ると，さらに目を輝かせる．技術の世界のすばらしさを垣間見る．

あるいは，水車に発電機を結びつけ，豆電球を点灯させていくと，豆電球の数が増えるにしたがって水車の回転が遅くなり，一定数以上になると回転が止まってしまう．これらは，動力から電気エネルギーへの変換の不思議さと真理を身をもって体験でき納得させる．

この教材をつくりだした教師は，(a)教育目標＝内容である「効率」の概念を念頭におきながら，現実の動力技術の世界を分析・総合し，(b)子どもの生活概念の実態とその再構成の可能性の見通しを基準にしながら，(c)動力技術そのものの「第二の現実」として手作り水車を開発したのではないか．そして，授業において，この「第二の現実」としての手作り水車を媒介にして，効率のよいエネルギー変換を本質とする動力技術の世界に子どもたちを立ち向かわせ，動力技術の世界を新たに意味づけなおさせようとしたのではないだろうか[26]．

(3) 教材づくりにおける技術の二重性の問題

技術の二重性　ところで，我々が技術科教材づくりの基本についての上の結論にそって具体的作業に着手するとき，技術科固有の問題の存在に気づく．その問題とは，技術科で教授しようとする教育目標＝内容は，技術の科学のうちの自然科学分野（技術科学 technological sciences，技術に関する実験科学[27]）の基本が主なものになると考えられるのに対して，教材づくりのために，これによって分析・総合しようとする技術そのものの現実世界は，「技術の二重性」[28]という特質をもつことに由来する．

すなわち技術は，自然法則が支配する物質的自然的側面と社会法則が支配する社会的経済的側面とを二重に併せもっている[29]．したがって，自然科学である技術科学の面からみた典型的事実が，技術そのものの現実世界における

典型的事実であるとは必ずしもいえないことが予想されるからである．

では，どうすべきか．

技術の二重性の論理的関係　技術の科学には，技術の二重性に対応して，二つのものが存在するといわれる．技術の物質的自然的側面に主に対応した技術科学，ならびに，技術の社会的経済的側面に主に対応した技術論である．

また，技術の物質的自然的側面は，歴史貫通的で普遍的であるのに対して，その社会的経済的側面は，物質的自然的側面を内容にして，ある特定の社会的経済的条件のもとで発現した具体的形態であるととらえられる．すなわち，技術が併せもつ二側面は，内容と形態としてとらえられ[30]，その論理的関係は，図2のように表すことができる．そして，これによれば，社会的経済的側面からとらえた，いいかえれば技術論に基づいて構成した技術の典型的事実は，物質的自然的側面からとらえた，いいかえれば技術科学に基づいて構成した技術の典型的事実に必ずなるけれども，しかし逆は必ずしも真ならず，という関係になっていることがわかる．

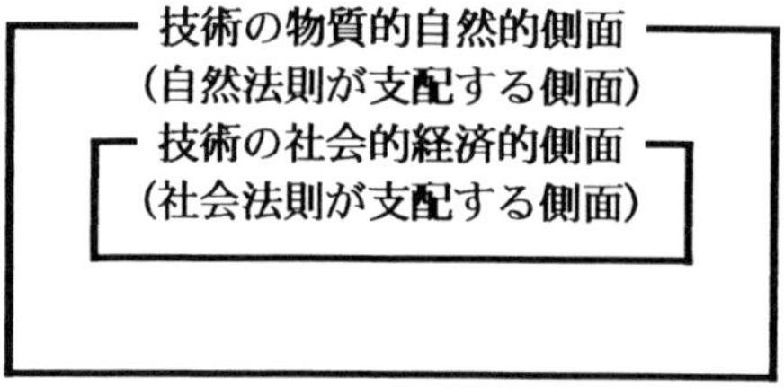

図2　技術の二重性の論理的関係

（図中：技術の物質的自然的側面（自然法則が支配する側面）／技術の社会的経済的側面（社会法則が支配する側面））

例えば，機械工学の面から考えれば，自動車や場合によっては自転車さえも，機械の典型といってもさしつかえないかもしれない．しかし，技術論の面から考えれば，これらは機械の典型には位置づかない．逆に，技術論の面から機械の典型であるとされる工作機械は，機械工学の面からみても典型に位置づくであろう．

技術科教材づくりの方法　したがって，結論としては，まず，技術論の観点から，技術そのものの現実世界における典型的事実を取り出し，さらにそれを教授しようとする教育目標＝内容である技術科学の基本によって分析・総合しながら典型的事実を構成して，技術そのものの世界の第二の現実として教材にまとめていくことが技術科における教材づくりの適切な方法である

といえる.

　一般に,授業は教室とよばれる特定の空間で行われ,現実の対象世界としての技術そのものに子どもを立ち向かわせることは困難である.そこで,技術そのものの世界の第二の現実——全体としては,技術および労働の世界の第二の現実——として,その典型的事実を教材として構成する.こうして,技術そのものの世界の第二の現実としての教材を介して,子どもたちは,彼らの生きる現実世界のうちの技術の世界に立ち向かい,その本質を反映させた技術の科学の基本を手がかりに,その世界の現実を新しく意味づけ直していく共同の営みとして,技術科の授業を展開するための基本条件が整えられることになる.

　残された課題　以上,技術科教材づくりの論理を素描してきた.しかし,この問題に関わって検討すべき残された課題も少なくない.ここでは,そのうちの2点だけを指摘しておきたい.

　第1は,授業における子どもの学習活動の三側面のうちの仲間づくりの側面と教材づくりとの関係の点である.

　先に我々は,授業において子どもたちは,教育目標＝内容の獲得としての学習を行いつつ,自分探しの学習を行っており,同時に,仲間づくりの学習も行っている,と指摘した.このうち,前2者の側面は,子どもの生活概念の再構成という視点を軸にして,教材づくりの論理の基本に組み込ませてきたと考えている.しかし,仲間づくりの側面は,教材づくりの問題としては直接には論じていない.これでよいか,という問題である.

　もちろん,授業における仲間づくりの側面は,主要には,学習集団論の対象であり,授業論としては,教材論よりもむしろ,班学習のあり方等々,指導過程・学習形態論でとりあげられる主題であると考えることには根拠がある.

　しかし同時に,現実の技術および労働の世界の大部分は,分業に基づく協業によって成り立っており,技術および労働の世界のこの特質に子どもたち

を立ち向かわせ，それを意味づけ直していく活動を組織することは，技術の授業にとって大切であると考えられる．

また，例えば，製図・加工学習で，グループを組んだ友人の注文書に即して図面をおこし，加工するといった授業実践等も取り組まれている．

仲間づくりの学習の側面を視野に含んだ技術科教材論の論理構成は不可能ではないし必要でもあると思われる．技術科教材論の課題として位置づけたい．

第2は，現実の技術の世界を支えている技術科学の成果の水準と中学生という発達段階の子どもの認識力との関係の点である．

例えば，単元「制御と通信の技術」の内容に関わって，フィードバック制御やデジタル技術等はその重要な部分を占めているし，言葉としては子どもたちもなじんでいる．しかし，これらを中学生にわからせることは至難であろう．その場合，フィードバック制御のように教える対象にしなくても済むならば教育目標＝内容から削除すればよいが，デジタル技術のように，子どもたちを現実の技術の世界に立ち向かわせるためには何らかのかたちで触れざるをえない事項の存在も予想される．しかも，技術の世界にはこうした事項が少なくないのではないか．その際の到達目標の考え方と教材のあり方の問題である．

現時点の見通しとしていえば，技術に関する科学的認識の形成を重層的にとらえるなかで，この問題へ接近する展望が拓かれるように思われる．すなわち技術に関する科学的認識を，「AはBである」という一貫性のある論理的体系としての認識に限るのではなく，その前段階のものとして，「AはBみたいなもの（こと）」として，言い換えれば，アナロジーとしての認識も位置づけることで，問題解決への一定の見通しが立ってくるように考えられる．[31]

科学的認識とは，本来，前者のような，一貫性のある論理体系として認識している内容を意味していよう．しかし，現実の世界のとらえ方として，実

際には，アナロジーとしての認識もかなりの役割を果たしている．それゆえ，授業において，子どもたちの発達段階やレディネスからみて，前者のような認識レベルの到達が困難だとしても，後にそれにつながるような的確なアナロジーとしての認識を獲得させることを到達目標として設けることは十分に考えうる．

そして，もしこのように考えられるとするならば，的確なアナロジーとしての認識を獲得させるような教材のあり方が求められてくる．技術科教材論の重要な理論課題として位置づけたい．

第3章　技術科の授業設計と評価

(1) 学習指導案をどうつくるか

① なぜ学習指導案をつくるのか

学習指導案とは　学習指導案は，これから実施する授業の設計図である．家の建築が設計図を引くことから始まるように，授業づくりも学習指導案づくりから始まる[32]．設計図が悪ければ，よい建物ができないように，適切な学習指導案ができなければ，よい授業はつくれない．

また，図法幾何学の創始者モンジュが，図面の役割を，思考手段と伝達手段の二つにまとめたように[33]，授業の設計図としての学習指導案にも二つの役割がある．

思考手段としての学習指導案　第1の役割は思考手段としてのものである．これから実施しようとする授業の計画を練り上げる役割である．実現すべき授業のレイアウトを，一度，紙の上に書き表わす．次にこれを再検討し，生徒の状況把握や目標設定等の不十分な点を補い，授業展開（指導過程の文節構成や山場の置き方，生徒全員を授業に参加させる学習形態のあり方等々）や発問，使用する教具等について，必要な修正を行う．さらに授業過程で生じるかもしれない事態について予測し，予め対応の仕方を考える等，多面的

に吟味しながら，より適切な学習指導案になるよう練り上げる．

　しかし，もしその役割がこれだけであるなら，学習指導案は，それぞれの教師が，各自のやり方で思いつくままに書き付けておけば済むかもしれない．

伝達手段としての学習指導案　第2の役割は，伝達手段としてのものである．建物に欠陥があった時にその設計図の良否が問われるように，学習指導案は，それに基づいて実施された授業を評価する際の基準になる．授業の観察者は学習指導案に即してうまくいったかどうかで当該授業を評価し，そこから得られた知見をフィードバックさせて次の授業の改善に取り組む．また，よい授業が実現できたならば他の教師もその学習指導案に則って実施でき，よい授業を広める条件をつくることになる．したがって学習指導案は，教師の思いついたことを書き付けただけでは十分でなく，それを読んだ第三者に授業の意図が正確に伝達され理解を共通にすることができねばならない．視点をかえれば，第三者がその授業を追試することのできる学習指導案であることが必要である．

授業の腕前をあげる最短コース　このように学習指導案は，よい授業をつくることにとって不可欠の要件であるが，同時に，それをつくる本人にとっては，授業の腕前を上げる最も有効な方法である．適切な学習指導案づくりは，授業の腕前を上げる最短コースであることを見過ごしてはならない．

② 学習指導案に何を盛り込むか

　学習指導案に特に決められた形式があるわけではない．形式を画一化することは，授業者の弱さをカバーする面はあるが，多様に展開する授業の本質からみてなじまない．ただし，上記の二つの役割に照らして，学習指導案には，長年の経験の中でわかっている最小限度必要なことは盛り込むべきである．

　学習指導案の骨格は，二つの部分から成っている．一つは，当該授業において，何をどこまで教えるかという教育目標＝内容を記述した部分である．

もう一つは，授業過程をどのように展開させるかを記述した授業案の部分である．

③ 学習指導案づくりのポイント
１）授業の目標の明確化と記述方法

授業の目標と目的の明確化　繰り返しになるが，何を教えるかを教育目標といい，教育内容とよばれる場合がある．これに対して，なぜその教育内容を教えなければならないかという目標設定の意図が教育目的である．教育目標と教育目的とは明確に区別されなければならない．

すでに述べたように，技術科の場合，授業の計画が，題材（例えば「本立て」等のプロジェクト）を中心に考えられがちである．そのため，一時間一時間の授業の目標が明確に定義されないままで済まされてしまうことが少なくない．しかし，題材は教える対象物ではなく，授業の目標にならないことに十分に留意する必要がある．

また，現在の中学生の状況を考えると，授業において，なぜその内容を学ぶかの意味をつかませることが大事になっている．ある事柄を学ぶ意味は，最終的には，子どもたちが自らの価値観の枠組みにおいて位置づけ，意義づけていくものであろう．しかし同時に，教師の側が，なぜその内容を教えたいと考えているかの意図が明確でないならば，それを学ぶ意味を，子どもたちがつかむことは期待できないこともまた事実であろう．教師の側での当該授業における教育目的の自覚化とこの面での子どもへの働きかけが必要になっている．

その授業で，何をどこまで教えるのか（教育目標），なぜこの内容をそこまで教えようとするのか（教育目的）を，一時間の授業ごとに明確にすることが，とりわけ技術科の授業では求められている．

授業の目標の絞り込み　授業の目標を考える場合，最も大切なことは教えようとする内容が教えるに値するかどうかの問題である．授業の目標は真に

教えるに値するもので，子どもの実態と教科の系統からみて欠くことのできないものを重点的に絞り込まなければならない．量より質を問題にすべきである．

また一般には，一時間の授業で教えることのできる内容は，一つ〜二つ程度である場合が多い．それゆえ，何を教えるべきかと考え，あれもこれもとなるよりも，何を教えないかと考え，極端と思える程，内容を切り捨ててしまい限定することの方が有効である．捨てるべきものを捨てることが選ぶことである．

なお，この点に関連して，力量のない教師ほど一定内容を教えるのに時間がかかると思いがちだけれども，この考え方は二重に間違っている．

一つには，授業づくりにおいては，時間に対して時間が「かかる」という受動的立場ではなく，時間を「かける」という能動的立場をとるべきであり，二つには，この「かける」時間観に立てば，力量のある教師ほど一定内容に時間をたっぷりかけられる．あるいは，時間をたっぷりかけられることが教師の力量ということになる[34]．

到達目標として表現　授業の教育目標が決まっても，次にそれをどのように表現するかが，学習指導案づくりにあたり重要な問題になる．

例えば，技術科における教育目標の表現としてしばしば使用されるものに，(a)「……に気づかせる」，(b)「……に関心をもたせる」，(c)「……の理解を深める」，(d)「……についての態度を養う」などがある．

これらの特徴は，"どこまで"ということが限定されていないこと，言い換えれば目標を達成したかどうか決められないことにある．こうした表現で設定される教育目標は，その目標にそって子どもを変化させることが望ましい一定の方向を示しているだけであって到達点はないので，方向目標とよばれる．

これに対して，(e)「金属の四つの基本加工法をあげることができる」，(f)「原動機の効率を求めることができる」，(g)「オームの法則を使って，基本回

路の分流電流，分配電圧が計算できる」，(h)「コンピュータのプログラムの三つの基本構造がわかる」などの目標は，到達点として明示され，子どもがそれぞれ到達したかどうかを客観的に知ることができる．こうした目標設定を，到達目標という[35]．

　授業の教育目標は，最低限ここまではという到達点を実体的に示し，子どもが一定の知識や技能を獲得できたかどうか，しているとすれば十分か否か，などを明らかにできる基準でなければならない．それゆえ，授業の教育目標を，方向目標として設定するのはふさわしくなく，到達目標にすべきである．

　教育目標＝内容の記述例　次のものは，「制御と通信の技術」のテーマ「入力信号をもとに制御する」の学習指導案における教育目標部分の例である．

○本時の到達目標：① 光センサを明るくするとミニ扇風機が回りだすというように分岐処理を用いたプログラムで機械を自動化することができる．
② 光センサを明るくするたびにミニ扇風機の回る時間が変化するプログラムを，分岐処理を複数用いて作成することができる．
○目標設定の理由：生産の場面では，加工物が工作機械にセットされると，その相違をセンサで識別し，それぞれの加工物に応じた加工処理を行わせるような，センサからの入力情報をもとに，分岐処理を行うプログラム制御が行われている．そして，これにより生産の柔軟性が飛躍的に高まった．よって，センサからの入力情報をもとに分岐処理を行うプログラム制御を学習させることは，現実の生産技術の基幹であるフレキシブル・オートメーションの技術的基礎を理解させる上で欠かせないものである．

　前時までの学習では，実際に機械をプログラム制御させる部分が欠けており，身の回りや工場などで使われている分岐処理を用いたプログラム制御を理解させるためには，教具を実際にプログラム制御させながら，

分岐処理を学習する必要がある.

　本時では，筒（光センサ）に光をあてるたびにミニ扇風機が10秒間回るプログラム，および1度目に光をあてるとミニ扇風機が5秒間回り，2度目に光をあてると10秒間回るプログラムを，分岐処理を用いて作成させ，プログラム制御を実現させる[36]．

2）目標に即した豊かな教材・教具の準備

教材・教具とは　教育目標を絞り込み，全ての子どもをその目標に達成させるためには，一つひとつの目標について十分に時間をかけて授業をしなければならないから，目標の絞り込みは授業時間を減らすことにはならない．絞り込まれた目標にいろいろな角度から接近し，目標である教育内容に対する子どものイメージを膨らまし理解を深めるために時間をたっぷりかける必要がある．

　教育内容に対するイメージをふくらまし，多面的な角度から理解を深め，学習成果の定着の促進をはかるために用いられる材料が教材である[37]．教具も教材であって，物化され直観化された教材のことである[38]．

　こうした教材・教具を授業の目標に即して豊かに準備することが大切になる．一方で，1時間当たりの教育目標＝内容はできるだけ絞り込んで少なくし，他方で，それを教えるための教材はできるだけ豊かに準備することが，授業を成功させる秘訣といえる．

よい教材の二つの要件　ただし，教材・教具を豊かに準備するといっても，ただ数だけが多ければよいというわけではない．前節でやや詳しく述べたように，それらの教材・教具が，現実の技術および労働の世界の「第二の現実」としての役割をになえるような典型性をもっていることが，まず必要である．

　加えて，それらが，教育内容に対する子どもたちのイメージ，とりわけ教育内容の本質につながっていくような実体的なイメージの形成を促進しふく

らますような具体性をもっていることが必要になる.[39)]

典型性と具体性とは，すぐれた教材が共通に備えている要件といえる．見方をかえれば，教材・教具を準備しようとするとき，この二つの要件を満たすことが大切な視点になる.[40)]

技術科教材づくりの留意点＝中心となる発問の大切さ　技術科教材づくりの基本については，前節で述べたので繰り返さない．ただし，基本とはいえないけれども，学習指導案づくりにおいて，実際にはかなり大切になる留意点を一点だけ補足しておきたい．それは，技術科では教材の問題が教具の問題に狭められる傾向がある点である．

技術科では，実習が重要な位置を占めるから，他の教科以上に「もの」が介在する機会が多く，物化された教材である教具が前面に出てくる根拠はある．

しかし，たとえ技術科であっても，教材をめぐる問題領域のすべてが，教具の問題に限られることはない．教具の問題に含まれない教材の問題は多様にある．その中で特に留意しておいてよい事柄として，教師の発問の問題があげられる．

授業において，教師の発問は生徒たちに問題をつきつけることによって，彼（女）らの思考をゆさぶり，教師の問題を自分たちの問題としてとらえることを促して，学習活動に立ち向かわせる重要な契機になるものであって，授業を成立させる上での大切な要因の一つであると考えられる．授業の準備をする時間が足りない場合，とりあえず発問だけでも考えて，授業に臨む必要があるといわれるほどである．

発問を考える場合，典型性と具体性という教材の要件，および生徒の思考をゆさぶるという点から，その内容は，(a)強力な実体的イメージを形成するような問題で，かつ，(b)子どもの"常識"と相反していたり，"当たり前"と思い込んでいたことを揺り動かすような衝撃的事実をつきつける問題，になることを視点にして構成するとよい.[41)]

④ 授業の展開と指導——授業案づくりのポイント

1）授業過程を段階づけ，文節化し，山場をつくる

授業案は，通常，授業過程を「導入」「展開」「まとめ」に段階づけ，「展開」をさらに文節化し，授業の山場をどこにおくかを判断して立てる．

表1は，「食糧生産の技術」に関わるある授業（テーマ：主食になる作物）の授業案部分の一例である．掲載の都合上，やや簡略化してある．

導　入　導入は，教師の問題を，自分の問題として生徒たちにとらえさせる段階である．生徒たちが立ち向かうことになる問題を，各生徒がありのままに，かつ，問題としてとらえることができるように工夫して構成する必要がある．導入では，授業に生徒たちをぐいぐい引き込んでいく手立てがとられなければならない．

展　開　授業の中心部分である．表1の授業案例では，展開の段階は，教師の五つの発問によって文節化され，(4)の発問に山場をもってこようとしているとみられる．

まとめ　授業で取り上げられた事柄（例では「コメやムギが主食になっている」事実）の意味が，学習する前と後では，すっかり変わっていることを，生徒たち自身に認めさせる段階である．

こうして生徒たちは，授業においてわがものとした"高み"から，現実の技術および労働の世界をふりかえって見渡し，各自の価値観の枠組みのなかで新しく意味づけ直していく．また，時として，価値観の枠組みそのものを組み替えていく．[42]

2）中心的発問・指示，全員参加の方法，およびそれらの根拠も

授業案には，(a)授業において中心となる発問と指示，(b)生徒全員を授業に参加させるための方法や工夫，(c)そうした手立て（発問・指示，個々の方法）を使用する根拠や理由，の3点を，それぞれ番号を付記しながら盛り込むことをすすめたい．[43]

表1　授業「主食になる作物」の授業案例

過程	教師の発問・手立て(番号)と生徒の反応(●)	手立ての根拠・留意点
導入 10分	(1)八百屋で「何でもいいから好きな食物を一つ食べてよい」といわれたら、何を選びますか。 (2)生徒から出た食物を、板書する ― 板書 ― ムギ　コメ　トマト　ミカン　バナナ　ピーマン　パイナップル　ラッキョウ　ジャガイモ　サツマイモ　ニンジン　ゴボウ　キャベツ　ハクサイ	①栽培領域では食糧生産の技術を学ぶことを意識化させる。 ②食べる部別にあらかじめ分けて、板書していく。発表順に書かないようにし、生徒に"おかしい"と思わせ、授業に参加する構えをつくる。
展開 35分	(3)なぜメロンやミカン等のうまいものでなく、コメやムギを主食にしているのだろうか。 ●毎日1日3回では飽きてしまう。 ●高くて毎日は食べられない。 (4)黒板に書いた食物を、食べている部分で四つに分けると、どこで分けられますか。班で話し合ってまとめて下さい。 ●キャベツとゴボウの間 ●サツマイモとジャガイモの間 ●ラッキョウとパイナップルの間 (5)パイナップルから左は実を食べる点で共通していますが、この中でもコメとムギは食べ方が異なっています。どこが違いますか。 ●コメやムギは、種子そのものを食べている。 (6)どうして主食は、種子なのだろうか。 ●栄養があるから。 ●保存がきくから。 (7)豆も種子ですが主食にはしません。イネ科とマメ科の成分表から各班理由をまとめて下さい。 ●イネ科の種子はデンプンが主成分である。	③"当たり前"と思い込んでいることを逆に問題にし生徒をゆさぶる。ただし漠然とした聞き方では生徒は戸惑うだろうから(4)に手際よく移る。 ④葉、根、茎、実のうち茎(ジャガイモ・ラッキョウ)が生徒には意外であろう。班でまとめ発表を競わせることで、全員の生徒を授業に参加させるようにする。 ⑤デンプンの多い点とともに熱源になることに気づかせる。
まとめ	板書：イネ科の種子が主食になる。 理由1：種子は保存性があるので貯蔵して一年中食べられる。 理由2：主成分がデンプンなので熱源(カロリー源)になる。	

出所）長谷川淳他『中学校技術科の授業』あゆみ出版、1983年の授業記録より作成

発問・指示　「生徒に何を思考させるか」という発問，および「それをどのように思考させるか」という指示なしには，授業は成り立たない．

　全員参加の方法　授業においては，生徒全員が学習活動に立ち向かうよう，また，そうできるよう配慮されねばならない．このためには，中心となる発問・指示に加えて，補助的な発問・指示，説明，助言，指名，板書，机間巡視，ノート筆記等に関する熟考と判断，およびその記述が必要になる．

　手立ての根拠　その手立てについて，どのような意図から，なぜ使用するのかの理由や根拠を書き記す作業は，当該手立てを対象化する作業にほかならない．それゆえ，この記述は，授業者の意図を第三者に正確に伝えるたすけになるばかりでなく，授業の腕前を向上させる上で，大変有効である．

(2) 技術科の教育評価

① なぜ教育評価をするのか

　相対評価は他者と比べるために行う評価　現在，中学校の学校現場は，5段階相対評価が大きな影響力をもっている．これは，よく知られているように，個人の成績をその個人の属する集団の平均に照らして1から5の数字を用いて5段階で評価する方法である．数字は集団内でその個人の成績がどの程度の順位にいるかを示したものであるから，同じ成績であっても集団が異なれば数字は変わる．したがって，相対評価は集団準拠型の評価法ということができる．

　この集団準拠型の評価法は，要するに，他の人と比べるために行うものである．それは，一見，科学的な装いをしているものの，隣が気にかかる，異なっている者がいることが気にかかる，皆でいっしょに渡れば恐くないといった日本人の古い共同体的な心性に根をおろし，また，すべての差異を量と程度の違いで表していく日本社会の慣習に連動しているといわれる[44]．

　また，他者と比べるためのこの集団準拠型の評価法は，その集団を非教育的な集団に変質させてしまい，子どもたちの発達してくる力を抑圧する．な

ぜなら，この評価法では，子どもたちは点数で序列化されたうえ，前にいるか後にいるかでつねに評定される．また，この評価法は，他者との比較が眼目になるため，これを適用された人々の間に，自分を引き上げるのではなく，仲間を引き下げ，けおとすにかぎるといった気持ちをおこさせ，子どもたちの関係は敵対的なものになっていかざるをえない．

さらに，こうした相対評価は，子どもに何をどの程度教えているかを評価しようとする「教育」評価ではなく，逆に，子どもたちは何をどの程度学びえているかを評価しようとする「学習」評価の立場であるということができる．それは，子どもたち，あるいは場合によっては親たちを評定の対象にすえて，その学習能力や努力だけを要求することになる．いいかえれば，この評価法では，教師の教育実践や教育条件等は不問にされてしまいがちになる．

このようにみてくると，相対評価は教育評価の方法とはいえない．

教育評価は学力保障のために　憲法・教育基本法等に基づく現代日本の法制は，子どもにはよい教育を受ける権利があることを規定しており，学校という公教育制度は，よい教育を受ける権利者である子どもたちに対して，次代をになう主権者たるにふさわしい学力を保障する義務を負っている．そして，保障されるべき学力の内容が教育目標であって，教育目標の実現は，子どもと教師，親と学校，国民と国家の間で結ばれた契約ないし約束である．それゆえ，この約束の内容である教育目標を実現するために，教育行政当局や学校や教師が，子どもたちに何をどの程度教えているかを評価する必要があり，これが教育評価の目的にほかならない．すなわち，教育評価の目的は，子どもたちに約束ごととしての学力保障をしていくという一点にあるといえる．

加えて，そのための評価の方法は，集団準拠型ではなく，目標準拠型であるべきことはすでに明らかであろう．

② 教育評価のポイント

教育評価は到達度評価で　ところで，目標準拠型評価を採用した場合，教育目標は教育評価の基準になることから，教育目標をどう設定するかの問題は，いかなる方法で教育評価を行うかの問題と表裏の関係になってくる.

「学習指導案づくりのポイント」で指摘したように，教育目標の設定の仕方には，「オームの法則を使って，基本回路の分流電流，分配電圧が計算できる」等，最低限ここまではという内容を実体的に示す到達目標と，「実践的な態度を養う」といった方向性だけを示す方向目標がある.

そして，到達目標に照らして指導の成果を判定する評価方法を到達度評価という．この到達度評価は，相対評価を直接の批判克服の対象にしている．相対評価は，学力を，正規分布曲線に基づいて，学習集団の中に占める個人の位置として評定するものであるのに対して，到達度評価は，到達目標を設定し，その目標に到達したかどうかで学力の評価を行いつつ，その結果は，目標の妥当性の評価，教材の有効性の評価，指導過程や学習形態の適否の評価，さらには，これに関わる施設設備等の教育条件の評価へと連動していく．いいかえれば，到達度評価は，教師の教授活動およびそれを規定する教育条件を評価することに重点をおいていることが重要な特徴の一つになっているといえる.

教育評価の目的は子どもたちに約束ごととしての学力保障をしていくことにあるとするならば，教育評価の方法は，到達度評価を採用すべきである.

他方，教育目標を方向目標として立て，これに依拠して評価する場合，目標が，ここまでという到達点をもたないので，その方向性に対して，他者よりどれだけ進んでいるか遅れているかという，集団での位置関係を示すしか方法がなく，その結果，相対評価にならざるをえない．技術科においては，実践的態度の強調等，方向目標の影響が，他の教科よりも強いと思われるので，この点に特に注意する必要がある.

方向目標の到達目標への組み替えを　しかしながら，到達度評価論に立っ

たとしても，方向目標の内容となっている価値を否定するものではない．技術科の学習を通して，技術および労働の世界への興味や関心を育てるという方向性は大切であるし，実践的な態度を形成することは望ましいことである．

しかし，授業の目標が方向目標のままでは問題が生じる．第1に，例えば，どのようになれば興味や関心を育てたといえるのか，目標がはっきりしない．目標が明確でないならば，指導は困難である．第2に，興味・関心は何らかの内容を学習する楽しさやその内容を身につけ使いこなす喜びによって育つものであって，方向目標のままでは，どのような内容を学ばせながら興味・関心を育てていくのか，教育の内容水準を問うことが難しい．

技術の学力保障に向けて，従来，方向目標として表現されてきた教育目標＝内容を，到達目標へ設定し直し，到達目標—到達度評価を，よりよい技術教育を実現するための教授・学習過程の環の中に組み込んでいくことが求められている．

〈注〉
1) UNESCO, Revised Recommendation concerning Technical and Vocational Education adopted by the General Conference of UNESCO at 18th session, Paris, 19 November 1974, p. 9
2) UNESCO, Convention on Technical and Vocational Education adopted by the General Conference of UNESCO at 25th session, Paris, 10 November 1989, p. 5
3) 田中喜美「現代における普通教育としての技術教育の同時代像」『国民教育におけるテクノロジー・リテラシー育成の教育課程開発に関する総合的比較研究』(科学研究費補助金基礎研究A研究成果報告書，研究代表者・田中喜美，東京学芸大学) 1997年3月，p.7. なお，同報告書の資料編に前掲注2) の邦訳が掲載されている．
4) 文部省大臣官房調査統計企画課監訳『図表でみる教育── OECD インディケータ』ぎょうせい，1996年，p.158
5) ここでの授業論とは，授業づくりのための基礎理論という意味である．そして授業論の前提として教育課程論が深く関わるが，この点は『すべての子ども・青年に技術教育を──小・中・高校を一貫した技術教育のための教育課程

試案』(技術教育研究会『技術教育研究　別冊1』1995年)で論じているので,本論では触れない.

6) 山脇与平『社会と教育と技術論』創風社, 1986年, p. 85
7) ここでいう生活概念は, ヴィゴツキーの「自生的概念(spontaneous concept)」としての「生活的概念」とは異なり, 本文のように定義される, より広義の概念として使用している. ヴィゴツキー著, 柴田義松訳『思考と言語下』明治図書, 1973年参照. なお本論の基調に関わり, L. C. Moll(ed.), *Vygotsky and Education : Instructional Implications and Applications of Sociohistorial Psychology,* Cambridge University Press, 1990 から示唆をえている.
8) 例えば, 高村泰雄「教授過程の基礎理論」『講座　日本の教育　6　教育の過程と方法』新日本出版社, 1976年, pp. 39〜78
9) 労働観の問題をめぐっては, 清水正徳『働くことの意味』岩波新書, 1982年や杉村芳美『脱近代の労働観——人間にとって労働とは何か』等を参照
10) 学校教育法第36条は中学校教育の目標を3項目あげ, その第2項目として「社会に必要な職業についての基礎的な知識と技能, 勤労を重んずる態度及び個性に応じて将来の進路を選択する能力を養うこと」と規定している. また, 堀尾輝久は直接には高校教育に関わってであるが, 「青年期」における発達課題として「3つのセイ」すなわち「愛と性」の「性」, 「政治」の「政」, 「生産」の「生」をあげ, 「生産」について, 次のように指摘している. 「職業選択についての情報と自分の個性の自覚を含んで, それを選択する力量が問題になる. ……その力量の中には, 技術教育が志向している課題も含まれている.」(堀尾輝久『人間形成と教育——発達教育学への道』岩波書店, 1991年, pp. 244〜245).
11) 「世界と自己と仲間の編み直し」として「学びの活動」をとらえようとする佐藤学の見解(「学びの対話的実践へ」佐伯胖, 藤田英典, 佐藤学編『学びへの誘い』東京大学出版会, 1995年, pp. 49〜91)は, 我々の立場と重なる部分が大きく, 我々もここから学んでいる. しかし, 佐藤の場合, 彼のいう「学びにおける第1の対話的実践」である「対象との対話」での, 対象世界の意味の構成と教育内容の獲得との間の関係およびそこに横たわる問題群について自覚的でないように思われ, そのために, 授業づくりの理論としては不十分なものにとどまっていると考えられる.
12) ここでの教材論とは, 個々の教材づくりに先立ち, かつそれを支える基礎理論としてのものである. 中内敏夫『新版　教材と教具の理論——教育原論II』あゆみ出版, 1990年から示唆をえている.
13) この主要な論点は, 田中喜美・佐藤史人「技術科教材論ノート(上)(下)」『技術教育研究』第38号, 1991年8月, 同第39号, 1992年1月で叙述してあるので参照
14) 堀尾輝久『教育入門』岩波新書, 1989年, pp. 153〜154

15) 鈴木寿雄『原点からの発想』ニチブン，1990年，p. 152
16) 佐藤史人「技術科教育における題材概念の独自性と役割——教材論の発展をめざして——」東京学芸大学教育学研究科修士論文，1991年
17) 佐々木享「科学と技術と技能」『講座　日本の学力　8　身体／技術』日本標準，1979年
18) 勝田守一『能力と発達と学習』国土社，1964年，pp. 135〜187
19) 森下一期「技能教授の再検討」『技術教育研究』第35号，1990年，pp. 1〜19
20) 大田堯「労働のための教育」『技術と教育』第194号，1987年，pp. 1〜11
21) 大谷良光「技術科教育における科学的概念の形成をめざす教材の固有の役割」『日本産業教育学会研究紀要』第20号，1990年，pp. 83〜93．鈴木正気『学校探険から自動車工場まで』あゆみ出版，1983年等参照
22) マルクス「経済学批判への序説」『経済学批判』国民文庫，pp. 293〜306
23) 田中喜美「感動しつつわかる授業の創造をめざして」『技術教育研究』第25号，1984年，pp. 17〜19における予想実験授業の教材である「問題」の要件としてあげた2点，強力な実体的イメージを形成するような問題と子どもの常識と相反する衝撃的事実をつきつけるような問題は，ここでの結論を具体化したものであるといえる．
24) 中内敏夫，前掲書，p. 131
25) この結論の立場からすると，教材づくりの基本を，子どもにとっておもしろく，また，わかりやすくする等のために，教授すべき教育内容である科学の基本等を，子ども向けに翻案する作業であるとするよくみられる見解は，何のためにその教育内容を教えるかの意図との関連すなわち教育目的との関連を教材づくりの視野から捨象し，《技術および労働の世界の第二の現実》としての教材の基本的性格を見失わせる危険性が否定できない故に，不十分であり，適切ではないといえる．
26) 大谷良光「技術科教育における科学的概念の獲得をめざす教材の基本的要件——生活的概念の再構成を促す実体的イメージの役割——」『日本産業教育学会研究紀要』第22号，1992年
27) 山崎俊雄「技術・技能・技術学さらに技術科学との関係を位置づける科学論・技術論の発展のために」『技術と教育』第204号，1989年，pp. 1〜4参照
28) 山脇与平，前掲書，pp. 84〜86．山脇は，二側面を「外的性格」（＝社会的経済的側面）と「内的性格」（＝物質的自然的側面）としているが，この外的・内的というとらえ方では，両側面の関係をいかに整理するかの見通しが立てにくく，検討の余地があるように思われる．
29) 石谷清幹「技術史研究の経験から——コストと安全，動力と制御をキーワードに——」『技術史教育』第2号，1990年，pp. 2〜4

30) 見田石介「『資本論』における実体と形態」『見田石介著作集　第3巻　資本論の方法』大月書店，1976年，pp.12～50参照
31) G. D. Bobrow & A. Collins(eds.), *Representation and Understanding : Studies in Cognitive Science,* Academic Press, New York, 1975, pp.171～194から多くの示唆をえている．
32) 東洋・中島章夫監修『授業技術講座　2　授業を改善する』ぎょうせい，1988年参照
33) G. モンジュ著，山内一次訳『図法幾何学』1990年
34) 岩佐農也・横須賀薫『授業の展開と時間』国土社，1984年参照
35) 中内敏夫『増補　学力と評価の理論』国土社，1971年
36) 川俣純『自動化からはじめるコンピュータ学習指導書』技術教育研究会，1996年より．
37) 全国到達度評価研究会編・著『だれでもできる到達度評価入門』あゆみ出版，p.43
38) 中内敏夫『新版　教材と教具の理論』あゆみ出版，1990年参照
39) 科学的概念の形成における実体的イメージの役割については，高村泰雄，前掲論文，1976年や大谷良光，前掲論文，1992年を参照
40) 技術教育の興味深い教材例が多く収録されている「技術のおもしろ教材集ホームページ」(http://www.vector.co.jp/authors/VA003189/)を参照
41) 田中喜美「感動しつつわかる授業の創造をめざして」『技術教育研究』第25号，1984年，pp.17～19
42) 岩佐農也・横須賀薫，前掲書34)，p.51参照
43) 岩下修『指導案づくりの技術』明治図書，1991年参照
44) 全国到達度評価研究会，前掲書，pp.12～13．なお，この本は，到達度評価論に関するすぐれたテキストであり，ここでも多くを参考にした．

あ と が き

　本書の企画の動機については巻頭の「まえがき」に詳述した．文部省の進める教育課程改革のなかで，技術教育軽視の風潮がさらにすすみ，ややもするといわゆる「情報教育」にその場を侵食されそうな技術科教育の"あるべき姿"を明らかにしようというのがわれわれの率直な考えである．本書が技術教育研究会（略称：技教研）の組織のなかで企画されたのは1996年秋であった．爾来7人のワーキンググループにより15回におよぶ3年がかりの草稿検討会が開かれ，精力的に編集作業がすすめられた．

　学習観も"教え"から"学び"に大きく転換し，子どもたちに学ぶ意味や喜びを呼び起こす授業が求められている．こうしたなかで大幅な授業時数削減のあおりをまともに受けた技術科の授業で，目的・目標がはっきりとした授業計画を創り出し，子どもたちが積極的に参加する授業実践の課題を打ち出し，現場の教師のみならず，これから技術科の教師をめざす学生にも"やる気"と"明るい展望"を抱くことができるような中身で編集したつもりである．

　われわれ技術教育研究会は創立以来一貫して，技術科の授業では，現代の主要生産部門での技術に関する科学的認識と，生産に関する技能を習得させることをめざし研究・実践を積み重ねてきた．そして1995年にわれわれが公表した『小・中・高校を一貫した技術教育のための教育課程試案』では，これに加えて，技術および労働に対するものの見方（技術観・労働観）を育てることも，技術科教育の形成すべき学力の重要な側面であることを提起した．

　またわれわれは，技術科の学習指導要領が，技術・家庭科における技術をいわば「生活技術」ととらえていることや，教科の系統性を無視したものづくり中心におちいっていること，文部省が1990年代初頭に打ち出した新し

い学力観との関係からか,「関心・態度」の育成を第一に重視する態度中心主義に傾斜していること等に批判を加えてきた.こうした学習指導要領の弱点を乗り越える実践がわれわれの長い歴史のなかで数多く行われてきたのである.本書の各単元で紹介している「実践」は,技術教育研究会の全国の仲間の,われわれの考えにそった貴重な中身をもつものである.

本書に示された各単元の「指導計画」や「授業実践」は,その内容がかなり幅広く,奥行きも深い.授業時間数の大幅削減によって,技術科の授業ではそのすべてを実践することは不可能に近い.しかしそれぞれの部分に〈注〉があるように,取捨選択して授業編成を組織することを願うものである.

第1部でも詳しく触れたように技術科をとりまく状況は決して易しくない.こうした困難な状況のなかで悲観的なものの見方だけでは技術科教育の展望は開けてこない.子どもが学ぶ意味をつかみ,喜びをもって授業に参加できるような技術科教育の創造に向けて,本書が多少でもその力になり得ることができれば幸いである.

冒頭にも触れたように本書は,ワーキンググループが多くの時間をかけて創ったものではあるが,同時に,これは21世紀に向けての技術科教育の方向を示した第一歩のものである.読者から多くの叱正を頂戴しながら,本書刊行を契機にして読者とともにこれからの技術科教育の発展への努力を続けていきたいと考えている.

さて技術教育研究会(技教研)は1960年1月に,長谷川淳,山崎俊雄,原正敏らによって創設された民間教育研究団体である.発足以来,「教育基本法の精神に基づいて,国民的立場からひろく技術教育の理論と実際を研究すること」(技教研規約第2条)を目的にかかげて活動してきた.会員(1999年3月現在約400名)には,小学校,中学校,高等学校,高等専門学校,大学の技術・職業教育関係の教師をはじめ,教育学研究者,職業訓練機関の関

係者など広い層の人々から組織されている．研究活動は多彩で，毎月会員に配付される研究誌的会報『技術と教育』が刊行される．ここには技術教育の実践，研究論文，技術・職業教育をめぐる動向や情報，教材教具の開発紹介，新刊図書紹介等，豊富な内容がある．

　また年2回刊行される研究誌『技術教育研究』は，会員の研究や授業実践が紹介され，諸外国の技術・職業教育に関する最新情報や研究論文，貴重な資料，さらには新刊図書の書評等で構成されている．

　毎年8月初旬には3日間の日程で全国大会が開催され，全国の仲間が一堂に集い，会員の研究や実践を楽しく率直に交流し合っている．この他にも公開研究会，合宿研究会等を恒常的に開いて研究活動を活性化している．また多くの都道府県に地域サークルが置かれ，会員相互の技術教育，職業教育に関する研究活動が日常的に展開されている．その他，教育現場ですぐに利用できる自主テキストの作成と普及に努力を傾けている．

　技教研のインターネット・ホームページ（http://www.gikyouken.com/）も開かれ，会員のみならず多くの技術・職業教育に携わる人々からのアクセスも盛んである．技教研に興味をもち，もっと詳しく情報を知りたい，入会したいと思うむきがあれば，技術教育研究会事務局（〒203-0011　東京都東久留米市2-4-3-103　坂口謙一方　TEL080-5406-6778）またはEmail: info@gikyouken.com に問い合わせられたい．

　この出版を快く引き受けて下さった学文社の田中千津子社長，編集部の落合絵理両氏には殊のほかお世話になった．遅れがちな編集作業に積極的にご協力頂き，この書を世に出すことができたことに深甚の謝意を表したい．

1999年3月

編集委員会を代表して
技術教育研究会代表委員　河野　義顕

編著者紹介

河野　義顕（こうの・よしあき）
1932年埼玉県川越市生まれ。日本大学第一工学部卒業。東京都新宿区・千代田区・板橋区・練馬区公立中学校教諭を経て東京学芸大学，工学院大学等で非常勤講師を歴任。
〔著書・論文〕『技術教育の方法と実践』（明治図書，1983年共著），『たのしくできる中学校技術科の授業』（あゆみ出版，1983年共著），『技術科のとびら』（日本書籍，1989年共著），『改訂版技術の電気』（私家版，1992年），『製図学習　これまで・いま・これから』（「技術教育研究」別冊3号，2009年編著）『技術の学力を保障するための教育条件整備』（「技術教育研究」別冊4号，2010年編著）ほか。

大谷　良光（おおたに・よしみつ）
1948年長野県松本市生まれ。信州大学教育学部卒業。東京学芸大学大学院修了（修士）。東京都町田市，多摩市，日野市公立中学校教諭を経て弘前大学教育学部教授。
〔著書・論文〕『技術教育の方法と実践』（明治図書，1983年共著），『たのしくできる中学校技術科の授業』（あゆみ出版，1983年共著），『授業書「予想実験授業によりたのしくわかる機械・原動機」の教材論，教具と授業運営法』（私家版，1987年），『子どもの生活概念の再構成を促すカリキュラム開発論―技術教育研究―』（学文社，2009年），『東北発！地域に根ざした技術・家庭科の授業』（弘前大学出版会，2010年代表編著）ほか。

田中　喜美（たなか・よしみ）
1950年静岡県浜松市生まれ。名古屋大学大学院教育学研究科博士課程修了。東京学芸大学大学院連合学校教育学研究科専任教授を経て2010年から東京学芸大学理事・副学長。教育学博士。
〔著書・論文〕『技術教育の形成と展開――米国技術教育実践史論――』（多賀出版，1993年），『改訂版技術科教育法』（学文社，1994年共著），『工業高校の挑戦―高校教育再生への道―』（学文社，2005年編著），『ノンキャリア教育としての職業指導』（学文社，2009年編著），『アメリカ合衆国技術教育教員養成実践史論―技術教育のための「大学における教員養成」の形成―』（学文社，2010年共著）ほか。

改訂版　技術科の授業を創る――学力への挑戦――

1999年5月20日　第一版第一刷発行
2011年10月30日　改訂版第一刷発行

編著者　河野　義顕　他
発行所　株式会社　学文社
代表者　田中　千津子

〒153-0064　東京都目黒区下目黒3-6-1
電話 03 (3715) 1501 (代)　振替 00130-9-98842

（落丁・乱丁の場合は本社でお取替します）・検印省略
（定価は，カバー，売上げカードに表示）　印刷／株式会社亨有堂印刷所
ISBN 978-4-7620-2184-8